مختصر كتاب
الشفا
للقاضي عياض

سلسلة "المختصرات" لأمهات كتب الحضارة الإسلامية

الإشراف العام
أ. د. عائشة يوسف المناعي

التحرير
أ. د. دين محمد
د. محمد مدثر علي

الكتاب الأول
مختصر كتاب الشفا للقاضي عياض

مختصر كتاب الشفا للقاضي عياض

تحرير ومراجعة	المختصِر
أ. د. دين محمد	أ. د. محمد المصطفى عزام

تقديم
أ. د. عائشة يوسف المناعي
مدير مركز محمد بن حمد آل ثاني لإسهامات المسلمين في الحضارة

دار جامعة حمد بن خليفة للنشر
HAMAD BIN KHALIFA UNIVERSITY PRESS

الطبعة العربية الأولى عام 2019

دار جامعة حمد بن خليفة للنشر
مؤسسة قطر
صندوق بريد 5825
الدوحة، دولة قطر

www.hbkupress.com

حقوق نشر النص © مركز محمد بن حمد آل ثاني لإسهامات المسلمين في الحضارة، كلية الدراسات الإسلاميّة، جامعة حمد بن خليفة، 2019

الحقوق الفكرية للمؤلف محفوظة.

جميع الحقوق محفوظة.
لا يجوز استخدام أو إعادة طباعة أي جزء من هذا الكتاب بأي طريقة بدون الحصول على الموافقة الخطية من الناشر باستثناء حالة الاقتباسات المختصرة التي تتجسد في الدراسات النقدية أو المراجعات.

الترقيم الدولي: 9789927137280

تمت الطباعة في الدوحة-قطر

مكتبة قطر الوطنية بيانات الفهرسة – أثناء – النشر (فان)

عياض بن موسى، 1083-1149، مؤلف.

مختصر كتاب الشفا / للقاضي عياض، المختصر أ. د. محمد المصطفى عزام ، تحرير ومراجعة أ. د. دين محمد ؛ تقديم أ. د. عائشة يوسف المناعي. الطبعة العربية الأولى. - الدوحة : دار جامعة حمد بن خليفة للنشر، 2019.

صفحة ؛ سم

تدمك 978-992-713-728-0

1. السيرة النبوية. 2. الحياة الدينية -- الإسلام -- الأعمال المبكرة حتى 1800. أ. عزام، محمد المصطفى، مختصر. ب. محمد، دين، محرر. ج. المناعي، عائشة يوسف، مقدم. د. العنوان.

BP75.2 .I93 2019

201927375821 297.63 – dc23

مركز محمد بن حمد آل ثاني
لإسهامات المسلمين في الحضارة

تم إنشاء المركز في عام 1983م حينما كان الشيخ محمد بن حمد آل ثاني يشغل منصب وزير التربية والتعليم بدولة قطر بهدف نشر ترجمات علمية دقيقة ومعبرة في اللغة الإنجليزية لعيون التراث الإسلامي الممثل للعطاء الحضاري الإنساني لهذا الدين الحنيف على النطاق العالمي.

وفي عام 2010م أعلنت صاحبة السمو الشيخة موزا بنت ناصر، رئيس مجلس إدارة مؤسسة قطر للتربية والتعليم وتنمية المجتمع، ضم المركز إلى كلية الدراسات الإسلامية في قطر عضو مؤسسة قطر.

وتركزت جهود المركز منذ إنشاءه إلى عام 2013 م في الترجمة من العربية إلى الإنجليزية فقط. وقد تم خلالها ترجمة ستة عشر كتاباً من عيون التراث العربي الإسلامي في العلوم المختلفة ونشرها في ثلاث وعشرين مجلداً من خلال الناشر الإنجليزي جارنت.

وفي عام 2012م تولت أ. د. عائشة يوسف المناعي إدارة المركز وبدأ التفكير في تطويره وتوسيع آفاق عمل المركز فتم وضع خطة استراتيجية أخرجت المركز من مجرد جهة تقوم بالترجمة من العربية إلى الإنجليزية إلى مركز يعمل على توعية المسلمين وغير المسلمين بإسهامات

المسلمين في الحضارة من خلال أنشطة متنوعة، وبناء عليه فقد وضعت له أهداف جديدة فجاءت على النحو التالي:

1- توعية المسلمين وغير المسلمين بالتراث الحضاري للمسلمين

2- التعريف بإسهامات المسلمين في الحضارة الإنسانية.

3- المشاركة في دفع عجلة البحث العلمي في الإسهام الحضاري الإسلامي

4- تمكين الباحثين في مجال إسهامات المسلمين الحضارية من التواصل والتحاور ليكون المركز جسراً يصل بينهم ومنبراً يلتقون عليه

5- إبراز وتأكيد دور دولة قطر في إحياء التراث الحضاري الإسلامي (ضمن منظومة متناسقة من جهود الدولة في هذا المجال).

وفي ضوء الخطة الجديدة تنوعت أنشطة المركز على النحو التالي:

1- الترجمة إلى لغات عالمية مهمة مثل الفرنسية والألمانية والصينية والتركية والإسبانية إضافة إلى الإنجليزية.

2- الترجمة من اللغات العالمية إلى العربية.

3- تنظيم مؤتمرات وندوات علمية دولية ومحلية تنتج عنها بحوث ودراسات علمية حول إسهامات المسلمين في الحضارة.

4- نشر مختصرات لعيون التراث الإسلامي.

5- تحقيق ونشر المخطوطات الإسلامية التي تمثّل إسهامات المسلمين العلمية والحضارية.

6- الاشتراك في معارض الكتب حول العالم.

7- التواصل والتنسيق والتعاون مع الهيئات والمؤسسات العالمية ذات الاهتمام المشترك.

8- تنظيم مسابقات دولية كل سنتين بين طلبة الجامعة على مستوى العالم بهدف خلق وعي بإسهامات المسلمين في الحضارة.

تقديم

الحمد لله رب العالمين والصلاة والسلام على سيدنا محمد وعلى آله وأصحابه وأتباعه إلى يوم الدين وبعد،

فيسعد مركز محمد بن حمد آل ثاني لإسهامات المسلمين في الحضارة أن يقدم هذا المختصر لكتاب الإمام القاضي عياض اليحصبي وهو الكتاب المشهور باسم «الشفا بتعريف حقوق المصطفى».

ومنذ أن وسع المركز آفاق نشاطه من مجرد ترجمة أمهات كتب الحضارة الإسلامية إلى اللغة الإنجليزية فقط إلى:

1. الترجمة إلى لغات عالمية كبيرة مختلفة ومنها إلى العربية أيضا
2. وتحقيق الكتب المفيدة ذات الأهمية العلمية
3. واختصار الكتب الكبيرة المفيدة فكرياً وتربوياً وتقريبها إلى عموم القراء.
4. وإقامة فعاليات مختلفة تهدف لنشر وعي عام حول الحضارة الإنسانية وإسهاماتها الإنسانية.

قام المركز بعدد من الترجمات إلى الفرنسية وإلى الكورية وإلى العربية كما قام بإتمام تحقيق كتاب أبي الوفا البوزجاني المسمى: فيما يحتاج إليه الصانع من أعمال الهندسة وكل طي النشر حالياً.

وعندما شرع المركز بتفعيل بند «الاختصار» قرر أن يكون البدأ باختصار كتاب يتعلق بالمصطفى صلى الله عليه وسلم، إيماناً منه بضرورة بذل مزيد من الجهود – بمختلف أنواعه – للتعريف بهذا الرسول الكريم والأسوة الحسنة الذي أرسله الله رحمة للعالمين وليسهم هذا الكتاب في تحسين معرفة الآخر أو تصحيحها أو تطويرها ويسهم بالتالي في نشر ثقافة التعايش بين الحضارات والثقافات.

ولقد أصدر المركز من قبل ترجمة إنجليزية لكتاب ابن كثير في السيرة في أربع مجلدات نفدت نسخه جميعاً، ويعاد طبعه الآن، مما يدل على الإلحاح والحاجة الموجودة في الأوساط العلمية لتوفير الكتب في هذا المجال.

لكن كتاب ابن كثير كبير في حجمه، يتوجه إليه الباحثون والأكاديميون في الأعم الأغلب. لذلك قررنا مع إعادة طبع ابن كثير – قررنا نشر مختصر لكتاب مناسب يعرّف بالرسول وخصائصه فكان الاختيار – باتفاق اللجنة الاستشارية الدولية للمركز على كتاب الشفا للقاضي عياض، فعملنا على اختصاره أولاً في اللغة العربية نفسها ونشره، ويترجم بعد ذلك إلى اللغات العالمية الأخرى.

وكلف المركز الأستاذ الدكتور محمد المصطفى عزام من المغرب باختصار هذا الكتاب، وقام به على نحو متميّز، ساعده على ذلك حبه للكتاب وصاحبه وفوق ذلك لموضوعه ومحتواه وقد سمينا هذا المختصر «مختصر كتاب الشفا للقاضي عياض».

وجاء اختصار الدكتور محمد المصطفى للكتاب في أربعة أقسام

مثل أصله ويتناول الرابع منه موضوع «حكم من انتقص من قدره أو سبّه صلى الله عليه وسلم». ويتضمن أحكاماً فقهية مهمة تعود إلى اجتهادات علمية تمت تحت تأثير سياقات اجتماعية وسياسية تخص تلك العصور، ويرى المركز أنها في حاجة إلى إعادة النظر فيها وإلى اجتهادات جديدة يفرضها سياقنا الاجتماعي والسياسي الجديد في ظل مبادئ «التعايش» و«التواصل الثقافي» و«تداخل المصالح». ومع ذلك رأى المركز الإبقاء على هذا القسم في هذا المختصر تحقيقاً للأمانة أولاً وأملاً في أن يفهم المصابون بمرض الخوف من الإسلام والذين يخرجون بين حين وحين ومن وقت لآخر بمحاولات استفزازية لمشاعر المسلمين بخصوص الرسول الكريم صلى الله عليه وسلم – أقول أن يفهموا مدى التقدير الذي ينظر به المسلمون إلى الرسول صلى الله عليه وسلم وأن يشعروا بعظم العاطفة المرتبطة به صلى الله عليه وسلم.

وأرجو أن يكون في نشر هذا المختصر إسهام متواضع في نشر سيرة الرسول صلى الله عليه وسلم وأن يكون فاتحة خير لما سيأتي من مختصرات لكتب علمية أنجزها أعلام العلماء في الحضارة الإسلامية.

وإني إذ أزف هذا المختصر إلى قراء العربية في الشرق والغرب أسجل شكري وتقديري للأستاذ الدكتور محمد المصطفى على جهده وعمله المتميز.

أ.د. عائشة يوسف المناعي

مديرة المركز

مقدمة المُخْتَصِر

أهَلَّ النور المحمدي على العالم في وقت كان قد ساد فيه ظلام الجهل، فأشرقت السموات والأرض بالسراج المبين صلى الله عليه وسلم. وقبل أن ينبعث ذلك النور لم يكن أمر العرب عموما إلا تفاخرا وتناحرا وفوضى؛ فكانت حياة المبعوث رحمة للعالمين كلُّها جهادا في سبيل هداية الناس لتوحيد الله سبحانه والتأليف بين قلوبهم وإنقاذهم من الضلال والشقاوة وإسعادهم في الدنيا والآخرة. ولم يلتحق رسول الله صلّى الله عليه وسلم بالرفيق الأعلى إلا وقد أدّى الرسالة حق أدائها وبلغ الأمانة إلى مستحقيها.

ولم يكن للعرب عهد بكتابة التاريخ أو السيَر غير أن شدة محبة الصحابة للنبي عليه الصلاة والسلام وتعظيمهم إياه جعلاهم يحفظون كل ما كان يصدر عنه في صدورهم، إذ كانوا قد نُهوا عن كتابة أقواله عليه السلام تحرزا من اختلاطها بالقرآن إبّان نزوله، فضلا عن أن أكثرهم كان أميا. وقد كان بعض الصحابة معتنين أكثر من غيرهم برواية المغازي والأخبار النبوية، كعبد الله بن عباس وعبد الله بن عمر والبراء بن عازب؛ ثم إن بعض التابعين قاموا بتدوين صُحف في الحديث والسيرة النبوية، مثل عروة بن الزبير وأبان بن عثمان بن عفان ووهب بن منبه؛ كما عُني بعضهم في القرن الهجري الثاني بالمغازي، مثل شرحبيل بن سعد وابن

شهاب الزهري الذي أمره الخليفة عمر بن عبد العزيز بتدوين الحديث النبوي مخافة ضياعه بموت حُفّاظه؛ ثم جاء بعدهم موسى بن عقبة يؤلف **الغزوات النبوية**.

وقد أخذ بعض المؤلفين في الحديث النبوي – منذ أواخر القرن الأول الهجري – يخصصون أبوابا من كتبهم لذكر المراحل التي عاشها النبي صلى الله عليه وسلم منذ ولادته إلى وفاته. وقد ضاعت هذه الكتابات الأولى، ولم يبق منها إلا نتف في بعض كتب التاريخ. وتلا أولئك كتّابٌ للسيرة النبوية آخرون، كان أشهرَهم محمدُ بن إسحاق (ت. 151 هـ)، الذي ألّف للمهدي بن الخليفة المنصور العباسي- امتثالا لطلبه- كتابا بدأ فيه من خلق آدم إلى أيامه تلك، ثم اختصره بطلب من الخليفة كذلك.

ثم جاء عبد الملك بن هشام (ت. 218 هـ) فهذب سيرة ابن إسحاق، اختصارا أحيانا وإضافة أحيانا أخرى أو تصويبا، مع الأمانة العلمية الكاملة في كل ذلك، إلى أن استوت سيرة تامة وخاصةً بنبي الله محمد صلى الله عليه وسلم وحده. وقد اعتنى الناس بهذه السيرة عناية كبيرة، فشرحها ثلة من العلماء على مر العصور، اختصرها آخرون، ونظمها بعضهم كذلك؛ وممن شرحها:

- الإمام أبو القاسم عبد الرحمن السهيلي (ت. 581 هـ) الذي شرحها شرحا وافيا في كتابه: **الروض الأُنُف**.

- أبو ذر مصعب الخشني (ت. 604 هـ)؛ وقد تناول سيرة ابن هشام بالشرح وبعض النقد في كتابه: **شرح السيرة النبوية**.

- بدر الدين محمود العيني (ت. 855 هـ)؛ وسمى شرحه: **كشف اللثام في شرح سيرة ابن هشام.**

وممن اختصر هذه السيرة:

- أبو العباس أحمد الواسطي (ت. 711 هـ)؛ اختصرها في كتابه **مختصر سيرة ابن هشام.**

- برهان الدين إبراهيم المعروف بابن المرحَّل (ت. 738 هـ)؛ اختصرها في كتابه: **الذخيرة في مختصر السيرة.**

وممن نظمها شعرا:

- أبو نصر فتح الخضراوي القصري (ت. 663 هـ)

- أبو محمد عبد العزيز المعروف بسعد الديريني الدميري (ت. 697 هـ).

- أبو بكر محمد المعروف بابن الشهيد (ت. 793 هـ).

أما الذين صنفوا كتبا في السيرة النبوية بعد ابن هشام، فحدث ولا حرج؛ فقد ألف جمع غفير لا يحصى من المتقدمين والمتأخرين فيها؛ وقد سرد حاجي خليفة في كتابه كشف **الظنون** عددا منهم.

وهناك من المصنفين من خص أوصاف النبي صلّى الله عليه وسلم وأخلاقه وسجاياه وأحواله بالتأليف، وهذا ما اصطُلح عليه بـ«الشمائل»؛ وتُعدّ معرفة الشمائل المحمدية من مقتضيات التدين الصحيح، لأنها تثمر محبة النبي الأعظم عليه الصلاة والسلام وتعظيمه، ما يؤدي إلى حسن اتباعه والاقتداء بهديه لنيل رضا الله سبحانه وحبه؛ قال تعالى:

﴿قل إن كنتم تحبون الله فاتبعوني يحببكم الله ويغفر لكم ذنوبكم والله غفور رحيم﴾ (آل عمران، 31). وكتب الشمائل عديدة كذلك، نذكر منها تمثيلا لا حصرا:

- الشمائل المحمدية والخصائل المصطفوية، لمحمد بن عيسى الترمذي (ت. 279 هـ).

- أخلاق النبي صلى الله عليه وسلم وآدابه، لعبد الله بن محمد الأصبهاني (ت. 369 هـ).

- الأنوار في شمائل النبي المختار، لأبي محمد الحسين بن مسعود البغوي (ت. 516 هـ).

- الشمائل بالنور الساطع الكامل، لعلي بن محمد الغرناطي ابن المقري (ت. 552 هـ).

- الروض الباسم في شمائل المصطفى أبي القاسم، لمحمد عبد الرؤوف المناوي (ت. 1031 هـ).

- وسائل الوصول إلى شمائل الرسول، ليوسف بن إسماعيل النبهاني (1350).

- روضة النبي في الشمائل، لحبيب الله القنوجي (1140 هـ).

- أرجوزة في الشمائل، لمصطفى بن كمال الدين البكري (1162 هـ).

- منية السائل خلاصة الشمائل، لمحمد بن عبد الحي بن عبد الكبير الفاسي (ت. 1382 هـ).

موجز ترجمة للقاضي عياض

تضمّن عدد كبير من أمهات كتب الرجال والتاريخ ترجمة القاضي عياض، نذكر أشهرها على سبيل المثال: **الصلة، ومعجم أصحاب الصدفي، والتكملة، والإحاطة في أخبار غرناطة، وتهذيب الأسماء واللغات، ووفيات الأعيان، وتذكرة الحفاظ، وسير أعلام النبلاء، والعبر، والبداية والنهاية، وأزهار الرياض، وسلوة الأنفاس، وشجرة النور الزكية، وإنباه الرواة، والنجوم الزاهرة، وهدية العارفين، وشذرات الذهب، ومفتاح السعادة، وكشف الظنون، والأعلام، ومعجم المؤلفين، وفهرس الفهارس**، وتاريخ الأدب العربي.

وقد خَصّ عياضاً بتأليفٍ مستقل كلٌّ من ابنه أبي عبد الله محمد، وأبي العباس أحمد المقّري في **أزهار الرياض**؛ وهناك دراسات لحياته وأعماله قام بها بعض الباحثين المعاصرين، مثل الدكتور البشير علي حمد الترابي، في كتابه: **القاضي عياض وجهوده في علمي الحديث رواية ودراية**، والدكتور الحسين بن محمد شواط، في كتابه: **القاضي عياض عالم المغرب وإمام أهل الحديث في وقته**. كما استهل المحققون نصوص كتبه بترجمات تختلف إجمالا وتفصيلا. وسنسلك في هذه الترجمة سبيل الإجمال نظرا لوفرة مصادرها، على أننا سنتناول كتاب **الشفا** ببعض التفصيل.

المصنِّف هو أبو الفضل عِياض بن موسى اليحصُبي؛ وُلد مدينة سَبتة بالمغرب سنة 476 هـ، وتُوفي بمدينة مراكش المغربية سنة 544 هـ؛ وبذلك يكون قد عاش في عصري الدولة المرابطية والدولة الموحِّدية. وهو سليل أسرة عربية نشأت بالأندلس ثم انتقلت إلى المغرب، وقد

عُرف أفرادها بالاستقامة والصلاح، فنشأ عياض على نهجهم، حميدَ الأخلاق، محبا للعلم، مقبلا على الطاعات، مجانبا للدنايا، مسارعا إلى أعمال البر والخيرات، إلى غير ذلك من المكارم التي بوّأته منزلة سامية وتقديرا عظيما في محيطه الاجتماعي.

حفظ عياض القرآن بعدة قراءات، ودرس علوم اللغة والتفسير والحديث والفقه والأصول والكلام والأدب على أكابر علماء عصره (وقد ترجم لهم في كتابه: **الغُنية**)، وقد أجازوه وشهدوا له بالنبوغ في شتى العلوم النقلية والعقلية، وقد أجلسه أهل سبتة للمناظرة ثم للشورى في سن الثانية والثلاثين، ثم ولي منصب القضاء في سن التاسعة والثلاثين في كل من سبتة وغرناطة الأندلسية. وبعد إخماد ثورة لأهل سبتة على الموحدين، شارك فيها القاضي عياض أواخر حياته، استُقدم إلى مراكش وسكنها – بعد العفو عنه- إلى أن وافاه الأجل، وبها دفن.

كتاب الشفا بتعريف حقوق المصطفى صلّى الله عليه وسلم

أُحصي من مصنفات القاضي عياض أربعة وثلاثون، في فنون مختلفة منها الحديث وغريبه ومصطلحه والفقه ونوازله والتاريخ وحوادثه، وفضلا عن خُطبه وأشعاره؛ إلى غير ذلك مما يدل على موسوعية الرجل وعبقريته؛ إلا أن أكثر من نصف تلك المصنفات قد فُقد، وبعضها ما زال مخطوطا موزعا في المكتبات. وقد اتفق العلماء المحققون على أن كتاب **الشفا** هو أجل مؤلفات عياض قدرا وأعظمها فائدة ونفعا.

وقد ترجع القيمة الكبيرة لهذا الكتاب إلى كون موضوعه:

أوّلاً، هو سيد الوجود عليه أفضل الصلاة وأزكى السلام؛

ثانيا، لأنه أجمعُ كتاب لما عُرف عنه صلّى الله عليه وسلم من خصوصيات الأوصاف والأحوال والأقوال والأفعال؛

ثالثا، لأنه اشتمل على ما لهذا النبي الكريم عند الله تعالى من القدر العظيم، وعلى ما يقتضيه ذلك له من التوقير والتعظيم، وما يترتب على مستنقصه من التأثيم والتجريم؛

فهو كتاب فريد في بابه، لم يُصَنِّف مثلَه متقدم ولا متأخر. والكتاب إلى جانب كونه جامعا لما تفرق في غيره من الفضائل والأخبار والمعجزات والآثار، هو حافز لقارئه على الاستزادة من محبة المصطفى المختار وآله الأطهار وصحابته الأبرار؛ وذلك ما جعل لكتاب **الشفا** منزلة كبرى، لا يتقدم عليه فيها إلا القرآن الكريم وصحاح الحديث الشريف؛ حتى إن هذا الكتاب - فضلا عن العناية العلمية به، مِن شرحٍ ونظم واختصار- قد اتخذ منه أهل الصلاح وِرداً يتقربون إلى الله به لاشتماله على مدح حبيبه صلّى الله عليه وسلم؛ بل «قد جُربت قراءتُه لشفاء الأمراض المزمنة وتفريج الكروب ودفع الخطوب»، كما قال محمد بن جعفر الكتاني (ت. 1345 هـ) في كتابه (**الرسالة المستطرفة لبيان مشهور كتب السنّة المشرّفة**).

أقوال بعض العلماء في كتاب «الشفا»

قرّظ أكثر علماء الإسلام العاملون كتاب **الشفا** بالغ التقريظ وأثنوا عليه وعلى مؤلفه عظيم الثناء بما لا مزيد عليه؛ ونورد هنا- حسب ما يسمح به المقام- بعض الغيض من فيض ذلك التقريظ والثناء.

- قال إبراهيم بن علي بن فرحون (ت. 799 هـ) في كتابه (**الديباج المذهب في معرفة أعيان علماء المذهب**) عن القاضي عياض:

«وله التصانيف المفيدة البديعة، منها [...]، ومنها كتاب **الشفا بتعريف حقوق المصطفى** صلى الله عليه وسلم، أبدع فيه كل الإبداع، وسلّمَ له أكفاؤه كفايته فيه، ولم ينازعه أحد في الانفراد به ولا أنكروا مزية السبق إليه، بل تشوّفوا للوقوف عليه وأنصفوا في الاستفادة منه، وحمَلَه الناسُ عنه، وطارت نُسخُه شرقا وغربا».

- قال العلاّمة المحدث عبد الرحمن الثعالبي (ت. 875 هـ) في كتابه (**الأنوار في آيات النبي المختار**): «اعلم أن كتابي هذا لم أجمعه لمنكِر النبوة، ولا الطاعن في معجزة، حتى أحتاج لذكر الأدلة، وإنما قصدتُ ما قصد عياض في **الشفا**، من تأكيد محبة أهل الإيمان لنبيهم سيد ولد عدنان...».

- قال يحيى بن أبي بكر العامري (ت. 893 هـ) في كتابه (**بهجة المحافل في تلخيص المعجزات والسير والشمائل**) عن الشفا: «ومما لم يُنسج على منواله ولا سمحت القرائح بمثاله، كتاب الشفا للقاضي الإمام عياض بن موسى اليحصبي رحمه الله، فإنه تكلم في ذات النبوة وأحكامها، والمجوزات عليها ولها [...] بقوة عبارة وتلويح إشارة على أحسن أسلوب وأملح تقسيم وترتيب».

- قال شهاب الدين القسطلاني (ت. 923 هـ) في كتابه (**المواهب اللدنية**): «كل من صنّف في شيء من المنح النبوية والمناقب المحمدية لا يستغني عن استجناء معارف اللطائف من رياض عياض، والاستشفاء من أدواء المشكلات بدواء **شفائه** المبرئ لمعضل الأمراض».

- قال الإمام أحمد بن مصطفى، المعروف بـ«طاش كبرى زاده» (ت. 968 هـ) عن **الشفا** في كتابه (**مفتاح السعادة ومصباح السيادة**): «... وهو كتاب نفيس لم يؤلَّف مثله في بابه».

- قال أحمد المقّري (ت. 1041 هـ) في كتابه (**أزهار الرياض**) عن **الشفا**: «بلغ [عياض] فيه الغاية القصوى، وكان فيه لضرب الإحسان من تشفا، وبزّ فيه المؤلفين وأربى، وحاز قصب السبق من دونهم، وطار صيته شرقا وغربا، وقد لهجت به الخاصة والعامة عُجما وعُربا...»؛ وذكر أن عمَّه الإمام المفتي سعيد بن أحمد المقّري كان يقول: «ما أُلِّف في الملة المحمدية مثل كتاب **الشفا** للقاضي عياض و**حرز الأماني** للشيخ أبي القاسم الشاطبي».

- قال حاجي خليفة (ت. 1067 هـ) في كتابه (**كشف الظنون**): «وهو [الشفا] كتاب عظيم النفع، كثير الفائدة، لم يؤلَّف مثله في الإسلام».

- قال سليمان الندوي (ت. 1373 هـ) في كتابه (**الرسالة المحمدية**): «وأما ما تحلّت به نفسه صلّى الله عليه وسلم من دماثة الخُلق، ورجاحة العقل، وحصافة الرأي، وكرم النفس، وعلو الهمة، ورحابة الصدر، فإن كتب الحديث ملأى بتفاصيله؛ وأحسن كتاب في ذلك كتاب الشفا للقاضي عياض الأندلسي. وقد قال لي يوما وأنا في فرنسا مستشرق اسمه «ماسنيون»: يكفي لتعرف أوروبا محاسن رسول الله [صلّى الله عليه وسلم] ومحامده، أن يُنقل كتاب **الشفا** للقاضي عياض إلى إحدى اللغات الأوروبية».

وقد نظم بعض كبار العلماء أشعارا في مدح كتاب **الشفا** وصاحبه، منهم الإمام أبو إسحاق الشاطبي، والعلامة ابن زُمرك، ولسان الدين ابن الخطيب، وأبو القاسم قاسم بن علي الفاسي شيخ الحافظ ابن حجر، وغيرهم. كما أن هناك من العلماء من كان يحفظ **الشفا**، فضلا عن تدريسه.

أما شروح كتاب **الشفا** فتربو على الخمسين شرحا، ما بين مطوّل ومتوسط وقصير، وقد توالت عبر الأزمنة، منذ القرن السابع الهجري- على الأكثر- إلى العصر الحديث؛. ونذكر في ما يلي نزرا قليلا من هؤلاء الشراح عبر القرون مشرقا ومغربا:

- **في القرن السابع**، (من المشرق): كمال الدين محمد بن أبي شريف القدسي (ت. 651 هـ).

- **في القرن الثامن**، (من المشرق): تاج الدين عبد الباقي اليمني (ت. 743 هـ)؛ (من المغرب): عبد الله بن محمد بن أحمد التيجاني (ت. 711 هـ)؛ محمد بن أحمد بن مرزوق، الجدّ (ت. 781 هـ).

- **في القرن التاسع**، (من المشرق): برهان الدين إبراهيم بن محمد بن خليل الطرابلسي الحلبي، المعروف بسبط ابن العجمي (ت.841 هـ)؛ إسماعيل بن إبراهيم بن جماعة (ت. 861)؛ تقي الدين الشمني (ت. 872)؛ قطب الدين محمد بن الخضيري (ت. 894 هـ). (من المغرب): محمد بن غالب المعروف بابن السكاك (ت. 818)؛ محمد بن الحسن أبركان- وله ثلاثة شروح على **الشفا**- (ت. 868 هـ)؛ عبد الله بن أحمد الزموري (ت. 888).

- **في القرن العاشر**، (من المشرق): شمس الدين السخاوي (ت.

902 هـ)؛ شهاب الدين القسطلاني (ت. 623)؛ شمس الدين محمد بن محمد الدلجي (ت. 947)؛ شمس الدين ابن طولون (ت. 953 هـ)؛ رضا الدين محمد بن إبراهيم الحنبلي (ت. 971هـ). (من المغرب): محمد بن علي التلمساني (ت. 902).

- **في القرن الحادي عشر،** (من المشرق): علي القاري الهروي (ت. 1014 هـ)؛ عبد الرؤوف المناوي (ت. 1031 هـ)؛ أحمد بن خليل السبكي (ت. 1032 هـ)؛ زين الدين بن أحمد الحلبي (ت. 1042 هـ)؛ يوسف بن أبي الفتح الدمشقي (ت. 1056 هـ). (من المغرب): محمد الشرقي الدلائي (ت. 1079 هـ)؛ عبد الرحمن الفاسي (ت. 1096 هـ).

- **في القرن الثاني عشر،** (من المشرق): عمران موسى الراحل (ت. 1140 هـ)؛ أبو إبراهيم حنيف بن مصطفى الرومي (ت. 1199 هـ). (من المغرب): موسى الدغمي السلاوي (ت. 1119 هـ)؛ محمد بن عبد السلام البناني (ت. 1163هـ)؛ علي بن أحمد الحريشي (ت. 1143هـ)؛ محمد بن أحمد الحضيكي (ت. 1189هـ).

- **في القرن الثالث عشر،** (من المشرق): مصطفى بن إسماعيل الفيلورنوي (ت. 1244 هـ).

- **في القرن الرابع عشر،** (من المشرق): محمد بن يوسف الحسني المراكشي (ت. 1354 هـ).

كذلك هناك من لخّصه، مشرقا ومغربا، قديما وحديثا، ومن هذبه؛ وهناك من صنّف في تخريج أحاديثه، ومن عرّف بالرجال المذكورين

فيه؛ إلى غير ذلك من صنوف العناية بهذا الكتاب. كما أن **الشفا** تُرجم إلى الفارسية والتركية وبعض اللغات الأوروبية.

الدافع إلى تأليف «الشفا» والغرض منه

بيّن القاضي عياض في مقدمة كتابه دافِعه إلى تصنيفه- على عادة أكثر المؤلفين- فقال لمن طلب منه ذلك: «فإنك كررت عليّ السؤال في مجموع يتضمن التعريف بقدر المصطفى عليه الصلاة والسلام، وما يجب له من توقير وإكرام، وما حُكمُ من لم يوفّ واجب عظيم ذلك القدر، أو قصّر في حق منصبه الجليل قُلامة ظفر، وأن أجمعَ لك ما لأسلافنا وأئمتنا في ذلك من مقال، وأُبيّنَه بتنزيل صوَرٍ وأمثال».

ثم إن المصنِّف رحمه الله قد حدد غرضه من تأليف **الشفا**، فقال: «حسْبُ المتأمل أن يحقق أن كتابنا هذا لم نجمعه لمنكِر نبوّة نبينا صلّى الله عليه وسلم، ولا لطاعن في معجزته، فنحتاج إلى نصب البراهين عليها وتحصين حوزتها، حتى لا يتوصل الـمُطاعن إليها، ونذكرَ شروط المعجز والتحدي وحدَّه، وفسادَ قول من أبطل نسخ الشرائع ورَدَّه؛ بل ألّفناه لأهل مِلّته الملبّين لدعوته، المصدقين لنبوّته، ليكون تأكيدا في محبتهم له، ومَنماةً لأعمالهم، وليزدادوا إيمانا مع إيمانهم».

عملي في تلخيص كتاب «الشفا»

لما كان كتاب **الشفا** متين اللغة جزل العبارة، يستعصي فهْمُ جل معانيه حتى على أكثر المتعلمين، فإن القصد من هذا التلخيص هو تيسير إدراك مرامي الكتاب وتقريبُ معانيه لأوسع فئة ممن يهتم بسيرة المصطفى

صلّى الله عليه وسلم ويَحدُوه الشوق إلى الإلمام بشمائله وخصائصه، وما ينبغي لجلالِه من توقير وتعظيم. ولِتحقيق هذا القصد فقد انتهجنا سُبُلاً نذكر منها ما يلي:

- جمع ما تشابه من بعض الفصول وتقسيمه إلى فقرات.
- ترقيم فقرات كل باب وعنونتها بما يناسب مضمون كل فقرة.
- ترتيب فقرات كل باب حسب تسلسل منطقي يراعي دمج بعض المتفرقات المتقاربة أو المتماثلة أو المكررة.
- مراعاة التقارب بين عدد الفقرات في أبواب كل قسم ما اقتضى ضم بعض الأبواب أو الفصول المتشابهة إلى بعضها.
- حذف بعض الاستطرادات.
- اختصار عناوين بعض الأقسام والأبواب.
- شرح بعض الكلمات الغامضة بوضع ما يوضحها بين معقوفين.
- ضبط جميع الكلمات بالحركات.

وأرجو أن يكون هذا المختصر محققاً للهدف الذي يسعى إليه مركز محمد بن حمد آل ثاني لإسهامات المسلمين في الحضارة بكلية الدراسات الإسلامية في جامعة حمد بن خليفة في قطر من اختصار الكتاب ونشره. وجزى الله القائمين على المركز خيراً على هذا العمل الطيّب.

محمد المصطفى عزام

30 جمادى الأولى 1440هـ الموافق لـ 5 فبراير 2019

المملكة المغربية

بسم الله الرحمن الرحيم

اللهم صلّ على مُحمّدٍ وآله وسلّم[1]

قال الفقيهُ الإمامُ الحافِظُ أبو الفضلِ عِياضُ بْنُ موسَى اليَحصُبي رَضِيَ اللهُ عنه: الحَمدُ للهِ المُتفَرِّدِ بِاسْمِهِ الأَسْمَى، المُخْتَصِّ بالمُلْكِ الأَعَزِّ الأَحْمَى، الذي لَيسَ دُونَهُ مُنتَهىً ولاَ وراءَهُ مَرْمَى، الظّاهِرِ لاَ تَخَيُّلاً ووَهماً، والباطِنِ تَقَدُّساً لاَ عُدْماً، وَسِعَ كُلَّ شَيءٍ رَحمَةً وعِلماً، وأَسْبَغَ على أوليائهِ نِعماً عُمّاً، وبَعَثَ فيهِم رَسولاً مِن أَنْفُسِهِم أَنفسَهُم عُرْباً وعُجْماً، وأزكاهُم مَحْتِداً ومَنْمَى، وأرجَحَهُمْ عقْلاً وحِلْماً، وأَوْفَرَهُم عِلْماً وفَهْماً، وأقواهُم يَقِيناً وعَزماً، وأَشَدَّهُم بِهِم رَأْفَةً ورُحْمَى، وزَكّاهُ رُوحاً وجِسْماً، وحاشاهُ عَيْباً ووَصْماً، وآتاهُ حِكْمَةً وحُكماً، وفَتَحَ بِهِ أَعيُناً عُمْياً، وقُلُوباً غُلْفاً وآذاناً صُمّاً، فآمَنَ بِهِ وعَزَّرَهُ ونَصَرَهُ مَنْ جَعَلَ اللهُ لَه في مَغْنَمِ السَّعادةِ قِسْماً، وكَذَّبَ بِهِ وصَدَفَ عن آياتِهِ مَنْ كَتَبَ اللهُ عليه الشَّقاءَ حَتْماً ﴿ومَنْ كانَ في هذهِ أَعْمَى فَهُوَ في الآخِرَةِ أَعْمَى﴾ (الإسراء، 72)؛ صَلَّى اللهُ عليه وسَلَّمَ صَلاةً تَنْمُو وتُنْمَى، وعلى آلِهِ وسَلَّمَ تَسلِيماً كَثِيراً

(1) أبقينا المقدمة كما كتبها القاضي عياض بدون أي تصرف.

القسم الأول

تعظيمُ العَليِّ الأعلَى لِقدْر هذا النبيِّ قَولاً وفِعْلا

لا يَخْفَى عَلى أَكثَرِ المُؤمِنِينَ ما خَصَّ اللهُ بِهِ نَبِيَّنَا مُحمَّداً صَلّى الله عليه وسلَّمَ مِنْ فَضائلَ لا حَصرَ لها، وهو سُبحانه مَن زكّاه وطَهّرَه وأدّبَه وهَيّأَه؛ فمِن ذلك ما صرَّحَ به تَعالى في القرآن الكريم فأثنى عليه بجَليل المَكانَةِ وعَظِيمِ الأخلاقِ الظّاهِرةِ والباطِنَةِ؛ ومِنها ما أَظْهَرهُ للنّاسِ مِنْ مَكارِمِ السُّلُوكِ ومَحاسِنِ الصِّفاتِ وكَمالِها ؛ وكذلك ما أيّدَهُ اللهُ به مِنْ مُعجزاتٍ باهِرةٍ وبَراهِينَ واضِحةٍ؛ عَنْ أَنَسٍ رَضِيَ الله عنه أنّ النبيَّ صلّى الله عليه وسلَّمَ أُتِيَ بالبُراقِ لَيْلَةَ أُسْرِيَ به مُلْجَماً مُسْرَجاً، فاسْتَصْعَبَ عليه، فقال له جِبرِيلُ: أَبِمُحمَّدٍ تَفعَلُ هذا ! فما رَكِبَكَ أَحَدٌ أَكْرَمُ على اللهِ مِنهُ؛ فَسالَ عَرَقُ البُراقِ.

الباب الأول

ثَناءُ اللهِ تَعالَى عَلَيْهِ وإظْهارُ عَظِيمِ قَدْرِهِ لَدَيْه

1- اِصْطِفاؤُهُ وشَرَفُ نَسَبِهِ

يَنْتَسِبُ النبيُّ صلى الله عليه وسلّمَ إلى أَشرَفِ العَرَبِ، فهو مِنْ خِيار بَنِي هاشِمٍ القُرَشِيِّينَ أَهلِ مَكّةَ أَكرَمِ البلادِ على اللهِ؛ قال رسولُ اللهِ صلى الله عليه وسلم:« إنّ اللهَ خَلَقَ الخَلْقَ فجَعَلَني مِن خَيرِهِمْ، مِنْ خَيرِ قَرْنِهِم ثُمّ تَخيَّرَ القَبائلَ فجَعَلَني مِنْ خَيْرِ قَبيلةٍ ثُمّ تَخيَّرَ البُيوت فجَعَلَني مِن خيرِ بُيوتِهِم، فأنا خَيرُهُم نَفْساً وخَيرُهُم بَيْتاً»؛ وقال كذلك: «إنّ اللهَ اصْطَفَى مِن وَلَدِ إبراهيمَ إسماعيلَ واصْطَفَى مِن وَلَدِ إسماعيلَ بَني كِنانَةَ واصْطَفَى مِن بني كِنانةَ قُريشاً واصطفى مِن قُريشٍ بَني هاشِمٍ واصطفاني مِن بَني هاشِمٍ».

2- ما سمّاه اللهِ به مِنْ أسمائه الحُسنَى

إنّ اللهَ تعالى قد خَصَّ كَثِيراً مِنَ الأنبياءِ بِبَعضِ أسمائِهِ كَتسمِيَةِ نُوحٍ بِشَكُورٍ؛ وإبراهِيمَ بِحَلِيمٍ؛ وإسحاقَ بِعَلِيمٍ؛ وإسماعِيلَ بِحَلِيمٍ وصادِقِ الوَعدِ؛ وأَيُّوبَ بِصابِرٍ؛ ويُوسُفَ بِحَفِيظٍ عَلِيمٍ؛ ومُوسَى بِكَرِيمٍ وقَوِيٍّ؛ وعِيسَى ويَحيَى بِبَرٍّ؛ وفَضَّلَ نَبِيَّنا مُحمّداً صلى اللهُ عليه وسلّمَ بأَنْ حَلاَّهُ في كِتابِهِ العَزِيزِ بِعِدَّةِ أسماءٍ مِنْها اسْمُهُ تَعالَى «الحَمِيدُ» ومَعناهُ المَحْمُودُ لأَنّهُ حَمِدَ نَفْسَهُ وحَمِدَهُ عِبادُهُ، ويَكُونُ أيضاً بِمَعْنَى الحامِدِ للطّاعاتِ، وسَمَّى

النَّبِيَّ صلى الله عليه وسلم مُحَمَّداً وأَحْمَدَ، فمُحَمَّدٌ بِمَعْنَى مَحْمُودٍ وهَكَذا اسْمُهُ في زُبُرِ داوُدَ؛ وأحمدُ بمعنى أَكْبَرُ مَنْ حَمِدَ وأَجَلُّ مَنْ حُمِدَ.

ومِنْ أسمائِهِ تَعالَى «الرَّؤُوفُ الرَّحِيمُ»، وسَمَّاهُ في كِتابِهِ بِهِما فقال: ﴿بِالمُؤْمِنِينَ رَؤُوفٌ رَحِيمٌ﴾(التّوبة، 128).

ومِنْ أسمائِهِ تعالى «الحَقُّ المُبِينُ»، وسَمَّى النَّبِيَّ صلى الله عليه وسَلَّم بهذا في كِتابِهِ فقال: ﴿حَتَّى جاءَهُمُ الحَقُّ ورَسُولٌ مُبِينٌ﴾ (الزخرف، 29)، ومَعْنَى الحَقِّ: ضِدُّ الباطِلِ والمُتَحَقَّقُ صِدْقُهُ وأَمْرُهُ، والمُبِينُ: البَيِّنُ أمرُهُ أو المُبِينُ عَنِ اللهِ ما بَعَثَهُ بِهِ كَما في قولِهِ تعالى: ﴿لِتُبَيِّنَ لِلنّاسِ ما نُزِّلَ إلَيْهِمْ﴾ (النحل، 44).

ومِنْ أسمائِهِ تَعالَى «النُّورُ»، ومَعْناهُ: ذو النُّورِ أيْ خالِقُهُ أو مُنَوِّرُ السَّمَواتِ والأرْضِ ومُنَوِّرُ قُلُوبِ المُؤْمِنِينَ بالهِدايَةِ، وسَمَّاهُ نُوراً فقال: ﴿قَدْ جاءَكُمْ مِنَ اللهِ نُورٌ وكِتابٌ مُبِينٌ﴾ (المائدة، 15)؛ وقال فيه أيْضاً: ﴿وسِراجاً مُنِيراً﴾ (الأحزاب، 46).

ومِنْ أسمائِهِ تعالى «الشَّهِيدُ»، ومَعْناهُ العالِمُ والشَّاهِدُ على عِبادِهِ يَوْمَ القِيامَةِ، وسَمَّاهُ شَهِيداً وشاهِداً فقال: ﴿إِنَّا أَرْسَلْناكَ شاهِداً﴾ (الفتح، 8)؛ وقال: ﴿ويَكُونَ الرَّسُولُ عَلَيْكُمْ شَهِيداً﴾ (البقرة، 143).

ومِنْ أسمائِهِ تعالى «الكَرِيمُ»، وسَمَّاهُ تَعالَى كَرِيماً فقال: ﴿إِنَّهُ لَقَوْلُ رَسُولٍ كَرِيمٍ﴾ (الحاقّة، 40)؛ وقد قال صلّى الله عليه وسلم: «أنا أَكْرَمُ وَلَدِ آدَمَ».

ومِنْ أسمائِهِ تَعالَى «العَظِيمُ»، وقال لِلنَّبِيِّ صلى الله عليه وسلم: ﴿وَإِنَّكَ لَعَلَى خُلُقٍ عَظِيمٍ﴾ (القلم، 4).

ومِنْ أسمائِهِ تعالى «الخَبِيرُ»، ومعناه العالِمُ بِحَقِيقَةِ الشَّيءِ، وكذلك المُخْبِرُ، قال تعالى: ﴿الرَّحْمنُ فَاسْأَلْ بِهِ خَبِيراً﴾ (الفرقان، 59)، فالخَبِيرُ هُوَ النَّبيُّ صلّى اللهُ عليه وسلم لأنّه عالِمٌ بِما أَعْلَمَهُ اللهُ مِنْ عَظِيمِ مَعرِفَتِهِ وما أَذِنَ اللهُ لَهُ في تَعلِيمِ النّاسِ مِنْ ذلك العِلْمِ.

ومِنْ أسمائِهِ تعالى «الفَتَّاحُ»، وسَمَّى اللهُ نَبِيَّهُ صلّى الله عليه وسلم بالفاتِحِ في حديث الإسراءِ الطَّوِيلِ عَن أبي هُرَيرَةَ رَضِيَ اللهُ عنه، وفِيهِ مِنْ قَولِ اللهِ تعالى: وجَعَلتُكَ فاتِحاً وخاتِماً؛ وفيه مِنْ قولِ النبيِّ صلى اللهُ عليه وسلم في تَعْدِيدِ مَراتِبِهِ: ورَفَعَ لِي ذِكرِي وجَعَلَنِي فاتِحاً وخاتِماً؛ فهُو عليه السلامُ الفاتِحُ للبَصائرِ بِمَعرِفَةِ الحَقِّ والإيمانِ باللهِ.

ومِنْ أسمائِهِ تعالَى «الشَّكُورُ»، ومَعناهُ المُثِيبُ على العَمَلِ القَلِيلِ؛ وقد وَصَفَ النّبيُّ صلّى اللهُ عليه وسلّمَ نَفْسَهُ بِذلك فقال: أَفَلاَ أَكُونُ عَبْداً شَكُوراً، أَيْ مُعترِفاً بِنِعَمِ رَبِّي.

ومِنْ أسمائه تعالى «العَلِيمُ» و«العَلاَّمُ» و«عَالِمُ الغيبِ والشَّهادةِ»، ووَصَفَ نَبِيَّهُ صلّى الله عليه وسلم بالعِلْمِ فقال: ﴿وعَلَّمَكَ ما لَمْ تَكُنْ تَعْلَمُ وكانَ فَضْلُ اللهِ عَلَيكَ عَظِيماً﴾ (النساء، 113)؛ وقال تعالى عنه: ﴿ويُعَلِّمُكُمُ الكتابَ والحِكمَةَ ويُعَلِّمُكُمْ ما لَمْ تَكُونوا تَعْلَمُونَ﴾ (البقرة، 151).

ومِن أسمائه تعالى «الأوّلُ» و«الآخِرُ»، ومعناه أنّه لَيسَ لَه أوّلٌ ولا آخِرُ؛ وقال صلّى الله عليه وسلم: «كُنتُ أَوّلَ الأنبياءِ في الخَلْقِ وآخِرَهُمْ في البَعْثِ».

ومن أسمائه تعالى «القَوِيُّ» و«ذُو القُوَّةِ المَتِينُ»، وقد وَصَفَهُ اللهُ تعالى بذلك فقال: ﴿ذِي قُوَّةٍ عِندَ ذِي العَرْشِ مَكِينٍ﴾ (التكوير، 20)، قال بَعضُ المُفسِّرينَ إنّهُ مُحمدٌ صلّى الله عليه وسلم.

ومن أسمائه تعالى «الصّادِقُ»، وقد وَرَدَ في الحديث اسْمُهُ صلّى الله عليه وسلّم الصّادِقُ المَصدُوقُ.

ومِنْ أسمائه تعالى «الوَلِيُّ» و«المَوْلَى»، ومَعناهُما النّاصِرُ، وقد قال تعالى: ﴿إنّما وَلِيُّكُمُ اللهُ ورَسُولُهُ﴾ (المائدة، 55)، وقال صلّى الله عليه وسلّم: «أنَا وَلِيُّ كُلِّ مُؤمِنٍ».

ومِنْ أسمائه تعالى «العَفُوُّ»، ومَعْناهُ الصَّفُوحُ، وقد وصَفَ اللهُ بِهذا نَبِيَّهُ في القرآنِ والتّوْراةِ وأَمَرَهُ بِالْعَفْوِ فقال: «خُذِ العَفْوَ» (الأعراف، 199)، ومعناه أَنْ تَعْفُوَ عَمَّنْ ظَلَمَكَ؛ وقال تعالى: ﴿فاعْفُ عَنْهُمْ واصْفَحْ﴾(المائدة، 13)؛ وجاءَ في التَّوْراةِ والإنْجيلِ عَنهُ صلّى الله عليه وسلّم: لَيسَ بِفَظٍّ ولاَ غَلِيظٍ ولَكِنْ يَعفُو ويَصْفَحُ.

ومِنْ أسمائه تعالى «الهادِي»، وقال الله تعالى لَهُ: ﴿وإِنَّكَ لَتَهدِي إلى صِراطٍ مُستَقِيمٍ﴾ (الشورى، 52).

ومِنْ أسمائه تعالى «المُؤمِنُ» و«المُهَيْمِنُ»، فمِنْ معانِي المُؤْمِنِ المُصَدِّقُ وَعْدَهُ لِعِبادِهِ، ومَعْنَى المُهَيْمِنِ الأَمِينُ، والنَّبِيُّ صلّى الله عليه وسلّم مُؤْمِنٌ، وقد قال فيه تعالى: ﴿مُطاعٍ ثَمَّ أَمِينٍ﴾ (التكوير، 21)، وقال عنه كذلك: ﴿يُؤْمِنُ باللهِ ويُؤْمِنُ لِلْمُؤْمِنِينَ﴾ (التوبة، 61)، أَيْ يُصَدِّقُ، وقال صلّى الله عليه وسلّم: «أَنَا أَمَنَةٌ لِأَصحابِي»، فهذا بِمَعنَى المُؤمِنِ؛ وقد سَمّاهُ عَمُّهُ العَبّاسُ مُهَيْمِناً وهُو أَيضاً بِمَعنَى المُؤمِنِ.

ومِنْ أسمائه تعالى «القُدُّوسُ»، ومعناه المُنَزَّهُ عَنِ النَّقائِصِ، ووَقَعَ فِي كُتُبِ الأنبياءِ مِنْ أسمائِهِ صلّى الله عليه وسلّم المُقَدَّسُ أَيْ المُطَهَّرُ مِنَ الذُّنُوبِ كَما قال تعالى: ﴿لِيَغفِرَ لَكَ اللهُ ما تَقَدَّمَ مِنْ ذَنْبِكَ ومَا تَأَخَّرَ﴾ (الفتح، 2).

ومن أسمائه تعالى «العَزيزُ»، ومعناه المُمْتَنِعُ الغالِبُ أو المُعِزُّ لِغَيرِهِ، ومَنَحَ اللهُ العِزَّةَ لِنَبيِّهِ صلّى الله عليه وسلّم كذلك فقال تعالى: ﴿وللهِ العِزَّةُ ولِرَسُولِهِ﴾ (المنافقون، 8).

ووَجَبَ التَّنْبيهُ إِلَى أَنَّ اللهَ تَعالَى جَلَّ اسْمُهُ في عَظَمَتِهِ وكِبْريائِهِ ومَلَكُوتِهِ لاَ يُشْبِهُ شَيْئاً مِنْ مَخْلُوقاتِهِ، وأَنَّ ما سُمِّيَ بِهِ الخَالِقُ والمَخْلُوقُ مِنَ الأسماءِ لا يَعْنِي التَّشابُهَ بَيْنَهُما، فَكَما أنَّ ذاتَهُ تَعالَى لاَ تُشْبِهُ الذَّواتِ كَذلِكَ صِفاتُهُ لا تُشبِهُ صِفاتِ المَخلُوقِينَ، وكَفَى في هذا قَولُهُ: ﴿لَيسَ كَمِثْلِهِ شَيْءٌ﴾ (الشورى، 11)؛ فَلَيْسَ كَذَاتِهِ ذاتٌ ولاَ كاسْمِهِ اسْمٌ ولا كفِعْلِهِ فِعْلٌ ولا كصِفَتِهِ صِفَةٌ إلاَّ مِنْ جِهَةِ مُوافَقَةِ اللَّفْظِ اللَّفْظَ.

3- أَسماءُ النَّبِيِّ وفَضائِلُها

قال رسولُ اللهِ صلى اللهُ عليه وسلمَ: «لِي خَمسَةُ أسماءٍ، أَنا مَحمّدٌ وأنا أَحمَدُ وأنا المَاحِي الذي يَمحُو اللهُ بِيَ الكُفرَ وأنا الحاشِرُ الذي يُحشَرُ النّاسُ على قَدَمِي وأنا العاقِبُ»؛ وقَدْ قِيلَ إنّ هذه الأسماءَ مَوجودَةٌ في الكُتُبِ المُتقَدِّمَةِ وعِندَ أصحابِ العِلمِ مِنَ الأُمَمِ السّابِقَةِ؛ فأمّا اسمُهُ أَحمَدُ فَمُبالَغةٌ في صِفةِ الحَمْدِ، ومُحمَّدٌ مُبالَغَةٌ مِنْ كَثْرَةِ الحَمْد، فَهُوَ صلّى الله عليه وسلّمَ أَجَلُّ مَنْ حَمِدَ وأَفْضَلُ مَنْ حُمِدَ وأَكثَرُ النّاسِ حَمْداً، فهو أَحمَدُ المَحمُودينَ وأَحمدُ الحامِدينَ ومَعَهُ لِواءُ الحَمْدِ يومَ القِيامةِ لِيَتِمَّ لَهُ كَمالُ الحَمدِ، ويَبعثُهُ رَبُّهُ هُناكَ مَقاماً مَحمُوداً كَما وَعَدَهُ يَحمَدُهُ فِيهِ الأَوّلُونَ والآخِرُونَ بِشَفاعَتِهِ لَهُم ويَفتَحُ عَليهِ فِيهِ مِنَ المَحامِدِ كَما قال صلّى اللهُ عليه وسلّمَ مَا لَم يُعطَ غَيرُهُ، وسَمَّى اللهُ أُمّتَهُ في كُتُبِ أنبيائِهِ بالحَمّادِينَ، فَحَقِيقٌ أَنْ يُسَمَّى مُحمّداً وأَحمَدَ؛ وقد حَفِظَ اللهُ سُبحانَهُ هاذينِ الاِسمَينِ أَنْ

يُسَمَّى أَحَدٌ بِهِما قبلَ زمانِه، إلى أنْ شاعَ قُبَيْلَ ميلادِهِ صلّى الله عليه وسلّم أنّ نبيّاً يُبعثُ اسْمُهُ مُحمّدٌ فَسَمَّى قومٌ قَليلٌ مِنَ العَرَبِ أبناءَهُم بِذلك، وهُم سِتَّةٌ مَعرُوفُون؛ أمّا اسمُهُ أَحْمَدُ الذي بَشَّرَتْ بِهِ الكُتُبُ السماويَّةُ فقد مَنعَ اللهُ بِحِكمَتِهِ أنْ يُسَمَّى به أَحَدٌ غيرُهُ ؛ ويُحشَرُ الناسُ على قَدَمِي أيْ يُحشَرُونَ بِمُشاهَدَتِي؛ وسُمِّيَ عاقِباً لأنّهُ عَقَبَ غيرَهُ مِنَ الأنبياءِ، وفي الحديثِ النّبويِّ: «أنا العاقِبُ الذي لَيسَ بَعدِي نبِيٌّ»؛ كَما رُوِيَ عنهُ صلّى الله عليه وسلّمَ قَولُهُ: «لِي في القرآنِ سَبعَةُ أسماءٍ: محمدٌ وأَحمَدُ ويَس وطَه والمُدَّثِّرُ والمُزَّمِّلُ وعَبدُ اللهِ»؛ وقد جاء مِنْ أَلقابِهِ وسِماتِه في القرآنِ عَدَدٌ كَبيرٌ كالنُّورِ والسِّراجِ المُنيرِ، والمُنذرِ والنّذيرِ والمُبَشِّرِ والبَشِيرِ والشّاهِدِ والشّهيدِ والحَقِّ المُبينِ وخاتِمِ النَّبيِّينَ، والرَّؤُوفِ الرَّحيمِ والأمينِ، وقَدَمِ الصِّدقِ ورَحمَةٍ للعالَمين ونِعمَةِ اللهِ والعُروَةِ الوُثْقَى والصِّراطِ المُستَقيم، وغَيرِها؛ وجاءتْ لَهُ أوصافٌ أُخرَى في أحاديثِهِ صلّى الله عليه وسلمَ وفي إطلاقِ الأُمّةِ كَتسميَتِهِ بالمُصطَفَى والمُجْتَبَى وأبِي القاسِمِ والحَبيبِ والشّفيعِ المُشَفَّعِ والصّادِقِ والمَصدُوقِ والهادِي وسَيِّدِ المُرسَلِينَ وإمامِ المُتَّقِينَ وحَبيبِ اللهِ وخَليلِ الرّحمَنِ وصاحِبِ الحَوضِ المَورُودِ وغَيرِها؛ ومِنْ أَسمائِهِ في كُتُبِ اللهِ المُتقَدِّمَةِ: المُتَوَكِّلُ والمُختارُ والمُقَدّسُ ورُوحُ القُدُسِ ورُوحُ الحَقِّ، وغَيرِ ذلك.

4- عَظيمُ قَدرِه عند الله

قال تعالى: ﴿لَقد جاءَكُمْ رَسولٌ مِن أَنْفُسِكُم عَزيزٌ عَلَيْه ما عَنِتُّمْ حَريصٌ عَلَيْكُم بالمُؤْمِنينَ رَؤُوفٌ رَحيمٌ﴾ (التوبة، 128)، ومعنَى: مِنْ أنفسِكم، أنّ الله بَعَثَه مِنْ أَهْلِ مَكّة الذين يعرفونه ويعلَمون صِدقَه وأَمانتَه؛ وفي بعض

القراءات: ﴿مِنْ أَنْفَسِكُمْ﴾ (بِفَتْحِ الفاء) بمعنى أفْضَلِكُم. ثُمّ مَدَحَهُ الله بشَفَقَتِه عليهم وحِرصِه على هِدايَتِهم، وأعطاهُ سُبحانَه اسْمَيْنِ من أسمائه الحُسنَى وهما: رَؤوفٌ رَحِيمٌ؛ وقال: ﴿كَمَا أَرْسَلْنَا فِيكُمْ رَسُولًا مِّنكُمْ﴾ (البقرة، 151)؛ فقد علِم الله عَجزَ خلقِه عَن طاعَتِهِ فأقامَ بَيْنَه وبينَهم مَخلُوقا مِن جِنْسِهم في الصُّورةِ، ألبَسَه مِنْ وَصْفِهِ تعالَى الرَّأفةَ والرّحمةَ وأَخرَجَه إلى الخَلْقِ سَفيراً صادِقا.

وقال تعالى: ﴿وَمَا أَرْسَلْنَاكَ إِلَّا رَحْمَةً لِّلْعَالَمِينَ﴾ (الأنبياء، 107)، أي لجميع الخَلْق، للمؤمنين رحمةً بالهِداية، ورحمةً للمُنافِق بالأَمانِ مِنَ القَتْل، ورَحمةً للكافِرِ بتأخِير العَذاب؛ قال صلّى الله عليه وسلَّمَ: «حَيَاتي خَيرٌ لكم ومَوتي خيرٌ لَكُم». وجاء في تفسير قوله تعالى: ﴿اللَّهُ نُورُ السَّمَاوَاتِ وَالْأَرْضِ مَثَلُ نُورِهِ كَمِشْكَاةٍ فِيهَا مِصْبَاحٌ﴾ (النور، 35) أنَّ المُرادَ بالنُّورِ الثاني هُو محمدٌ صلّى الله عليه وسلّم، وبالمِصباحِ قَلْبُهُ؛ وقد سَمّاه الله في القرآنِ نُوراً وسِراجاً مُنِيرا، فقال: ﴿قَدْ جَاءَكُم مِّنَ اللَّهِ نُورٌ وَكِتَابٌ مُّبِينٌ﴾ (المائدة، 15)؛ وقال كذلك: ﴿إِنَّا أَرْسَلْنَاكَ شَاهِدًا وَمُبَشِّرًا وَنَذِيرًا وَدَاعِيًا إِلَى اللَّهِ بِإِذْنِهِ وَسِرَاجًا مُّنِيرًا﴾ (الأحزاب، 45-46)؛ ومِمّا قال تعالى له أيضا: ﴿...ورَفعْنا لَكَ ذِكْرَكَ﴾ (الشرح، 4)، قال صَلّى الله عليه وسَلَّم: «أَتاني جبريل عَليهِ السّلامُ فقال: إنّ ربِّي وربَّكَ يقول: تَدْري كَيفَ رَفَعْتُ ذِكْرَكَ؟ قُلتُ: الله أَعْلَمُ، قال: إذَا ذُكِرْتُ ذُكِرْتَ مَعِي». وقد جَعَلَ اللهُ طاعَةَ رسولِ اللهِ هيَ طاعةَ الله، قال تعالى: ﴿مَنْ يُطِعِ الرَّسُولَ فقد أَطاعَ الله﴾ (النساء، 80)؛ وَفي تَفسيرِ لِقَوْلِهِ تعالى: ﴿ومَنْ يُسْلِمْ وَجْهَهُ إِلَى اللهِ وهُوَ مُحسِنٌ فَقَدِ اسْتَمْسَكَ بالعُرْوَةِ الوُثْقَى﴾ (لُقمان، 22) إنّ العُرْوَةَ الوُثقى هِيَ مُحمدٌ صلّى الله عليه وسلّم.

5- شَهادَتُهُ على أُمّتِه

قال تعالى: ﴿يا أيُّها النبِيُّ إنّا أرسلناكَ شاهِداً ومُبَشِّراً ونَذيراً...﴾ (الأحزاب، 45)، فجَعلَه اللهُ سُبحانَه يَشْهَدُ على أُمَّتِهِ بإبْلاغِهِمُ الرّسالةَ، ومُبَشِّراً لِأَهلِ طاعتِه، ونَذيراً لِأَهلِ مَعصيَتِه؛ وقال سُبحانَهُ: ﴿وَفِي هَذَا لِيَكُونَ الرَّسُولُ شَهِيدًا عَلَيْكُمْ وَتَكُونُوا شُهَدَاءَ عَلَى النَّاسِ﴾ (الحج، 78)، فبَيَّنَ فَضْلَ رَسُولِ اللهِ عليه السلامُ وفَضْلَ أُمّتِه، أيْ أنّكم حُجّةٌ على كُلِّ مَنْ خالَفكم، وأن الرسولَ صلّى الله عليه وسلَّمَ حُجّةٌ عليكم؛ وفُسِّرَ قولُهُ تعالى: ﴿وبَشِّرِ الّذينَ آمنوا أنّ لهم قَدَمَ صِدقٍ عند رَبِّهِمْ﴾ (يونس، 2) بأنّ قَدَمَ صِدْقٍ هو محمدٌ صلّى الله عله وسلَّمَ يَشْفَعُ لَهُم.

وقد أَخْبَرَ صلَّى الله عليه وسَلَّمَ عن صِفَتِه في التَّوْراةِ بِأنَّ فيها: «عَبْدِي أَحْمَدُ المُخْتارُ، مَوْلِدُه بِمَكّةَ وَمُهاجَرُهُ بِالمدينَةِ، أُمّتُهُ الحَمّادُونَ على كُلِّ حالٍ»؛ ورُوِيَ كذلك أنّه جاء فيها بَعضُ ما في القرآن مِن صِفَتِه عليه السلام: «يا أيُّها النبِيُّ إنّا أرسَلناكَ شاهِداً ومُبَشِّراً ونَذيراً، وَحِرْزاً لِلأُمِّيِّينَ، أنتَ عَبْدِي ورَسُولِي، سَمَّيْتُكَ المُتَوَكِّلَ، لَيْسَ بِفَظٍّ ولا غَلِيظٍ، ولا صَخّابٍ في الأَسْواقِ، ولا يَدْفَعُ السَّيِّئَةَ بالسَّيِّئَةِ ولَكِنْ يَعْفُو ويَغْفِرُ؛ ولَنْ يَقبِضَهُ اللهُ حتّى يُقِيمَ بِهِ المِلَّةَ العَوْجاءَ بِأَنْ يقولُوا لا إلَهَ إلاَّ الله... ».

6- مُخاطَبَةُ اللهِ إِيّاهُ بالمُلاطَفَة

من ذلك قوله تعالى: ﴿عَفا اللهُ عَنْكَ لِمَ أَذِنتَ لَهُم﴾ (التوبة، 43)، مَعْناهُ: عافاكَ اللهُ وأَعَزَّكَ لِماذا تَرَكْتَ المُنافِقِينَ يَتخَلَّفُونَ عنِ الجهاد؛ فقدّمَ اللهُ له العَفْوَ قَبْلَ المُعاتبَة، وهذا لِعَظِيمِ مَنْزِلَةِ النبيِّ صلّى الله عليه وسلّمَ عندَ اللهِ وبِرِّهِ بِه، مَعَ أنّه سُبْحانَه هُوَ المُنعِمُ على خَلْقِه والمُسْتَغْنِي

عَنهُم؛ وفي هذا تَعْلِيمٌ للمُسْلمين التّواضُعَ في القولِ والفِعلِ، وتَنْبِيهٌ إلى وُجُوبِ التأدُّب مع رَسول الله عليه السّلامُ.

وقال تعالى: ﴿وَلَوْلَا أَن ثَبَّتْنَاكَ لَقَدْ كِدتَّ تَرْكَنُ إِلَيْهِمْ شَيْئًا قَلِيلًا﴾ (الإسراء، 74)، فبدأَ سُبْحانَهُ بِتَثْبِيتِ نَبِيِّهِ وحِفْظِه قَبْلَ ذِكْرِ ما نَجّاهُ مِنهُ، وهذه غايةُ العِنايَةِ بِه؛ ومِثْلُها قولُهُ تَعالى: ﴿قَدْ نَعلَمُ إِنَّه لَيَحْزُنُكَ الذي يَقُولونَ فَإِنَّهم لا يُكَذِّبُونَك﴾ (الأنعام، 33)، وذلك أن الرسول الكريم حَزِنَ عندما كَذّبَه قَوْمُه فقال له جِبريلُ: إنّهمْ يَعلَمُون أنّكَ صادِق، وهذا ما أخبَرَهُ به الحَقُّ سُبحانه في هذه الآية لِيُسَلِّيَه. وبعْدَ أنْ ذَمَّ اللهُ المشركين آنَسَهُ كذلك بِذِكْرِ ما لَقِيَهُ الرُّسُلُ السّابِقُون مِنْ تَكْذيبِ أقْوامِهِم فقال: ﴿وَلَقَد كُذِّبَتْ رُسُلٌ مِنْ قَبْلِكَ﴾ (الأنعام، 34).

ومِنْ مُلاطَفَة اللهِ لنَبِيِّهِ وبِرِّهِ به أنّه لم يُخاطِبْهُ في القُرآنِ إلاّ بِأوصافِه، كقولِه تعالى: ياأيُّها الرّسول؛ ياأيُّها النبيّ، ياأيها المُزَمِّل، ياأيها المُدَّثِّر؛ أمّا الخِطابُ لسائرِ الأنبياء فكان بأسمائِهِم.

7- قَسَمُ اللهِ بِهِ

قال تعالى: ﴿لَعَمْرُكَ إِنَّهُمْ لَفِي سَكْرَتِهِمْ يَعْمَهُون﴾ (الحِجْر، 72)؛ وَهُوَ قَسَمٌ بِعُمُرِ محمدٍ صلّى الله عليه وسلّمَ أي بِحَياتِه، وفي ذلك مُنْتَهى التعْظِيم والتشْرِيف؛ ومِمّا قال ابْنُ عبّاسٍ رَضِيَ الله عنهُما: ما سَمِعتُ اللهَ تعالى أَقْسَمَ بِحياةِ أَحَدٍ غَيْرِه.

وقال تعالى: ﴿يس وَالْقُرْآنِ الْحَكِيمِ﴾ (يس، 1-2)، رُوِيَ عن النبيِّ صلّى الله عليه وسلّمَ قَوْلُه: «لِي عِنْدَ رَبِّي عَشْرَةُ أسماءٍ»، ذَكَرَ مِنها: طَه ويَس؛ فأقْسَمَ الله سُبحانه بِاسْمِهِ وكِتابِهِ أنّه لَمِنَ المُرْسَلِينَ إلى عِبادِهِ وأنه

على صِراطٍ مُستقِيم؛ فَلَمْ يُقْسِمِ اللهُ لِأَحَدٍ مِنْ أَنبيائِهِ بالرّسالة إلاّ لَه؛ وقِيلَ أيْضاً إنّ مَعْنَى يَس: يا سَيِّدُ، وفي هذا تَمجيدٌ عَظِيمٌ مِنْه سُبحانه لنبيّه صلّى الله عليه وسلَّم يُؤكّدُهُ قولُه عَليْه السّلامُ: «أنا سَيِّدُ وَلَدِ آدمَ ولاَ فَخْرَ».

وقال تعالى: ﴿لاَ أُقْسِمُ بِهذا البَلَدِ وأنتَ حِلٌّ بهذا البلد﴾ (البَلَد، 1 – 2)، قِيلَ في تفسيرها: لاَ أُقسم بمَكَّةَ إذا لم تكُنْ فيها، أي يَحْلِفُ اللهُ لكَ بهذا البلد الذي شرَّفته بِحُلُولِكَ فِيه.

وقال تعالى: ﴿ووالِدٍ وما وَلَدَ﴾ (البلد، 3)، أَقْسَمَ اللهُ بالوالِد، وهو آدمُ أو إبراهيم عليهِما السلام، وبالْوَلَد وهو محمدٌ صلّى الله عليه وسلّم.

وقال تعالى: ﴿الم ذَلِكَ الْكِتَابُ لَا رَيْبَ فِيهِ﴾ (البقرة، 1-2)، قال ابنُ عباس: هذه الحُروف أقسامٌ أَقسَمَ الله بها؛ وقيلَ: إنّ الألِفَ هو الله تعالى، واللاّمُ جِبريلُ، والمِيمُ محمد صلى الله عليه وسلم، فَمَعْناهَ: اللهُ أنزلَ جِبريلَ على محمدٍ بهذا القرآنِ لا رَيْبَ فيه.

8- قَسَمُ اللهِ لَهُ

قال تعالى: ﴿والضُّحَى واللّيلِ إذا سَجَى مَا وَدَّعكَ رَبُّكَ وما قَلَى﴾ (الضحى، 1 – 3)؛ كان الوَحْيُ قد تَوَقّفَ فَتْرةً عنْ رسولِ الله صلّى الله عليه وسلّمَ فقال المُشركون: إنّ محمّداً أَبْغَضَهُ رَبُّه؛ فأَقسَم اللهُ لِرَسُولِه بِما مَعْناهُ: وَرَبِّ الضُّحَى واللّيْلِ إنّ رَبَّكَ ما أَبْغَضَكَ ولا أَهْمَلَكَ بَعْدَ أنِ اخْتارَكَ وأرْسَلَك؛ وزادَ قَولَه تعالى: ﴿وللآخِرَةُ خيْرٌ لَكَ مِنَ الأُولَى ولَسَوْفَ يُعْطيكَ رَبُّكَ فتَرْضَى﴾ (الضحى، 4-5)، أيْ أنّ ما سَوْفَ أُعْطِيكَ في الآخِرة أَعظَمُ مِنْ أنواع إكْرامِي لَكَ في الدُّنيا، فَقَدْ ادَّخرْتُ لَكَ أَفْضالاً شَتَّى، مِنها الوسيلةُ والفَضِيلةُ والدرجةُ الرفِيعةُ والمَقامُ المحمودُ

والحوْضُ والشفاعةُ، وما لا يُحصَى مِنَ الإنْعام حَتّى تَرْضَى؛ وقِيلَ إنّه صلّى الله عليه وسلّمَ لَا يَرْضَى وواحدٌ مِنْ أُمّتِهِ في النّار؛ ثُمّ إنّ الله تعالى ذَكّرَهُ بِما مَنَّ عليه مُنذُ نَشْأته مِنَ الرِّعايةِ والهِدايةِ والكِفاية، فكَيْفَ لا يُحْسِنُ إليه بَعْدما أَدّى الرِّسالة.

وقال تعالى: ﴿والنّجْمِ إذا هَوَى ما ضَلَّ صاحِبُكُم وما غَوَى وما يَنْطِقُ عَنِ الهَوَى إِنْ هُوَ إلاَّ وَحْيٌ يُوحَى عَلَّمَهُ شَدِيدُ الْقُوَى ذُو مِرَّةٍ فاسْتَوَى وهُوَ بِالأُفُقِ الأَعْلَى ثُمَّ دَنا فَتَدَلَّى فكانَ قابَ قَوْسَيْنِ أَو أَدْنَى فأَوْحَى إلَى عَبْدِهِ مَا أَوْحَى ما كَذَبَ الفُؤادُ ما رأَى أَفَتُمارُونَهُ على ما يَرَى ولَقَدْ رَآهُ نَزْلَةً أُخرَى عِنْدَ سِدْرَةِ المُنْتَهى عِنْدَها جَنّةُ المَأْوَى إِذْ يَغْشَى السِّدْرَةَ ما يَغْشَى ما زاغَ البَصَرُ وما طَغَى لَقَدْ رَأَى مِنْ آياتِ رَبِّهِ الكُبْرَى﴾ (النجم، 1–18)؛ تَضَمَّنَتْ هذه الآياتُ مِنْ فَضْلِ مُحمّدٍ صلّى اللهُ عليه وسلّمَ وشَرَفِه ما لا يُعَدُّ ولا يُحْصَى، فقَدْ أَقسَمَ جَلَّ جَلالُهُ على هِدايَةِ المُصطَفَى وتَنْزيهِهِ عَنِ الْهَوَى وصِدْقِهِ في ما يَقُول، لأنّهُ وَحْيٌ مِنَ الله؛ وأَخبَرَ سُبحانَه عَنْ بُلُوغِ نَبِيِّه سِدْرَةَ المُنْتَهَى وتَصْديقِ بَصَرِهِ في ما رَأَى مِنْ آياتِ رَبِّه الكُبْرَى التي لا يُمكِنُ للعُقُولِ أنْ تُدْرِكَها، كَما لا يُمكِنُ لِلكلِمات أنْ تُعبِّرَ عمّا أَوْحاهُ الله لِحَبِيبِه في ذلك المَقامِ الأَسْنَى.

وقال تعالى: ﴿ن والقَلَمِ وما يَسْطُرُونَ ما أَنتَ بِنِعمَةِ ربِّكَ بِمجْنُونٍ وإِنَّ لَكَ لأَجْراً غيرَ مَمْنُونٍ وإِنَّكَ لَعَلَى خُلُقٍ عَظِيم﴾ (القلم، 1–4)؛ أَقْسَمَ اللهُ جَلَّ عُلاهُ على نَفْيِ الجُنُونِ الذي وَصَفَه بِهِ المُشْرِكون، وزاد مِنْ تَأْنيسِه وتَبْشيرِه بِما أعدّهُ لهُ مِنْ نَعيمٍ دائم، ثُمّ مَدَحَهُ بِما أفاضَ علَيْه مِنَ الأَخْلاقِ العظيمة؛ وبعد هذه الآيات ذَمَّ سُبحانه أعداءَ نبيّه وتَوَعَّدهم بالشقاءِ والعَذاب.

9- شَفَقةُ اللهِ عليه

قال تعالى ﴿طَهَ ما أَنْزَلْنا عَلَيْكَ القُرْآنَ لِتَشْقى﴾ (طه، 1-2)، قِيلَ: طه اسْمٌ مِنْ أسمائِهِ صلّى الله عليه وسلّم، ناداهُ به ربُّه عِندَما كان يُتعِبُ نَفْسَه بقِيام اللّيْلِ لِلْعِبادَة؛ ولا يَخفَى ما في هذا الخِطابِ مِنْ إشْفاقِ المَوْلى الرّحيم على نَبِيّه؛ ومِثْلُ هذا ما خاطَبه اللهُ به مِنْ قولِه: ﴿لَعلَّكَ باخِعٌ نَفْسَكَ ألاّ يَكونوا مُؤمِنينَ﴾ (الشعراء، 3) ومَعْناه لا تَقتُلْ نَفْسَكَ على عَدَمِ إيمانِهِم؛ ومِثْلُ هذا الاعْتِناءِ الربّانِيِّ قَوله تعالى: ﴿فاصْدَعْ بما تُؤمَرُ وأَعرِضْ عَنِ المشركين، إنّا كَفيناكَ المستهزئين الذينَ يَجعَلُونَ مَعَ اللهِ إلهاً آخَرَ فَسَوْفَ يَعْلَمُونَ، ولَقَد نَعلَمُ أنّكَ يَضِيقُ صَدرُكَ بما يَقُولُونَ، فَسَبِّحْ بِحَمْدِ رَبِّكَ وكُنْ مِنَ السّاجِدِينَ﴾ (الحِجر، 94-98)، فقَدْ واساهُ اللهُ بَعْدَما أَمَرَهُ بالجَهْرِ بالدّعْوَةِ وعَدَمِ الاهْتِمامِ بِسُخرِيَةِ المشركينَ لأنه تكفَّلَ بنَصْرِهِ عَلَيْهِمْ، فما عليه إلاّ بِتَسْبيحِ اللهِ عَزَّ وجَلّ.

ومِنْ مُواساةِ اللهِ لِنَبِيِّهِ وتَطْيِيبِ نَفْسِه قَولُه سبحانه: ﴿وإنْ يُكذِّبوكَ فقَدْ كُذِّبَتْ رُسُلٌ مِنْ قَبْلِك﴾ (فاطر، 4)، ومِثلُ ذلك أَيْضا قولُه: ﴿كذلك ما أتَى الذينَ مِن قَبلِهِم مِنْ رَسُولٍ إلاّ قالُوا ساحِرٌ أوْ مَجنُونٌ﴾ (الذاريات، 52).

ومِنْ أجمَلِ ما طَمْأَنَهُ به اللهُ تعالى قوله: ﴿واصبِرْ لِحُكْمِ رَبِّكَ فإنّكَ بأَعْيُنِنا﴾ (الطور، 48).

10- تَشْرِيفُ مَنْزِلَتِهِ على الأَنْبِياء

قال تعالى: ﴿وَإِذْ أَخَذَ اللَّهُ مِيثَاقَ النَّبِيِّينَ لَمَا آتَيْتُكُم مِّن كِتَابٍ وَحِكْمَةٍ ثُمَّ جَاءَكُمْ رَسُولٌ مُّصَدِّقٌ لِّمَا مَعَكُمْ لَتُؤْمِنُنَّ بِهِ وَلَتَنصُرُنَّهُ قَالَ أَأَقْرَرْتُمْ وَأَخَذْتُمْ عَلَى ذَٰلِكُمْ إِصْرِي قَالُوا أَقْرَرْنَا قَالَ فَاشْهَدُوا وَأَنَا مَعَكُم مِّنَ

الشَّاهِدِينَ﴾ (آل عِمران، 81)؛ تَدُلُّ هذه الآياتُ على ما فُضِّلَ به صلّى الله عليه وسلّم على سائرِ الأنبياء، فَلَم يَبْعَثِ اللهُ أَحَداً مِنهُم إلاّ ذَكَرَ لَهُ مُحمَّداً وأَخَذَ عَليهِ العَهْدَ أنْ يُبيِّنَهُ لِقومِه وأَنْ يأْخُذَ هُوَ كذلك العَهدَ عليهم أنْ يُبيِّنُوهُ لِمَنْ بَعْدَهُم. ورُوِيَ عن عُمَرَ رَضِيَ الله عنه قَولُه: بِأَبِي أنتَ وأُمِّي يا رَسُولَ الله لَقد بَلَغَ مِنْ فَضيلَتِكَ عِندَ اللهِ أنْ بَعثَكَ آخِرَ الأَنبياء وذَكرَكَ في أوّلِهم فقال: ﴿وإذْ أخَذْنا مِنَ النّبيّينَ مِيثاقَهم ومِنكَ ومِنْ نُوحٍ...﴾ (الأحزاب، 7)؛ وقد قال عليه السلام: «كُنتُ أوّلَ الأنبياء في الخَلْقِ وآخِرَهم في البَعْثِ»؛ ومِمّا قال أيْضاً: «أَنا دَعْوَةُ أَبِي إبراهِيمَ، وبَشَّرَ بِي عِيسَى»؛ يَعْنِي قَولَه تعالى على لِسانِ إبْراهيمَ ﴿رَبَّنا وابْعَثْ فِيهِمْ رَسُولاً مِنهُمْ﴾ (البقرة، 129)، وعلى لِسانِ عِيسَى: ﴿ومُبَشِّراً برسُولٍ يَأتِي مِنْ بَعدِي اسْمُهُ أَحْمَدُ﴾ (الصف، 6)؛ ويُحكَى أَنَّ آدمَ بَعْدَ مَعصِيَتِهِ قال: اللّهُمَّ بِحَقِّ مُحمَّدٍ اِغْفِرْ لِي خَطِيئَتِي؛ فقال لَهُ اللهُ: مِنْ أَيْنَ عَرفتَ مُحمّداً؟ قال: لَمَّا خَلَقْتَنِي رَفعتُ رَأْسِي إلى عَرْشِكَ فَإذا فِيهِ مَكتُوبٌ: لاَ إِلَهَ إلاّ اللهُ مُحمّدٌ رَسُولُ اللهِ فَعَلِمتُ أَنَّهُ لَيسَ أَحَدٌ أَعظَمَ قَدْراً عِندَكَ مِمَّنْ جَعلتَ اسْمَهُ مَعَ اسْمِكَ؛ فَتابَ اللهُ عَلَيهِ وغَفرَ لَهُ.

وقال تعالى: ﴿تِلكَ الرُّسُلُ، فَضَّلْنا بعضَهم على بَعضٍ، مِنهم مَنْ كَلَّمَ اللهُ، ورَفَعَ بعْضَهم درَجاتٍ...﴾ (البقرة، 253)؛ والمَرفوعُ دَرَجاتٍ هُوَ مُحمّدٌ صلّى الله عليه وسلّمَ؛ وقد قال: «قال الله تعالى: سَلْ يا مُحمّدُ، فقُلتُ: مَا أَسألُ يا رَبِّ؟ اِتَّخَذتَ إبراهيمَ خَليلاً وكَلَّمتَ مُوسَى تَكلِيماً، واصْطَفَيتَ نُوحاً، وأَعطَيتَ سُليمانَ مُلكاً لاَ يَنبَغِي لِأَحَدٍ مِنْ بَعدِهِ؛ فقال اللهُ تعالى: مَا أَعطَيتُكَ خيرٌ مِنْ ذلكَ، أَعطَيتُكَ الكَوثَرَ وجَعَلتُ اسْمَكَ مَعَ اسْمِي يُنادَى بِهِ في جَوفِ السّماءِ وجَعَلتُ الأَرضَ طَهُوراً لَكَ ولِأُمّتِكَ

وغفرتُ لكَ ما تَقَدَّمَ مِنْ ذَنْبِكَ وما تَأَخَّرَ تَمشِي في النَّاسِ مَغفُوراً لكَ، ولَمْ أَصْنَعْ ذلك لأَحَدٍ قبلَكَ، وجَعَلتُ قُلُوبَ أُمَّتِكَ مَصاحِفَها، وخَبَّأْتُ لَكَ شَفاعَتَكَ ولَم أَخْبَأْها لِنَبيٍّ غَيْرِكَ»؛ وقال عليه الصلاة والسلام: «ما مِنْ نَبيٍّ مِنَ الأنبياءِ إلاّ وقَدْ أُعطِيَ مِنَ الآياتِ ما مِثْلُهُ آمَنَ عَلَيهِ البَشَرُ؛ وإنَّما كانَ الذي أُتِيتُ وَحْياً أَوْحَى اللهُ إليَّ، فأَرجُو أنْ أَكُونَ أَكثَرَهُم تابِعاً يَومَ القِيامَةِ»؛ وهذا الوَحيُ هو مُعجِزَةُ القُرآنِ الباقِيَةُ بَينَ النّاسِ إلى يَومِ القِيامةِ بِخِلافِ مُعجِزاتِ الأنبياء التي لَمْ يُشاهِدْها إلاّ مَنْ كان حاضِراً وَقتَ وُقُوعِها.

11- تفضيلُهُ بالمَحَبَّةِ والخُلَّة

جاءتِ الأَحاديثُ الصحِيحةُ بِتَفضِيلِ اللهِ لِنَبِيِّنا صلى الله عليه وسلّمَ بالمَحَبَّةِ والخُلَّةِ فَصارَ مَخْصُوصاً عند المسلمين بِحَبِيبِ اللهِ، زِيادةً على كَونِهِ خَلِيلَهُ، لأنَّ دَرَجَةَ الحَبِيبِ أَرْفَعُ مِنْ درجةِ الخَلِيلِ؛ وقد جاء ضِمنَ حديثِ ابنِ عبّاسٍ أنّه صلّى الله عليه وسلّم قال: «... أَلاَ وأَنا حَبِيبُ اللهِ ولاَ فَخْرَ...»؛ ورُوِيَ عن عبدِ اللهِ بنِ مسعود قولُه عليه الصلاةُ والسلامُ عَن نَفسِهِ: «وقدِ اتَّخَذَ اللهُ صاحِبَكُم خَلِيلاً»، كما قال أيضاً: «لَوْ كُنتُ مُتَّخِذاً خَلِيلاً غيرَ رَبِّي لاتَّخَذْتُ أَبا بَكرٍ»؛ ومِنْ مَعنى خَلِيلِ الإنسانِ أنّه هو الذي لاَ يَتّسِعُ قَلبُه لِغَيرِهِ، لأنّ الخُلَّةُ صَفاءُ المَودّةِ. ومَحبّةُ الخالِقِ تَعالَى لِعَبدِهِ هِيَ عِصمَتُهُ وتَوفِيقُهُ وتَهْيِئَةُ أَسبابِ القُربِ وإفاضَةُ رَحمتِهِ عليهِ وأَقصاها كَشفُ الحُجُبِ عن قَلبِهِ حَتَّى يَراهُ بِقَلبِهِ ويَنْظُرَ إليهِ بِبَصِيرَتِهِ، فَيكُونَ كَما قالَ اللهُ سُبحانَهُ في الحَدِيثِ القُدْسِيِّ: «...فإذا أَحبَبْتُهُ كُنتُ سَمْعَهُ الذي يَسمَعُ بِهِ وبَصَرَهُ الذي يُبصِرُ بِهِ ولِسانَهُ الذي يَنطِقُ بِهِ...».

12- رَفْعُ العذابِ بِسَبَبِه وصَلاةُ اللهِ وملائكتُه عليه

قال رسولُ الله صلّى الله عليه وسلّم: «أَنْزلَ اللهُ علَيَّ أمانَيْنِ لِأُمّتي: ﴿وما كان اللهُ لِيُعذِّبَهم وأنتَ فيهِم﴾ و﴿وما كان اللهُ مُعذِّبَهم وهُم يَستَغفِرونَ﴾ (الأنفال، 33)... »؛ مَعْنَى الآيةِ الأُولَى: ما دُمتَ في مكّة؛ فلمّا خَرجَ منها النبيُّ صلّى الله عليه وسلّم وبَقِيَ فيها بعضُ المؤمنينَ نزلَتِ الآيةُ الثانيةُ؛ فلمّا لَمْ يَبْقَ إلاّ المشركون نَزلَتْ: ﴿وما لَهُم ألاّ يُعذِّبَهُم الله﴾ (الأنفال، 34)؛ فقَد سَلَّطَ اللهُ عليهِم المؤمِنينَ فغَلَبوهم ووَرِثوا أرْضَهم؛ فالرسولُ عليه السلامُ هو الأمانُ الأعظَمُ، في حَياتِه وبِبَقاءِ سُنّتِه بَعْدَهُ؛ ويُؤكِّدُ هذا قَولُهُ تعالى: ﴿وما أَرسَلْناكَ إلاّ رَحْمةً للعالَمين﴾ (الأنبياء، 107).

وقال تعالى: ﴿إنّ اللهَ وملائكَتَهُ يُصَلُّونَ على النَّبيِّ، يا أَيُّها الذينَ آمَنوا صَلُّوا عليهِ وسَلِّموا تَسلِيما﴾ (الأحزاب، 56)؛ بَيَّنَ سُبحانه فَضْلَ نبيِّهِ الْمُصْطَفَى بِصَلاتِهِ عليه، وهِيَ الرّحْمةُ، وبِصَلاةِ ملائكتِه، وهي المُبارَكَةُ، ثُمّ أَمَرَ المؤمنينَ بالصلاة والتسليم عليه أيضا، وهي الدُّعاءُ. وقال بعضُ المفسِّرينَ لِلْحُرُوفِ الأُولَى مِنْ سُورةِ مَريَم: ﴿كهيعص﴾، أنّ الكافَ كِفايةُ اللهِ لِنَبِيِّه، إذْ يقول: ﴿أَلَيسَ اللهُ بِكافٍ عَبْدَه﴾ (الزُّمَر، 36)؛ والهاءُ هِدايتُهُ له، قال: ﴿ويَهْدِيَكَ صِراطاً مُستقيما﴾ (الفتح، 2)؛ والياءُ تأْيِيدُه، قال: ﴿أَيَّدَكَ بِنَصْرِه﴾ (الأنفال، 62)؛ والعَيْنُ عِصْمَتُه لَه، قال: ﴿واللهُ يَعصِمُكَ مِنَ الناس﴾ (المائدة، 67)؛ والصّادُ صَلاتُهُ عليه، قال: ﴿إنّ الله وملائكته يُصَلُّون على النبيّ﴾ (الأحزاب، 56).

وقال تعالى: ﴿وإِنْ تَظَاهَرا عليه فإنّ اللهَ هُوَ مَوْلاهُ وجِبريلُ وصالِحُ المؤمِنينَ والملائكةُ بَعدَ ذلك ظَهِيرٌ﴾ (التحريم، 4)؛ بَشَّرَ سُبحانَهُ نبيَّه

الكريمَ بأنّهُ هو ناصِرُه على مَنْ تعاوَنَ عليه بما يَكْرَهُ، كما أنّ مِنْ أنصارِه صلّى الله عليه وسلّم أَهلُ المَلإِ الأَعلَى والصحابةُ الكِرام.

13- مكانتُه عند الله في آياتٍ مِنَ القُرآن

قال الله تعالى: ﴿إنّا فَتَحْنا لكَ فَتحاً مُبيناً لِيَغفِرَ لَكَ اللهُ ما تَقَدَّمَ مِنْ ذَنْبِكَ وما تَأَخَّرَ ويُتِمَّ نِعْمَتَهُ عليكَ ويَهديَكَ صِراطاً مُستقيماً ويَنصُرَكَ اللهُ نَصراً عَزيزاً﴾ (الفتح، 1 – 3)؛ أَعْلَمَ اللهُ نَبيَّهُ الكَريمَ بِفَتح أَحَبِّ البِلادِ لَهُ، وبغُفرانِ كُلِّ ما وَقَعَ مِنهُ وَما لَمْ يَقَعْ، وبِإكْمالِ نِعمَتِهِ عَلَيْهِ بِهِدايَتِه لِأَقْوَمِ طَريقٍ ونَصْرِهِ على المشركين. وبَعْدَ أنْ ذَكَرَ سبحانه أفْضالَه على المؤمنينَ وبَشَّرَهُم بالفَوْزِ في الدّنيا والآخرة، وبهَلاكِ الكافرين وعَذابِهِم، قال تعالى: ﴿إنّا أرْسَلْناكَ شاهِداً ومُبَشِّراً ونَذيراً لتُؤمنوا بالله ورَسُولِهِ وتُعَزِّرُوهُ وتُوَقِّرُوهُ وتُسَبِّحُوهُ بُكْرَةً وأَصِيلاً﴾ (الفتح، 8–9)؛ أَخْبَرَهُ اللهُ بالغايَةِ مِنْ بعثَتِهِ وهي أنْ يَشْهَدَ لأُمّتِهِ بالتّوْحيد ويُبَشِّرَ مَنْ آمَنَ مِنْهُم بالثّواب ويُنذِرَ مَنْ كَفَرَ بالعِقاب، لِذلك وَجَبَ الإيمانُ باللهِ ورَسُولِه ونَصْرُ هذا الرسولِ وتَعظيمُه، مَعَ تَسبيحِ اللهِ على الدّوام لِأَجْلِ الِاستِعانَةِ على ذلك. ثُمّ قال تعالى: ﴿إنّ الذينَ يُبايِعونكَ إنما يُبايِعُونَ اللهَ، يَدُ اللهِ فَوقَ أَيْدِهِم﴾(الفتح، 10)؛ أيْ أنّ الذينَ بايَعُوك، بَيْعةَ الرِّضوانِ، لَمْ يُبايِعُوا في الحَقيقةِ إلاّ اللهَ عَزَّ وجَلَّ، لِأَنّ المقْصودَ هو المُبايَعةُ على الإيمان بالله تعالى، فكأنّ اللهَ سبحانه يُبايِعُ رسولَه كذلك بقُوّتِه وتأييدِه، وهذا بيانٌ بَلِيغٌ لِعِظَمِ شَأْنِهِ صَلّى الله عليه وسلّم.

ومِنْ ذلكَ ما قَصَّهُ تعالى مِنْ معجزَةِ الإسراءِ والمِعراج في سُورَةِ الإسراء وفي سورة النَّجم، مِنْ عَظِيمِ مَنزِلَتِه وقُرْبِه مِنَ الله وما شاهَدَ مِنَ

العَجائبِ؛ ومِنْهُ أيضاً ما ذكَرَه اللهُ تَعالَى عن هِجْرةِ رسولِه وما أظْهرَه عليه مِنَ مَكرُمات، كما في قولِه: ﴿إلاَّ تَنْصُرُوهُ فَقَدْ نَصرَهُ الله﴾ وقولِه: ﴿فأَنزَلَ اللهُ سَكِينَتَه عليه وأَيَّدَهُ بجُنودٍ لَمْ تَرَوْها﴾(التوبة، 40)؛ ومنها أيضاً قولُه تعالى: ﴿إنّا أَعطيناكَ الكَوْثَرَ فَصَلِّ لِربِّكَ وانْحَرْ، إنَّ شانِئَكَ هُوَ الأَبْتَر﴾ (الكوثر، 1 – 3)؛ ومِنْ مَعاني الكوثر: الخَيْرُ الكَثِير الذي أعطاهُ الله في الدنيا مِنَ الأخلاق العظيمة والنصرِ والعِزّةِ وفي الآخِرة مِن الحَوْضِ والشَّفاعةِ والمَقامِ المحمودِ عند الله؛ وبَعْدَ أنْ بَيَّنَ اللهُ له كَيْفَ يَشكرُه على ما أعطاه، وذلك بالصلاة والقُرُبات، رَدَّ سبحانه على مَنْ عَيَّرَ رسولَهُ بالأَبْتر، أيْ مُنْقَطِعِ الخيرِ أو النَّسْل، بأنّه هو الأبترُ حَقِيقةً.

ومِمّا رَفَعَ اللهُ به قَدْرَهُ في أُمَّتِهِ قولُهُ تعالى: ﴿النَّبِيُّ أَوْلَى بالمؤمِنينَ مِنْ أَنفُسِهِم وأَزْواجُهُ أُمَّهاتُهُم﴾ (الأحزاب، 6)؛ فَقَدْ جَعَلَ سُبحانَهُ طاعَةَ المؤمِنينَ أَمْرَهُ صلّى الله عليه وسلّم مُقَدَّمَةً على طاعةِ نُفوسِهِمْ، كما فَرَضَ اللهُ احْتِرامَ زَوجاتِه عليه السلامُ مِثْلَما تُحتَرَمُ الأُمّهاتُ، وحَرَّمَ الزّواجَ مِنْهُنَّ بَعْدَ وفاةِ الرسولِ صلّى اللهُ عليه وسلّم.

ومِمّا مَنَّ بِه اللهُ عليه كذلك في قولِه: ﴿وأَنْزَلَ اللهُ عليكَ الكتابَ والحِكْمَةَ وعَلَّمكَ ما لم تَكُنْ تَعْلَمْ وكانَ فَضلُ اللهِ عليكَ عظيما﴾ (النساء، 113)؛ فَقَدْ خَصَّهَ سبحانه بالقرآنِ العظيم ووَحْيِ السُّنَّةِ والعُلومِ الربّانيَّةِ، كما تَفَضَّلَ عليهِ المَوْلَى عزَّ وجَلَّ بِما لَمْ يَنَلْهُ نَبِيٌّ مُرسَلٌ ولاَ مَلَكٌ مُقَرَّبٌ.

14- تَفضِيلُهُ يومَ القِيامة

سُئِلَ رَسولُ اللهِ صلّى الله عليه وسلّم عن قول اللهِ تعالى: ﴿عَسَى أنْ يَبعَثَكَ رَبُّكَ مَقاماً مَحمُوداً﴾ (الإسراء، 79) فقال: «الشَّفاعَةُ»؛ وقال كذلك:

«يُحشَرُ النّاسُ يومَ القِيامةِ فأكُونُ أنا وأُمَّتي على تلٍّ ويَكسُوني رَبِّي حُلَّةً خَضراءَ ثُمَّ يُؤذَنُ لِي فأَقُولُ ما شاءَ اللهُ أنْ أَقُولَ، فذلك المَقامُ المحمُود»؛ وقال عبدُ اللهِ بْنُ عُمَرَ رضِيَ اللهُ عنهما: إنَّ النّاسَ يَصِيرُونَ يومَ القيامةِ جُثِيّاً [على رُكَبِهِمْ]، كَلُّ أُمّةٍ تَتبَعُ نَبِيَّها يَقُولونَ يا فُلاَنُ اشْفَعْ لَنا يا فُلانُ اشْفَعْ لنا حَتّى تَنتَهِيَ الشّفاعةُ إلى النّبيِّ صلّى الله عليه وسلّم فذلك يومَ يَبعَثُه اللهُ المَقامَ المحمُود؛ وقال عليه الصلاةُ والسلامُ: «أنا حامِلُ لِواءِ الحَمدِ يَومَ القِيامةِ ولاَ فَخرَ، وأنا أَوّلُ شافِعٍ وأوّلُ مُشَفَّعٍ ولا فَخرَ، وأنا أكرَمُ الأوَّلِينَ والآخِرِينَ ولاَ فَخرَ»؛ وقال أيضاً عليه السلامُ: «خُيِّرْتُ بينَ أنْ يَدخُلَ نِصفُ أُمّتِي الجَنّةَ وبَينَ الشّفاعةِ فاختَرتُ الشّفاعةَ لأنّها أعَمُّ، أتَروْنَها للمُتّقِين؟ ولكنّها لِلمُذنِبِينَ الخطّائِينَ»؛ وعنْ أُمِّ حَبِيبَةَ رَضِيَ اللهُ عنها قالتْ: قال رسولُ اللهِ صلّى الله عليه وسلّم: «أُرِيتُ ما تَلْقَى أُمّتي مِنْ بَعدِي وسَفكِ بَعضِهِمْ دِماءَ بَعضٍ وسَبَقَ لَهم مِنَ اللهِ ما سَبَقَ لأُمَمٍ قبلَهُم فسَأَلْتُ اللهَ أنْ يُؤْتِيَنِي شَفاعةً يومَ القِيامةِ فِيهِم فَفَعَلَ»؛ وعن ابْنِ عَبّاسٍ رَضِيَ اللهُ عنهما: قال صلّى الله عليه وسلّم: «يُوضَعُ لِلأنبِياء مَنابِرُ يَجلِسُون عليها ويَبقَى مِنبَرِي لا أجلِسُ عليهِ قائِماً بينَ يَدَيْ رَبِّي مُنتَصِباً فيقُولُ اللهُ تبارَكَ وتَعالَى ما تُرِيدُ أنْ أَصْنَعَ بِأُمّتِكَ؟ فأقُولُ: يا رَبِّ عَجِّلْ حِسابَهُمْ، فيُدْعَى بِهِمْ فيُحاسَبُون، فَمِنهُمْ مَنْ يَدخُلُ الجنّةَ بِرَحمَتِهِ ومِنهُم مَنْ يَدخُلُ الجنةَ بِشَفاعتِي، ولاَ أَزالُ أَشفَعُ حتّى أُعطَى صِكاكاً [أيْ كُتُباً] بِرِجالٍ قَدْ أُمِرَ بِهِم إلى النّارِ، حَتّى إنَّ خازِنَ النّارِ لَيَقُولُ: يا مُحمّدُ ما تَرَكتَ لِغَضَبِ رَبِّكَ في أُمّتِكَ مِنْ نِقمَةٍ»، يُؤَكِّدُ هذا قولُهُ عليه السلامُ: «لَأَشفَعَنَّ يومَ القِيامةِ لِأَكْثَرَ مِمّا فِي الأرضِ مِنْ حَجَرٍ وشَجَرٍ». وتَدُلُّ هذه الأحاديثُ وغَيرُها على أنّ شَفاعَتَهُ صلّى اللهُ عليه وسلّم ومَقامَهُ المحمُودَ حِينَ يَجتَمِعُ النّاسُ لِلحَشْرِ وتَضِيقُ بِهِم الحَناجِرُ ويَبلُغ

مِنهُمُ العَرَقُ والشّمسُ والوُقُوفُ مبْلَغَهُ، وذلك قَبلَ الحِسابِ فَيَشفَعُ حِينَئِذٍ لإراحةِ الناسِ مِنَ المَوقِفِ ثُمَّ يُوضَعُ الصِّراطُ ويُحاسَبُ الناسُ فَيَشفَعُ في تَعجِيلِ مَنْ لا حِسابَ عليهِ مِنْ أُمّتِهِ إلى الجنّةِ ثُمّ يَشفَعُ في مَنْ وَجَبَ عليهِ العَذابُ ودَخَلَ النّارَ مِنهُم ثُمّ في مَنْ قال لا إله إلا اللهُ؛ ولَيسَ هذا لِسِواهُ صلّى الله عليه وسلّم؛ وفي الحديثِ المُنتَشِرِ الصّحيحِ: «لِكُلِّ نَبيٍّ دَعوَةٌ يَدعُو بِها واختَبَأْتُ دَعوَتِي شَفاعةً لأُمّتِي يَومَ القِيامةِ».

15- تَفضِيلُه في الجَنّة

قالَ رسولُ اللهِ صلّى اللهُ عليه وسلم: «إذا سَمِعتُمُ المُؤَذِّنَ فقُولُوا مِثلَ ما يَقُولُ ثَمَّ صَلُّوا عَلَيَّ فإنّهُ مَنْ صَلّى عليّ مَرّةً صلّى اللهُ عليهِ عَشْراً ثُمَّ سَلُوا اللهَ لِيَ الوَسِيلَةَ فإنّها مَنزِلَةٌ في الجَنّةِ لاَ تَنبَغِي إلاَّ لِعَبدٍ مِنْ عِبادِ اللهِ وأَرجُو أنْ أكُونَ أنا هُوَ، فمَنْ سَأَلَ اللهَ لِيَ الوسِيلةَ حَلَّتْ عَلَيهِ الشّفاعةُ»؛ والوَسِيلةُ - كَما في حَدِيثٍ آخَرَ - هِيَ أعلَى دَرَجَةٍ في الجَنّةِ.

وقال صلّى اللهُ عليه وسلّم: «آتِي بابَ الجَنّةِ يَومَ القِيامةِ فَأَسْتَفتِحُ فَيَقُولُ الخازِنُ: مَنْ أنتَ؟ فأقُولُ مُحَمَّدٌ فيقولُ: بِكَ أُمِرتُ أنْ لاَ أَفتَحَ لِأحَدٍ قَبلَكَ»؛ وقال عليه الصلاةُ والسلامُ: «بَيْنَا أنا أسيرُ في الجَنّةِ إذْ عَرَضَ لِي نَهرٌ حافَتاهُ قِبابُ اللُّؤلُؤِ، قُلتُ لِجبريلَ ما هذا؟ قال هذا الكَوْثَرُ أعطاكَهُ اللهُ ثُمَّ ضَرَبَ بِيَدِهِ إلى طِينَتِهِ فاسْتَخْرَجَ مِسْكاً»؛ وعَن حُذَيْفَةَ رَضِيَ اللهُ عنه في ما ذَكَرَ صلّى الله عليه وسلم عن رَبِّهِ: «وأعطانِي الكَوْثَرَ نَهراً مِنَ الجنةِ يَسِيلُ في حَوضِي»، وقد قال عليه السلام: «حَوضِي مَسِيرَةُ شَهرٍ وزَواياهُ سَواءٌ وماؤُهُ أبيَضُ مِنَ الوَرِقِ [أيِ الفِضّة] ورِيحُهُ أَطيَبُ مِنَ المِسكِ، كِيزانُهُ كَنُجومِ السّماءِ، مَنْ شَرِبَ مِنهُ لَمْ يَظمَأْ أبَداً».

الباب الثاني
إكمالُ اللهِ تعالى خلْقَهُ وخُلُقَه

لم يَجتمِعْ لأحدٍ مِنَ الخَلْقِ ما اجتمعَ لنَبِيِّنا صلى الله عليه وسلمَ مِنْ خِصالِ الجَمالِ والكَمالِ التي لا يُحيطُ بها عَدٌّ ولا يَصِفُها مَقال، لأنها أفضالٌ مِنَ الوَهّابِ الكَريم، ومِنها في الدنيا: الِاصْطِفاءُ وشَرحُ الصَّدرِ ورَفعُ الذِّكْر والمحبّةُ ورَحمةٌ للعالمينَ وسيادةُ بَنِي آدمَ والإسراءُ والصلاةُ بالأنبياء والمعراجُ والقُربُ والعِزّةُ والنصرُ والتأييدُ بالملائكة وإيتاءُ السَّبْعِ المَثاني والقرآنِ العظيمِ وتزكيةُ الأمّةِ وصلاةُ اللهِ عليه والملائكةِ والقَسَمُ باسمِهِ؛ وكذلك المعجزاتُ العديدةُ كتَكْليمِ الجَماداتِ والحيواناتِ وإحياءِ المَوْتى وإسْماعِ الصُّمِّ ونَبْعِ الماءِ مِن بَينِ أصابِعه والِاطِّلاعِ على الغَيْب وتَظْليلِ الغَمامِ عليه وتَسْبيحِ الحَصَى في يَديْه، إلى غيرِ ذلك مِمّا لا يُحْصَى؛ أمّا ما أعَدَّ اللهُ لَهُ في الآخرةِ مِنْ مَنازِلِ الكَرامة ودَرَجاتِ القُدْسِ ومراتب الحُسنى والزيادةِ فلا تَستَطيعُ العُقولُ تَخَيُّلَها، ومنها لِواءُ الحَمْدِ والشفاعةُ والوَسِيلةُ والفَضيلةُ والدَّرَجةُ الرفيعةُ والمَقامُ المَحْمُودُ والكَوثَرُ وما شاءَ اللهُ لَهُ مِمّا لاَ نَعْلَمُهُ.

1- جَمالُه ونَظافَتُه وطِيبُه

لَقدِ اتّفقَ صَحابَةُ رسولِ الله صلّى الله عليه وسلّم في ما رَوَوْهُ عنْ

جَمالِ صُورَتِه وحُسْنِ هيأَتِه، كما تَنوّعتْ الأوْصاف التي حاولَتْ أنْ تُحْصِيَ مَحاسِنَه فلَمْ تَبلُغْ إلاّ أَقَلَّها؛ ومِمّا وُصِفَ به عليه السّلامُ أنّه كان لَوْنُهُ صافِيَ البَياضِ مُشْرِقاً، مُسْتَدِيرَ الوجهِ كَأنّ الشمسَ تَسْطَعُ فيه، واسِعَ الجَبِين، واسِعَ العيْنَيْنِ، مُقَوَّسَ الحاجِبَيْنِ، مُسْتَوِيَ البَطْنِ والصّدْرِ، عَظِيمَ الكَتِفَيْنِ واسِعَ الصدر، ضَخْمَ العَضُدَيْنِ والذِّراعَيْنِ، مُتماسِكَ الجِسْمِ مِنْ غيرِ بَدانَة؛ إذا تَبَسَّمَ لَمَعتْ أسنانُه مِثْلَ اللُّؤلُؤِ، وإذا تَكَلّمَ رُئِيَ مِثْلُ النُّورِ يَخرُجُ مِنْ فَمِهِ؛ ومِمّا قاله عَلِيٌّ رَضِيَ اللهُ عنه: مَنْ رآهُ بَديهَةً هابَهُ، ومَنْ خالَطَهُ مَعرِفةً أَحَبَّهُ، يقولُ ناعِتُهُ لم أَرَ قَبْلَه ولا بَعْدَه مِثْلَهُ صلّى الله عليه وسلّم.

وأمّا نَظافةُ جِسمِهِ وطِيبُ رائحتِهِ وعَرَقِهِ فَقَدْ خَصَّهُ اللهُ في ذلك بِمَا لَمْ يُوجَدْ في غيرِه، فلَمْ يكُنْ مِنهُ شَيءٌ يُكْرَه أَبَداً؛ قال أَنَسٌ خادِمُهُ: ما شَمِمْتُ عَنْبَراً قَطُّ ولا مِسكاً ولا شَيئاً أطيَبَ مِنْ رِيحِ رسولِ الله صلّى الله عليه وسلّم؛ وقال آخَرُ عنهُ أنّه كان إذا صافَحَ أَحَداً ظَلَّ طُولَ اليَوْمِ يَجِدُ رائحَتَه في يَدِهِ؛ وأنّه يَضَعُ عليه السلامُ يَدَه على رأسِ صَبِيٍّ فيُعرَفُ مِنْ بينِ الصِّبيان بِريحِها؛ وعَنْ الصَّحابيِّ جابِرٍ أنه صلّى الله عليه وسلم لم يَكُنْ يَمُرُّ في طريقٍ إلاّ بقِيَتْ فيه رائحةُ طِيبِهِ فيَعْرِفُ مَنْ يَمُرُّ بَعده أنّه سَلَكَ ذلك الطريقَ؛ وحِينَ الْتَحَقَ عليه السلامُ بالرَّفِيقِ الأَعلَى، قال عَلِيٌّ رَضِيَ الله عنه: غَسَّلْتُ النبيَّ صلّى الله عليه وسلّمَ فَذَهَبْتُ أَنْظُرُ ما يَكُونُ مِنَ الميِّتِ فَلَم أَجِدْ شيئاً، فقُلتُ طِبْتَ حَيّاً ومَيِّتاً، وسَطَعَتْ مِنهُ رِيحٌ طَيِّبَةٌ لم نَجِدْ مِثْلَها قَطُّ؛ وقَدْ رُوِيَ عَنْ أُمِّهِ آمِنةَ أنّها قالت: وَلَدْتُهُ نَظيفاً ما بِهِ قَذَرٌ.

2- عَقلُهُ ومَعارِفُهُ وفَصاحَتُه

لقد كان عليه السلامُ أعقَلَ الناسِ وأَذْكاهُم، ويَظْهَرُ بعضُ ذلك في مُعامَلَةِ الْعِبادِ بكُلِّ مستوَياتِهم، ما تَعَلَّقَ منها بِبَواطِنِهم وظَواهِرِهم؛ قال وَهْبُ بْنُ مَنَبِّهٍ: قرأْتُ في أَحَدٍ وسَبعينَ كِتاباً فوَجَدتُ في جَميعِها أنّ اللهَ تعالَى لَم يُعْطِ جَميعَ الناسِ مِن بَدْءِ الدُّنيا إلى انْقِضائِها مِنَ العَقلِ في جَنْبِ عَقلِه صلى اللهُ عليه وسلّمَ إلاّ كَحَبَّةِ رَمْلٍ مِنْ بَينِ رِمالِ الدُّنْيا. وقَدْ خاطَبَ الحَقُّ تعالى نَبِيَّهُ الكَريمَ بقولِهِ: ﴿وعَلَّمَكَ ما لَم تَكُنْ تعلَمُ وكان فَضلُ اللهِ علَيكَ عَظيماً﴾ (النساء، 113)؛ وقد حارَتِ العُقُولُ في تَقديرِ فَضلِ اللهِ تعالى عليه، إذ وَهَبَهُ الله العَقلَ الواسِعَ الذي مِنْهُ كانَتْ رَجاحَةُ رَأْيِهِ وجَوْدَةُ فِطنتِهِ وصِدقُ ظَنِّهِ وبُعدُ نَظَرِهِ وحُسْنُ تَدبيرِهِ لِمَصالِحِ الدِّينِ والدُّنْيا وشُؤُونِ النّاسِ على اخْتِلافِ أَجْناسِهِمْ وطَبائِعِهِمْ وأَعْمارِهِمْ، كما مَنَحَهُ المَعْرِفَةَ الشامِلَةَ بأَحْوالِ الأُمَمِ السابقةِ وحِكَمِ الحُكَماءِ وقِصَصِ الأَنْبِياءِ والكُتُبِ المُنْزَلَةِ وما أَخْفاهُ أَهْلُ التَّوْراةِ والإِنْجيلِ مِنْ حَقائِقِهِما، هذا إلى تَفْصِيلِ قَواعِدِ الشَّرِيعَةِ وحُدُودِها وتَبْيِينِ مَكارِمِ الأَخْلاقِ؛ ومِنْ جُمْلَةِ المَعارِفِ التي خَصَّهُ اللهُ بِها كذلك الطِّبُّ والحِسابُ والفِراسَةِ وتَفْسِيرُ الرُّؤْيا، وقَدْ وَضَعَ صلّى اللهُ عليه وسلّم لِهذِهِ العُلُومِ ولِغَيْرِها أُصُولاً بَنَى علَيْها العُلَماءُ عُلُومَهُمْ، كقوله «المَعِدَةُ حَوْضُ البَدَنِ والعُرُوقُ إلَيها وارِدَةٌ» وقَوْلِهِ في الحِفاظِ على الصِّحَّةِ: «أَصْلُ كُلِّ داءٍ البَرْدَةُ» (أَيْ: التُّخْمَةُ)، كَما رُوِيَ عنه الكَثِيرُ مِنَ الأَحاديثِ في عِلاَجِ الأَمْراضِ؛ كُلُّ ذلك مِنْ غيرِ تَعَلُّمٍ ولا مُطالَعَةٍ، فَقَدْ كان عليه السلامُ أُمِّيّاً لا يَقرأُ ولا يَكتُبُ، ومع ذلك فَلَمْ يَبْلُغْ أَحَدٌ مِنَ الخَلْقِ مَنزِلَتَهُ في التّعبيرِ عَن أدَقِّ الأُمُورِ والإِشارَةِ إلى أَنْفَعِ المَعارِفِ التي مِنها تَفَرَّعَتْ أكثَرُ العُلُومِ.

وقَدْ كانَ رَسُولُ اللهِ صلّى الله عليه وسلّم أَفْصَحَ مَنْ نطَقَ بالعَرَبيَّةِ، فقَدْ كانَ جَهِيرَ الصَّوتِ حَسَنَ النَّغْمَةِ، فَصيحَ اللِّسانِ بَليغَ القَوْلِ؛ قال له أصحابُه يَوْماً: ما رأَيْنا أَفْصَحَ مِنكَ، فقال: «وما يَمنَعُني وإنّما أُنزِلَ القرآنُ بِلِساني لِسانٍ عَرَبِيٍّ مُبينٍ». وقد عَلَّمَهُ اللهُ لَهَجاتِ العَرَبِ كُلِّهِمْ فكان يُخاطِبُ كُلَّ قَبيلَةٍ مِنهُم بِلِسانِها، حتى كان أَصْحابُه يَسأَلُونَهُ أَحْياناً شَرْحَ كَلامِهِ مَعَ أَهْلِ تلك القَبائلِ. وخَصَّهَ اللهُ تعالى بِبَدائعِ الحِكَمِ التي تَحمِلُ المَعانِيَ العَظِيمَةَ في الأَلفاظِ القَلِيلَةِ، بفَضلِ الوَحيِ الإلهِيِّ، وقد قال عليه السلامُ عن نَفسِهِ: «أُوتيتُ جَوامِعَ الكَلِمِ»؛ ويَظهَرُ ذلك جَلِيّاً في أحاديثِهِ الشّريفَةِ، ومِنْها قَولُه: «النّاسُ كَأَسْنانِ المُشطِ»، وقولُه: «المَرْءُ مَعَ مَنْ أَحَبَّ»، وقولُه: «الناسُ مَعادِنُ»، وقولُه: «رَحِمَ اللهُ مَنْ قال خَيراً فَغَنِمَ أوْ سَكَتَ فَسَلِمَ»، وقولُه: «الظُّلْمُ ظُلُماتٌ يومَ القِيامَةِ»، وقوله: «السّعِيدُ مَنْ وُعِظَ بِغَيرِهِ»، إلى غيرِ ذلك مِنْ خُطَبِهِ وأَدْعِيَتِهِ وتَوْجِيهاتِهِ صلّى اللهُ عليه وسلّم.

3- قُوّتُهُ وشَجاعَتُه

ومِنْ مَواهِبِ الرّحْمَنِ عَزَّ جَلَّ لَهُ أَنّهُ كان يَرَى كُلَّ ما حَوْلَهُ، قال عليه السلامُ: «إنِّي لَأَراكُم مِنْ وَراءِ ظَهْرِي»؛ وقالَتْ عَنهُ السيِّدةُ عائشةُ رَضِيَ اللهُ عَنها: كان النبيُّ صلى اللهُ عليه وسلّمَ يَرَى في الظُّلْمةِ كَما يَرى في الضَّوْءِ. ومِمَّا أعطاهُ الله مِنْ قُوّةِ الطاقَةِ البَدَنيَّةِ أنَّهُ صارَعَ رُكانَةَ، عندما دَعاهُ إلى الإسلامِ وامْتَنَعَ، وكان أَشَدَّ أهلِ زَمانِهِ لا يَغْلِبُه أَحَدٌ، فَصَرَعَهُ رسولُ اللهِ صلّى الله عليه وسلّم؛ وقال عنه أبو هُرَيْرَةَ رَضِيَ اللهُ عنهُ: ما رَأَيْتُ أَحَداً أَسْرَعَ مِنْ رَسولِ اللهِ صلّى اللهُ عليه وسلّمَ في مَشْيِهِ كأنّما الأرضُ تُطْوَى لَه، إنّا لَنَجهَدُ أَنفُسَنا وهو غَيْرُ مُبالٍ.

ويَشهَدُ كُلُّ مَن حَضَرَ في المَعارِكِ مَعَ رَسولِ اللهِ أنّهُ كانَ أَشجَعَ المُحارِبِينَ، فكَمْ مِنْ مَرَّةٍ فَرَّ الأَبْطالُ في المَواقِفِ الصَّعْبةِ وهُوَ ثابتٌ لا يَتزَحْزَحُ؛ ففي مَعرَكَةِ حُنَيْنٍ مَثَلاً هَرَبَ المُسلمونَ وبَقِيَ رَسولُ اللهِ يَرْكُضُ ببَغْلَتِهِ نَحْوَ الكُفّارِ؛ وقال عَلِيُّ بْنُ أبي طالِبٍ رَضِيَ اللهُ عنه أنّه إذا اشْتَدّتِ المَعرَكةُ احْتَمَيْنا بِرسولِ اللهِ صلّى الله عليه وسلّم، ويكونُ هُوَ أَقرَبَ مِنّا إلى العَدُوِّ؛ وقد فَزِعَ أَهلُ المَدينةِ لَيلَةً فانْطَلَقَ ناسٌ في اتِّجاهِ الصَّوْتِ فتَلَقّاهُمْ رسولُ اللهِ راجِعاً وهو على فَرَسٍ والسَّيْفُ في عُنُقِهِ يُطَمْئِنُهُمْ، وكان قَدْ سَبَقَهُم إلى مَصدَرِ الصَّوْتِ؛ وقال عِمرانُ بْنُ حُصَينٍ: ما لَقِيَ رَسولُ اللهِ صلّى اللهُ عليه وسلّم كَتِيبَةً إلاّ كانَ أَوَّلَ مَنْ يَضْرِبُ؛ وفي مَعْرَكَةِ أُحُدٍ هَجَمَ أُبَيُّ بْنُ خَلَفٍ على النَّبِيِّ صلّى الله عليه وسلّم لِيُنَفِّذَ القَتْلَ الذي تَوَعَّدَ بِهِ النبيَّ بَعْدَ غَزْوَةِ بَدرٍ، فتَعَرَّضَ لَهُ بَعضُ المسلمينَ فأَمَرَهُمُ الرّسولُ العَظيمُ بِتَرْكِه، فأخَذَ حَرْبَةً فَطعَنَهُ في عُنُقِهِ طَعنَةً تَدَحْرَجَ مِنها عَن فَرَسِه مِراراً وهو يقول: قَتَلَني محمدٌ، ومات في الطريقِ إلى مكّة وقد قال: واللهِ لَوْ بَصَقَ عَلَيَّ لَقتَلَني.

4- فُحُولَتُهُ وهَيْبَتُهُ

قالَ النبيُّ عليه السلامُ: «مَنْ كانَ ذا طَوْلٍ [أَيْ: قُدْرَةٍ] فلْيَتزوَّجْ، فإنّهُ أَغَضُّ لِلْبَصَرِ وأَحْصَنُ لِلْفَرْجِ»؛ وقَدْ نَهَى عن الامْتِناعِ عَنِ الزّواجِ؛ لأنّ المُعاشَرَةَ الزوجيّةَ لا تَتَعارَضُ مع حُسْنِ التّديُّنِ، فرسول الله صلّى الله عليه وسلّمَ لَمْ تَشْغَلْهُ نِساؤُهُ عَنْ عِبادةِ رَبِّهِ، بَلْ زادَهُ ذلكَ عِبادةً مِن أَجْلِ تَحصِينِهِنَّ وقِيامِهِ بحُقوقِهِنَّ وهِدايَتِهِ لَهُنَّ، وفي قَولِهِ عليه السلامُ: «حُبِّبَ إِلَيَّ مِنْ دُنياكُمُ النِّساءُ والطِّيبُ، وجُعِلَتْ قُرَّةُ عَيْني في الصّلاةِ» بَيَّنَ أنّ

النِّساءَ إِنَّما حَبَّبَهُنَّ إِلَيْهِ الإِلَهُ عَزَّ وجَلَّ مِنْ أَجْلِ إِرْضائِهِنَّ، وقَدْ خَصَّهُ اللهُ مِنْ بَيْنِ ما خَصَّهُ بِهِ مِنَ القُوَى القُدْرةُ الخارِقَةُ على مُعاشَرَةِ نِسائِه؛ كَما حَبَّبَ سُبحانَهُ إليْهِ الطِّيبَ مِنْ أجْلِ لِقاءِ الملائكةِ؛ فالنِّساءُ والطِّيبُ لَيْسَا مِنْ رَغَباتِ دُنْياهُ هُوَ، وإنّما جَعَلَ اللهُ تعالى الصَّلاةَ أَحبَّ شَيْءٍ إلى قَلْبِهِ، إِذْ فِيها يُناجِي مَوْلاَهُ ويُشاهِدُ عَظَمَتَه. وقد كان لِبعضِ الصَّحابةِ كذلك أكثَرُ مِنْ زَوجَة، ولَم يُؤثِّرْ ذلك على صَلاَحِهِمْ وخِدْمَتِهم لِلإسلام؛ وكانُوا يَكرَهونَ أَنْ يَلقَوْا رَبَّهُم عُزّاباً.

وكان صلّى اللهُ عليه وسلّمَ قد رَزَقَهُ اللهُ هَيْبَةً ومَكانةً وتَعْظيماً في قُلُوبِ النّاسِ قَبلَ البِعْثَةِ وبَعدَها، فكان المُشْرِكُونَ، وهُم يُكَذِّبُونَه ويُؤْذُون أصحابَه، إذا واجَهَهُم أَعْظَمُوهُ وقَضَوْا حاجَتَه؛ والأَمثِلَةُ على ذلك كَثيرةٌ، ومِنْ جُملَةِ ما يُروَى مِنها أنّ رَجُلاً أَخَذَ يَرتَعِدُ مِن شِدّةِ الخَوفِ عِندما رآهُ، فقال له عليه السلام: «هَوِّنْ عَلَيكَ فَإنّي لَستُ بِمَلِكٍ». ولَقَد ازْدادَ عِظَمُ قَدْرِهِ بالنُّبُوّةِ وشَريفُ مَنزِلَتِهِ بالرِّسالةِ وعُلُوُّ رُتْبَتِهِ بالاصْطِفاءِ والكَرامةِ في الدُّنيا، ثُمّ هو في الآخِرةِ سَيِّدُ وَلَدِ آدمَ، كما أَخبَرَ بِذلك.

5- قِلَّةُ أَكلِهِ ونَوْمِهِ

مِنَ المعلومِ أنّ كَثرَةَ الأَكْلِ تُسَبِّبُ أَمْراضاً للجِسمِ وثِقَلاً للنّفْسِ، كما تَجْلُبُ النَّوْمَ والكَسَل؛ وأنّ قِلّةَ الطَّعامِ دَليلٌ على القَناعةِ ومُسَبِّبٌ للصِّحّةِ وصَفاءِ الذِّهنِ ونَشاطِ الجِسمِ؛ وهذا ما سار عليه النبيُّ صلى اللهُ عليهِ سلّمَ وأَوْصَى بِه، كقولِه: «ما مَلأَ ابْنُ آدمَ وِعاءً شَرّاً مِنْ بَطنِهِ»؛ وقال بعضُ السَّلَفِ: لا تأكُلُوا كثيراً فتَشرَبوا كَثيراً فترَقُدوا كثيراً فتَخْسَروا كثيرا؛ وقَدْ رُوِيَ عنه صلّى اللهُ عليه وسلّمَ أنَّ أَحَبَّ الطعامِ إليهِ ما كَثُرَتْ عليهِ

الأيْدِي؛ وقالت عائشةُ رضِيَ اللهُ عنها: لم يَمتلِئْ جَوفُ النبيِّ صلّى الله عليه وسلّمَ شِبَعاً قَطُّ، وأنّهُ كان في أَهلِهِ لا يَسألُهُم طَعاماً ولا يَتشهّاهُ، ما أطعَمُوهُ أَكَلَ وما سَقَوْهُ شَرِبَ. وقَدْ كان نومُه صلّى الله عليه وسلّمَ قَليلاً أَيضاً كما تَشْهدُ بِذلكَ الأخبارُ الصحِيحةُ، وهُوَ يقول: «إنّ عَيْنَيَّ تنامانِ ولا يَنامُ قَلبِي».

6- أخْلاقُهُ العَظِيمَةُ

قال له الله تعالى: ﴿وإِنَّكَ لَعَلَى خُلُقٍ عَظيم﴾ (القلم، 4)، ولَيسَ فَوقَ هذا المَدْحِ الرَّبَّانِيِّ مَدْحٌ، ولَم يَصِفِ اللهُ بِمِثْلِ هذا الوَصفِ أَحَداً مِنْ مَخلُوقاتِه؛ وإذا كان بَعضُ حُسْنِ الخُلُقِ هو الاعْتِدالُ في قُوَى النفْسِ والتحلِّي بالأوصافِ الحَميدةِ والآدابِ الشريفةِ، دُونَ التطَرُّفِ في شَيْءٍ منها، فَقَدْ بَلَغَ نَبِيُّنا صلّى اللهُ عليه وسلّمَ النِّهايَةَ في كَمالِها؛ وصَرَّحَ هُوَ نَفْسُهُ بالهَدَفِ مِنْ رِسالتِهِ فقال: «بُعِثْتُ لأُتَمِّمَ مَكارِمَ الأَخلاقِ»؛ وقالتْ عَنهُ السيِّدَةُ عائشةُ رَضِيَ اللهُ عنها: كان خُلُقُهُ القرآنُ؛ كما شَهِدَ كُلُّ آلِهِ وصَحْبِهِ ومَنْ عَرَفَهُ أنّه كان أحسَنَ الناسِ خُلُقاً، فكان لا يَعِيبُ أحَداً أَوْ يُعَيِّرُهُ ويُعَظِّمُ النِّعمَةَ وإنْ قَلَّتْ ولاَ يَذُمُّ شَيئاً، وكان أَكثَرُ ضَحِكِهِ التَّبَسُّمُ وإذا فَرِحَ غَضَّ طَرْفَهُ، ولَمْ يَكُنْ يَغْضَبُ لِنَفسِهِ أَوْ يَنتَصِرُ لَها ولَكِنْ يَغْضَبُ لِلحَقِّ؛ وكان صلّى الله عليه وسلّم دائِمَ التفكُّرِ طَويلَ السُّكُوتِ لاَ يَتَكَلَّمُ في غَيرِ حاجةٍ وإذا تَكَلّمَ نَطَقَ بِجَوامِعِ الكَلِمِ الواضِحِ دُونَ زِيادَةٍ ولا نَقصٍ في ما يَرجُو ثَوابَهُ؛ وكان مَجلِسُهُ مَجلِسَ حِلمٍ وحَياءٍ لا تُرْفَعُ فِيهِ الأَصواتُ، إذا تَكَلَّمَ عليه السلامُ أَطرَقَ جُلَساؤُهُ وأَنْصَتُوا وإذا سَكَتَ تَكَلَّمُوا، ولَم يَكُنْ يَقطَعُ على أَحَدٍ الحَدِيثَ حَتَّى يَنتَهِيَ، وكان لا يَقُومُ

ولاَ يَجلِسُ إلاّ على ذِكْرٍ؛ ولم يكُنْ هذا كُلُّهُ تعلُّماً منه أو تدريباً ولكنّهُ عَطاءٌ إلَهِيٌّ وخُصُوصِيّةٌ رَبّانِيّةٌ، قال عليه السلام: «لَمّا نَشَأْتُ بُغِّضَتْ إِلَيَّ الأَوثانُ وبُغِّضَ إِلَيَّ الشِّعْرُ ولَمْ أَهُمَّ بِشَيءٍ مِمّا كانتِ الجاهِلِيَّةُ تَفعَلُهُ إِلاَّ مَرَّتَينِ فَعَصَمَنِي اللهُ مِنهُمْ ثُمَّ لَمْ أَعُدْ».

7- كَرَمُهُ وزُهدُهُ وإيثارُهُ

لَقَد فُتِحَتْ عَلَى رَسولِ اللهِ عليه السلامُ جَميعُ بُلدانِ الجَزيرَةِ العَرَبيّةِ وبِلادُ الشّامِ والعِراقِ وغَيرُها وجُلِبَتْ إِلَيهِ أَمْوالُها وهَدايا مُلُوكِها، فَلَمْ يُمسِكْ مِنْ ذلك كُلِّهِ دِرْهَماً واحِداً، بَلْ صَرَفَها جَمِيعاً في سَبِيلِ اللهِ وقَوّى بها المسلمين؛ قال عنه أَصحابُه: ما سُئِلَ رسولُ اللهِ عن شَيْءٍ فقال لاَ؛ وقال أَنَسٌ رَضِيَ اللهُ عنهُ إنه عليه السلام أَعطى رَجُلاً غَنَماً كَثيرةً فَرجَعَ إلى قَومِهِ وقال: أَسلِمُوا فإنّ محمداً يُعطِي عَطاءَ مَنْ لا يَخشَى فقراً؛ وقال: كان رسولُ اللهِ صلّى الله عليه وسلّمَ لاَ يَسُرُّهُ أنْ يكُونَ عِندَهُ مِنَ الذَّهَبِ مِثْلُ جَبَلِ أُحُدٍ ويَبِيتُ عِنْدَهُ دِرْهَمٌ مِنهُ؛ وقَدْ أَتَتْهُ مَرّةً دَنانِيرُ فَوَزَّعَها وبَقِيَتْ مِنها سِتَّةٌ فأعطاها لِبَعضِ نِسائِهِ فَلَمْ يَأْخُذْهُ نَومٌ حَتّى قامَ وفَرَّقَها وقال: «الآنَ اسْتَرَحْتُ»؛ ومع ذلك كان مُقتَصِراً في نَفَقَتِهِ ولِباسِهِ ومَسكَنِهِ على ما تَدعُوهُ ضَرُورَتُهُ إِلَيهِ زاهِداً في ما سِوَى ذلك؛ فكان يَلْبَسُ في الغالِبِ الكِساءَ الخَشِنَ ويُعْطِي مَنْ كان حاضِراً مَعَهُ اللِّباسَ الفاخِرَ ويُرْسِلُ مِثلَ ذلك لِمَنْ لَمْ يَحضُرْ؛ وماتَ صلّى اللهُ عليه وسلّمَ ودِرْعُهُ مَرْهُونَةٌ عِندَ يَهُودِيٍّ في نَفَقَةِ عِيالِهِ؛ وكان يَدعُو قائلاً: «اللّهُمَّ اجعَلْ رِزقَ آلِ محمدٍ قُوتاً»؛ قالت عائشةُ رضي الله عنها: ما شَبِعَ رسولُ اللهِ صلّى اللهُ عليه وسلمَ مِنْ خُبزِ شَعِيرٍ يَومَينِ مُتوالِيَينِ، ولَوْ شاءَ لأَعطاهُ اللهُ ما لاَ يَخطرُ

ببالٍ... وقال لِي: «إنِّي عُرِضَ عَلَيَّ أَنْ يُجعَلَ لِي بَطْحاءُ مَكّةَ ذَهَباً فَقُلتُ لاَ يارَبِّ، أَجُوعُ يَوماً وأَشْبَعُ يَوماً، فأَمّا اليَومُ الذي أجُوعُ فيه فأَتضرَّعُ إليكَ وأدعُوكَ، وأمّا اليومُ الذي أَشبَعُ فيه فأَحمَدُكَ وأُثنِي عليكَ »؛ وقالت أيضاً: ما تَرَكَ رسولُ الله صلّى الله عليه وسلّم ديناراً ولا دِرهَماً ولا شاةً ولا بَعِيراً .

8-صَبرُهُ وحِلمُهُ وعَفوُه

قال الله تعالى لِرسولِه: ﴿خُذِ العفْوَ وَأْمُرْ بالعُرْفِ﴾ (الأعراف، 199)، وجاءَ جِبرِيلُ بمَعنَى هذه الآيةِ فقال: يا محمدُ، إنّ اللهَ يأْمُرُكَ أنْ تَصِلَ مَنْ قَطَعَكَ وتُعطِيَ مَن حَرَمَكَ وتَعفُوَ عَمَّنْ ظَلَمَكَ؛ وقال تعالى كذلك له: ﴿واصْبِرْ على ما أَصابكَ﴾ (لقمان، 17)، وهذا مِمّا أَدّبَ به اللهُ نَبِيَّهَ عليه السلام؛ والمَعلُومُ مِنْ سِيرَتِهِ أنّه لم يَزِدْ مع كَثْرَةِ الأَذَى مِنْ قُرَيشٍ وغَيرِهِم إلاّ صَبراً وعلى جَهلِهِم إلاّ حِلْماً، وقد كان عليه السلامُ أَبعَدَ النّاسِ غَضَباً وأسْرَعَهُمْ رِضا؛ ومِنْ ذلك أنّه بَعدَ أَنْ كَسَرَ الكُفّارُ سِنَّهُ وجَرَحُوا وَجهَهُ، غَضِبَ أَصحابُه وطَلَبوا مِنهُ أنْ يَدْعُوَ عليهِم، فقال: «إنّي لَم أُبْعَثْ لَعّاناً ولَكِنّي بُعِثْتُ داعِياً ورَحمةً، اللَّهُمَّ اهْدِ قَومِي فإنّهُم لا يَعلَمُونَ»؛ هذا إلى أنّهُ صلّى اللهُ عليه وسلّمَ عَفا عَنِ اليَهُوديةِ التي سَمَّمَتْهُ، وعنِ الذي سَحَرَهُ، كما لم يُعاقِبِ المُنافِقِين على ما قالوا وفَعَلوا، وقال لِمَنِ اقْتَرَحَ عليه قَتْلَ بَعضِهِمْ: «لاَ، لِئَلاَّ يُتَحَدَّثَ أنَّ مُحمّداً يَقتُلُ أصحابَه»؛ ويَومَ فَتحِ مَكّةَ لَم يَشُكَّ المشركُونَ أنّ رسولَ اللهِ سَيَنتَقِمُ مِنهُم جميعاً لِما فَعَلُوهُ بِهِ وبالمُسلمين، ولكنّه صلّى الله عليه وسلّم قال لهُم: «اِذهَبُوا فأَنتُمُ الطُّلَقاءُ»؛ وعَفا عن أبي سُفيانَ الذي حاربَه وقَتَلَ عَمَّهُ وأصحابَهُ فقال له مُلاطِفاً:

«وَيْحَكَ يا أبا سُفيانَ، أَلَمْ يَئِنْ لك أنْ تَعلَمَ أنْ لا إلهَ إلاّ الله؟» فقال: بأَبِي وأُمّي ما أَحلَمَكَ وأَوصَلَكَ وأَكْرَمَكَ!.

9- حَياؤُهُ وتَغافُلُهُ وحُسْنُ عِشْرَتِهِ

كان عليه السلامُ أَشَدَّ النّاسِ حَياءً وأَكثَرَهُم تَغافُلاً عَنْ عُيُوبِ النّاسِ؛ وقد وَصَفَهُ اللهُ بذلك في قولِه: ﴿إنّ ذَلِكُمْ كان يُؤْذِي النَّبِيَّ فَيَستَحْيِي مِنكُمْ﴾ (الأحزاب، 53)؛ ومِنْ حَيائِهِ أنّه كان لا يُثْبِتُ بَصَرَهُ في وَجهِ أَحَدٍ؛ كما كان لا يُشافِهُ أحَداً بِما يَكرَهُ حَياءً وكَرَمَ نَفسٍ، وإذا كَرِهَ شَيئاً ظَهَرَ على وَجهِهِ؛ وقالتْ عائشةُ رَضِيَ اللهُ عنها: لم يَكُنِ النّبِيُّ صلّى اللهُ عليه وسلّمَ فَحّاشاً ولا مُتَفَحِّشاً ولا صَخّاباً في الأسواقِ ولا يَجزِي بالسيِّئةِ السّيِّئةَ ولكِنْ يَعفُو ويَصْفَحُ؛ وكان إذا بَلَغَهُ عَن أَحَدٍ ما يَكرَهُهُ لم يَقُلْ ما بالُ فُلانٍ قالَ كَذا أو فَعَلَ كذا، ولَكِنْ يقولُ عليه السلامُ: ما بالُ أَقوامٍ يَصنَعُونَ أو يَقولونَ كذا، فَلا يُسَمِّي الفاعِلَ؛ ومِنَ المَعْلُومِ ما نَشَأَ عَلَيْهِ مِنْ بُغْضِ الأَصْنامِ والعِفَّةِ عَنْ أُمُورِ الجاهِلِيَّةِ.

قال فيه الحَقُّ سُبحانه: ﴿فَبِما رَحْمَةٍ مِنَ اللهِ لِنْتَ لَهُمْ ولَوْ كُنتَ فَظّاً غَلِيظَ القَلْبِ لَانْفَضُّوا مِنْ حَوْلِكَ﴾ (آل عِمران، 159)؛ قال عَلِيٌّ رَضِيَ اللهُ في وَصفِهِ عليه السلامُ: كان أَوسَعَ النّاسِ صَدراً وأَصْدَقَ النّاسِ لَهْجَةً وأَلْيَنَهُم طَبِيعَةً وأَكرَمَهُمْ عِشْرَةً دائِمَ البِشْرِ سَهْلَ الخُلُقِ لَيِّنَ الجانِبِ؛ وكان يَتَعَهَّدُ أَصحابَه، يُؤَلِّفُهم ولا يُنَفِّرُهم، بل يُحادِثُهُم ويُمازِحُهُم ويُداعِبُ صِبْيانَهُمْ ويُجْلِسُهُم في حِجرِهِ، قد وَسِعَ خُلُقُهُ وبَسْطُهُ النّاسَ فَصارَ لَهُمْ أَباً؛ وكان يُجِيبُ دَعْوَةَ الحُرِّ والعَبْدِ والأَمَةِ والمِسكِينِ، ويَقْبَلُ الهَدِيَّةَ ولَوْ كانَتْ كُراعاً ويُكافِئُ عَلَيْها ويَعُودُ المَرْضَى في أَقْصَى المَدِينَةِ ويَقْبَلُ عُذْرَ

المُعتَذِرِ، وكان يَبْدَأُ مَنْ لَقِيَهُ بالسّلامِ ويَبدَأُ أصحابَهُ بالمُصافحَةِ؛ لَم يَمُدَّ أَبداً رِجْلَيْهِ بَينَ جُلَسائِهِ، يُكرِمُ مَنْ يَدخُلُ علَيهِ ويَبْسُطُ لَهُ ثَوبَهُ، ولاَ يَقطَعُ على أَحَدٍ حَديثَهُ، مَنْ سَأَلَهُ حاجَةً لَمْ يَرُدَّهُ إلاّ بِها أو بِقَوْلٍ مَيْسُورٍ، وكان لاَ يَجلِسُ بِقُربِهِ أحَدٌ وهُوَ يُصَلِّي إلاّ خَفَّفَ صَلاتَهُ وسَأَلَهُ عن حاجَتِه، ثُمَّ عادَ إلى صَلاتِه؛ قال أَنَسٌ رَضِيَ اللهُ عنه: خَدَمْتُ رسولَ اللهِ صلّى الله عليه وسلّمَ عَشْرَ سِنِينَ فما قالَ لِي أُفٍّ قَطُّ وما قال لِشَيْءٍ صَنَعْتُهُ: لِمَ صَنَعْتَهُ، ولاَ لِشَيْءٍ تَرَكْتُهُ: لِمَ تَرَكْتَهُ.

10- شَفَقَتُهُ ورحْمَتُهُ

رُوِيَ أنّ أَعرابِيّاً جاء يَطلُبُ مِنهُ عليه السلامُ شَيئاً فأعطاهُ وقال: هَلْ أَحْسَنتُ إلَيكَ؟ قال الأَعرابيُّ: لاَ ولاَ أَجمَلْتَ؛ فَقامَ إلَيهِ المسلمونَ، فأَشارَ إلَيهِمْ بأنْ يَكُفُّوا، ثُمَّ دَخَلَ مَنزِلَهُ وأَرسَلَ إلَيهِ وزادَهُ شَيئاً ثُمَّ قال: أَحسَنتُ إليك؟ قال: نَعَم فَجزاكَ اللهُ مِنْ أَهلٍ وعَشِيرَةٍ خَيراً؛ فقال له النبيُّ صلّى اللهُ عليه وسلّمَ: إنَّكَ قُلتَ ما قُلتَ وفي نَفْسِ أَصحابي مِن ذلك شَيءٌ، فإنْ أَحبَبْتَ فقُلْ أَمامَهُمْ ما قُلتَ لِي حتّى يَذهَبَ ما في صُدُورِهِمْ عَلَيكَ، قال: نَعَم؛ وفي الغَدِ جاء فقال صلّى الله عليه وسلّم: إنَّ هذا الأعرابِيَّ قال ما قال فَزِدناهُ فَزَعَمَ أنّهُ رَضِيَ، أَكذلكَ؟ قال: نَعَمْ، فَجزاكَ اللهُ مِنْ أهلٍ وعَشِيرَةٍ خيراً. فقال النبيُّ عليه السلامُ: مَثَلِي ومَثَلُ هذا كمَثَلِ رجُلٍ لَهُ ناقَةٌ شَرَدَتْ فَتَبِعَها النّاسُ فَزادُوها نُفُوراً، فناداهُمْ صاحِبُها: خَلُّوا بَينِي وبَينَ ناقَتِي فإنِّي أَرفَقُ بِها مِنكُمْ وأَعْلَمُ، فَقَدَّمَ لها شَيئاً مِنْ كُناسَةِ الأَرضِ فجاءَتْ وبَرَكَتْ فرَكِبَها، وإنِّي لَوْ تَركتُكُمْ حَيثُ قالَ الرَّجُلُ ما قالَ فَقَتَلتُمُوهُ دَخَلَ النّارَ. ومِنْ شَفَقَتِهِ صلّى الله عليه وسلّمَ على أُمَّتِهِ

تَخْفِيفُهُ وتَسهيلُهُ عَلَيهِمْ وكَراهتُهُ بَعْضَ الأَشياءَ مَخافَةَ أنْ تُفْرَضَ عليهِمْ، كَقَولِهِ عليه الصلاةُ والسلامُ: لَولاَ أنْ أَشُقَّ على أُمّتِي لأَمَرتُهُم بالسِّواكِ مع كُلِّ وُضُوءٍ، كَما نَهاهُم عَنْ مُواصَلَةِ الصَّومِ أيّاماً مُتَتابِعَةً دُونَ إفطارٍ؛ ومِنْ شَفَقَتِهِ صلّى الله عليه وسلّمَ أنّه بَعدَما كَذَّبَهُ المشركون وسَلَّطُوا علَيه سُفَهاءَهُم يَسُبُّونَه ويَضرِبُونَهُ بالحِجارةِ حتّى أَدْمَوْا رِجلَيه والْتجأَ إلى حائطٍ يَشكُو إلى رَبِّهِ ضُعْفَه، فَجاءَهُ مَلَكُ الجِبالِ وقال لَه: مُرْنِي، إنْ شِئْتَ أنْ أُطْبِقَ عَلَيهِمُ الجَبَلَيْنِ، فقال صلّى اللهُ عليهِ وسلّمَ: بَلْ أَرجُو أنْ يُخرِجَ اللهُ مِنْ أَصْلابِهِمْ مَنْ يَعبُدُ اللهَ وَحدَهُ ولا يُشرِكُ بِهِ شَيئاً.

11- وَفاؤُه وحُسْنُ عَهدِهِ

في حَديثِ خَديجَةَ رَضِيَ اللهُ عنها أنّ النّبيَّ صلّى اللهُ عليه وسلّم لَمّا جاءَها بَعدَ نُزُولِ جِبْرِيلَ عليه قالَتْ لَهُ: أَبْشِرْ فَوَاللهِ لاَ يُحْزِنُكَ اللهُ أَبَداً، إنَّكَ لَتَصِلُ الرَّحِمَ وتَحْمِلُ الكَلَّ وتُكْسِبُ المَعْدُومَ وتَقْرِي الضَّيْفَ وتُعِينُ على نَوائبِ الحَقِّ. وقال أَنَسٌ: كان النبيُّ صلّى اللهُ عليه وسلّمَ إذا أُتِيَ بِهَدِيَّةٍ قال: اِذهَبُوا بها إلى بَيْتِ فُلانَةَ فإنّها كانتْ صَدِيقَةً لِخَدِيجَةَ إنّها كانت تُحِبُّ خديجةَ؛ ودَخَلَتْ عَليهِ امْرأَةٌ ففرِحَ بها، فلَمّا خرَجَتْ قال: «إنّها كانتْ تَأْتِينا أيّامَ خَديجَةَ، وإنّ حُسْنَ العَهدِ مِنَ الإيمانِ». ولَمّا أَتَى المُسْلِمُونَ النّبِيَّ صلّى اللهُ عليه وسلّمَ بِأُخْتِهِ مِنَ الرَّضاعَةِ وهِيَ مَعَ السَّبايا وعَرَفَها بَسَطَ لها رِداءَهُ وقال لها: إنْ أَحْبَبْتِ أَقَمْتِ عِنْدِي مُكَرَّمَةً مُحَبَّبَةً أَوْ مَتَّعْتُكِ ورَجَعْتِ إلى قَوْمِكِ، فاخْتارَتْ قَوْمَها فَمَتّعَها. وكان صلّى اللهُ عليه وسلّم يَوْماً جالِساً فَأَقْبَلَ أَبُوهُ مِنَ الرَّضاعَةِ فَوَضَعَ لَهُ بَعْضَ ثَوْبِهِ فَقَعَدَ عليه، ثُمّ أَقْبَلَتْ أُمُّهُ مِنَ الرضاعة فَوَضَعَ لها شِقَّ ثَوبِهِ مِنْ جانِبِهِ الآخَرِ فَجَلَسَتْ عليه، ثُمّ أَقْبَلَ

أَخُوهُ مِنَ الرضاعة فقامَ صلّى اللهُ عليه وسلّم فأَجْلَسَهُ بَيْنَ يَدَيْهِ. ومِنْ ذلك أنّه جاءَ وَفدٌ لِلنَّجاشِيِّ مَلِكِ الحَبَشَةِ فَقامَ صلّى الله عليه وسلّمَ يَخدُمُهُم، فقال له أصحابُه نكْفيكَ، فقال: «إنَّهُم كانُوا لِأصحابِنا مُكرمِينَ وإنِّي أُحِبُّ أنْ أُكافِئَهُم». وكان يَبعَثُ إلى مُرضِعَتِهِ ثُوَيْبَةَ، وهي مَولاةُ أَبي لَهَبٍ، بِصِلَةٍ وكِسوَةٍ، فلَمّا ماتتْ سَأَلَ: مَنْ بَقِيَ مِنْ قَرابَتِها؟ فَقِيلَ: لا أَحَدَ.

12- تَواضُعُهُ

لَقَد كان النبيُّ عليه السلامُ أَشَدَّ النّاسِ تَواضُعاً وأَقَلَّهُمْ كِبْراً؛ ويَكفِي أنَهُ خَيَّرَهُ اللهُ بينَ أنْ يَكونَ نَبِيّاً مَلِكاً أو نَبِيّاً عبداً، فاخْتارَ أنْ يَكُونَ نَبِيّاً عَبداً، فقال له إسرافِيلُ: فإنَّ اللهَ قَد أعطاكَ بِما تَواضَعتَ لهُ أنّكَ سَيِّدُ وَلَدِ آدَمَ يَومَ القِيامَةِ وأوّلُ مَنْ تَنشَقُّ الأرضُ عنهُ وأوّلُ شافِعٍ. ومِنْ أقوالِهِ صلّى الله عليه وسلّمَ: «إنّما أنا عَبدٌ آكُلُ كَما يأكُلُ العَبدُ وأجلِسُ كَما يَجلِسُ العَبدُ»، وكان يَركَبُ الحِمارَ ويُرْدِفُ خَلفَهُ، ويَعودُ المساكينَ ويُجالِسُ الفُقَراءَ ويُجِيبُ دَعوَةَ العَبدِ ويَجلِسُ بينَ أصحابِهِ مُختَلِطاً بِهِمْ حَيثُما انْتَهى بِهِ المَجلِسُ؛ ولَمَّا دَخلَ مَكّةَ يومَ الفَتحِ بِجُيُوشِ المسلمينَ طَأْطَأَ رَأْسَهُ على دابَّتِهِ تَواضُعاً للهِ تعالى. وكان صلّى الله عليه وسلّمَ في بَيتِهِ يَخدُمُ أَهلَهُ ويَحْلُبُ شاتَهُ ويَرْقَعُ ثَوبَهُ ويَكْنِسُ البَيتَ ويَرْبِطُ البَعِيرَ ويأكُلُ مَعَ الخادِمِ ويَعْجِنُ مَعَها ويَحمِلُ بِضاعَتَهُ مِنَ السُّوقِ.

13- أَمانَتُهُ وصِدقُهُ وعَدلُهُ

قال الله تعالى: ﴿مُطاعٍ ثَمَّ أَمِينٍ﴾ (التكوير، 21)؛ في أكثَرِ التّفاسِيرِ أَنَّهُ صلّى اللهُ عليه وسلّمَ هُوَ المُطاعُ الأَمِينُ هُناكَ في المَلإِ الأَعْلَى؛ وقال

عَلَيهِ الصّلاةُ والسلامُ: «واللهِ إنّي لأَمينٌ في السَّماءِ أَمينٌ في الأَرض»؛ وقَدْ كانَ قَومُهُ يُسَمُّونَهُ الأَمينَ قَبلَ نُبُوَّتِهِ؛ ولَمَّا اخْتَلَفَتْ قُرَيشٌ في مَنْ يَضعُ الحَجَرَ بَعدَ بِناءِ الكَعبَةِ، اتّفَقُوا على تَحكِيمِ أَوَّلِ مَنْ يَدخُلُ علَيهِمْ، فَلَمّا رأَوْا الدّاخِلَ قالُوا: هَذا مُحمّدُ الأَمِينُ قَدْ رَضِينا بِهِ. وسَأَلَ هِرَقْلُ مَلِكُ الرُّومِ عَنْهُ أَبا سُفْيانَ بِقَولِهِ: هَلْ كُنتُمْ تَتَّهِمُونَهُ بالكَذِبِ قَبْلَ دَعوَتِهِ؟ قال: لا. وسُئِلَ عَنهُ أَبُو جَهْلٍ، وهُوَ الأَشَدُّ عَداوةً لَهُ: أَمُحَمّدٌ صادِقٌ أمْ كاذِبٌ؟ فقال: واللهِ إِنَّ محمداً لَصادِقٌ وما كَذَبَ محمدٌ قَطُّ. ولَقَدْ كان صلّى اللهُ عليه وسلّمَ أَعدَلَ النّاسِ، مِنْ ذلك أَنّهُ قَسَّمَ يومَهُ ثَلاثَةَ أَقسامٍ: قِسْماً للهِ، وقِسماً لأَهلِهِ، وقِسماً لِنفْسِهِ، ثُمَّ جَزَّأَ هذا القِسْمَ بَيْنَهُ وبَينَ النّاسِ فكان يَستَعِينُ بِخَواصِّهِم على تدبِير شُؤُونِ عامَّتِهِم، ويَقُول لِلْخَواصِّ: «أَبلِغُوا حاجَةَ مَنْ لا يَستَطِيعُ إبلاغِي فَإِنَّهُ مَنْ أَبْلَغَ حاجَةَ مَنْ لا يَستَطِيعُ إبْلاغَها آمَنَهُ اللهُ يومَ الفَزَعِ الأَكبَرِ»؛ وكان لا يأْخُذُ أَحَداً بِذَنْبِ أَحَدٍ، ولا يُصَدِّقُ أَحَداً على أَحَدٍ؛ ولَمّا قال لَهُ رَجُلٌ مَرَّةً: اِعْدِلْ فإِنَّ هذه قِسمَةٌ ما أُرِيدَ بِها وَجهُ اللهِ، أجابَهُ عليه السلامُ بِحِلْمٍ: «وَيْحَكَ، فَنْ يَعْدِلُ إنْ لَمْ أَعْدِلْ! خِبْتُ وخَسِرْتُ إنْ لَمْ أَعدِلْ»، ونَهَى صَحابَتَهُ عَنْ قَتلِهِ.

14- خَوفُهُ وطاعَتُهُ لِرَبِّه

لقد كانتْ شِدَّةُ عِبادَةِ نَبيِّنا عليه السلامُ علَى قَدْرِ عِلْمِهِ العَظِيمِ بِرَبِّهِ؛ وقَدْ قال: «لَوْ تَعْلَمُونَ ما أَعْلَمُ لَضَحِكتُمْ قَليلاً ولَبَكَيتُمْ كَثِيراً»؛ وكان عليه الصلاةُ والسلامُ يُصَلِّي حَتَّى تَنتَفِخَ قَدَماهُ، فَقِيلَ لَهُ: أَتَتَكَلَّفُ هذا وقَدْ غُفِرَ لَكَ ما تَقَدّمَ مِنْ ذَنبِكَ وما تَأَخَّرَ! فقال: «أَفَلا أَكُونُ عَبداً شَكُوراً»؛ وقالتِ السيِّدةُ عائشةُ رَضِيَ اللهُ عنها: كانَ يَصُومُ حتّى نَقُولَ لا يُفطِرُ ويُفطِرُ حتّى

نَقولَ لا يَصومُ. وأَخبَرَ أَحَدُ الصَّحابةِ أَنّهُ وَجَدَ رسولَ اللهِ صلّى الله عليه وسلّمَ وهُوَ يُصلّي ولِصَدرِهِ مِنَ البُكاءِ غَلَيانٌ كَغَلَيانِ القِدْرِ. وقال عليه السلام: «إِنّي لأَسْتَغفِرُ اللهَ في اليَومِ مائةَ مَرّةٍ». وسَأَلَ عليٌّ رضِيَ اللهُ عنهُ رسولَ اللهِ صلّى الله عليه وسلّم عَنْ سُنَّتِهِ فقال: «المَعرِفَةُ رَأسُ مالي، والعَقلُ أَصلُ دِيني، والحُبُّ أَساسِي، والشّوْقُ مَركَبِي، وذِكرُ اللهِ أَنيسِي، والثِّقَةُ كَنزِي، والحُزْنُ رَفِيقي، والعِلمُ سِلاحِي، والصَّبرُ رِدائي، والرِّضا غَنيمَتي، والعَجزُ فَخرِي، والزُّهدُ حِرفَتِي، واليَقِينُ قُوَّتي، والصِّدقُ شَفِيعي، والطّاعةُ حَسْبي، والجِهادُ خُلُقي، وقُرَّةُ عَينِي في الصَّلاةِ».

الباب الثالث
معجزاته صلى الله عليه وسلم

كِتابُنا هذا لَمْ نُؤَلِّفْهُ لِمُنْكِرٍ نُبُوَّةَ نَبِيِّنا صلى الله عليه وسلم ولا لِطاعِنٍ في مُعْجِزاتِهِ، بلْ أَلَّفْناهُ لِأَهْلِ مِلَّتِهِ المُلَبِّينَ لِدَعْوَتِهِ لِيَكُونَ تَأْكِيداً في مَحَبَّتِهِمْ لَهُ؛ ونِيَّتُنا أَنْ نُثْبِتَ في هذا البابِ مُعْجِزاتِهِ المَشْهُورَةَ لِتَدُلَّ على عَظِيمِ قَدْرِهِ عِنْدَ رَبِّهِ. والمُعْجِزَةُ هِيَ ما عَجَزَ النَّاسُ عَنِ الإِتْيانِ بِمِثْلِها، وهِيَ في حَقِّ الأَنْبِياءِ تَأْيِيدٌ مِنَ اللهِ وبُرْهانٌ على صِدْقِهِمْ. ونَبِيُّنا صلى الله عليه وسلّمَ أَكْثَرُ الأَنْبِياءِ مُعْجِزَةً، فَما مِنْ مُعْجِزَةِ نَبِيٍّ سابِقٍ إِلاَّ وعِنْدَ نَبِيِّنا مِثْلُها، وهِيَ في كَثْرَتِها لا يُحِيطُ بِها عَدٌّ، فَإِنَّ واحِداً مِنها وهُوَ القُرْآنُ لا يُحْصَى عَدَدُ مُعْجِزاتِهِ بِأَلْفٍ ولا أَلْفَيْنِ ولا أَكْثَرَ، وقَدْ تَحَدَّاهُمْ أَنْ يَأْتُوا بِمِثْلِ أَقْصَرِ سُورَةٍ مِنهُ فَعَجَزُوا، وفي كُلِّ آيَةٍ أَوْ آياتٍ مِنهُ مُعْجِزاتٌ. ولا يَخْتَلِفُ مُؤْمِنٌ ولا كافِرٌ أَنَّهُ جَرَتْ على يَدَيْهِ صلى الله عليه وسلم عَجائِبُ، وإِنَّما خِلافُ المُعانِدِ في كَوْنِها مِنْ عِنْدِ اللهِ؛ وإِنَّ كَثِيراً مِنْ هذه الآياتِ المَأْثُورَةِ عَنْهُ مَعْلُومَةٌ قَطْعاً، مِثْلُ نَبْعِ الماءِ مِنْ بَيْنِ أَصابِعِهِ عَلَيْهِ السَّلامُ وتَكْثِيرِ الطَّعامِ بِبَرَكَتِهِ؛ وقَدْ وَقَعَ ذلِكَ في أَماكِنِ اجْتِماعٍ كَثِيرٍ مِنَ النَّاسِ، في الغَزَواتِ وغَيْرِها، فَرَواها العَدَدُ الكَبِيرُ مِنَ الصَّحابَةِ، ولَمْ يُنْكِرْها أَحَدٌ، كَما لَمْ يَجِدْ أَعْداءُ الإِسْلامِ إلى إِنْكارِها سَبِيلاً؛ وكَذلِكَ إِخْبارُهُ صلى الله عليه وسلّمَ عَنِ الغُيُوبِ، وإِنْباؤُهُ بِما سَيَكُونُ وكانَ؛ وفي ما يَلِي أَمْثِلَةٌ مِنْ بَعْضِ

المُعْجزاتِ التي تَقَدَّمَتْ وِلاَدَتَهُ والتي حَصَلَتْ لَهُ أَوْ على يَدَيْهِ وحتّى بَعْدَ مَوْتِهِ صلّى اللهُ عليه وسلّم:

1- التَّبشِيرُ بِبِعْثَتِهِ وظَواهِرُ وِلاَدَتِه ونَشْأَتِه

مِنْ دَلائِلِ نُبُوَّتِهِ صلّى اللهُ عليه وسلّم ما تَرادَفَ عَنِ الرُّهْبانِ والحُكَماءِ وعُلَماءِ أَهْلِ الكُتُبِ وغَيْرِهِمْ مِنِ اسْمِهِ وصِفاتِهِ، وقد نَقَلَ اليَهُودُ والنَّصارَى الذينَ أَسْلَمُوا ذلك مِنَ التَّوْراةِ والإِنْجِيلِ، كَما اعْتَرَفَ به بَعدَ البِعْثَةِ بَعْضُ المُلُوكِ كالنَّجاشِيِّ مَلِكِ الحَبَشَةِ وهِرَقْلَ مَلِكِ الرُّومِ؛ بِالإِضافَةِ إلى ما أَنْذَرَ بِهِ الكُهّانُ مِنْ قُرْبِ ظُهُورِهِ عليه السَّلامُ، بَلْ إنَّ كَثِيراً مِنَ الآياتِ العَجِيبَةِ مَهَّدَتْ لَهُ مِثْلُ ما وُجِدَ مِنِ اسْمِ النَّبِيِّ صلّى اللهُ عليه وسلّم مَكْتُوباً في الحِجَارَةِ وغَيْرِها بالخَطِّ القَدِيمِ، فكانَ سَبَباً في إِسْلامِ بَعْضِ النّاسِ.

ومِنْ ذلك ما حَكَتْهُ أُمُّهُ صلّى اللهُ عليه وسلّمَ مِنْ كَوْنِها وضَعَتْهُ وَهُوَ رافِعٌ رَأْسَهُ وبَصَرَهُ إلى السَّماءِ، وما رَأَتْهُ مِنَ النُّورِ الذي خَرَجَ مَعَه؛ كما أَنَّ المُوَلِّدَةَ عِنْدَما سَقَطَ صلّى اللهُ عليه وسلّمَ على يَدَيْها سَمِعَتْ قائِلاً يَقُولُ: رَحِمَكَ اللهُ، وأَضاءَ لَها ما بَيْنَ المَشْرِقِ والمَغْرِبِ؛ ثُمَّ ما وَجَدَتْ مُرْضِعَتُهُ وزَوْجُها مِنْ بَرَكَتِهِ عَليه السَّلامُ في كَثْرَةِ لَبَنِها ولَبَنِ ناقَتِها المُسِنَّةِ وخُصُوبَةِ أَرْضِهِمْ وشِبَعِ أَغنامِهِمْ بِخِلافِ أَغْنامِ غَيْرِهِمْ؛ ومِنَ البَرَكَةِ التي ظَهَرَتْ عَلَيْهِ في صِباهُ أَنَّهُ كانَ إذا أَكَلَ مَعَ عَمِّهِ وأَهْلِهِ شَبِعُوا فَإِذا غابَ وأَكَلُوا لَمْ يَشْبَعُوا، وقالَتْ حاضِنَتُهُ: ما رَأَيْتُهُ صلّى اللهُ عليهِ وسلّمَ شَكَا جُوعاً ولاَ عَطَشاً صَغِيراً ولاَ كَبِيراً.

ومِمّا حَدَّثَ بِهِ صلّى اللهُ عليه وسلّم ورَواهُ جَماعَةٌ مِنَ الصَّحابَةِ، ما وَقَعَ له في صِغَرِهِ وهو عِنْدَ مُرْضِعَتِهِ في بَنِي سَعْدٍ، قَوْلُهُ: فَبَيْنا أَنا مَعَ أَخٍ لِي

خَلْفَ بُيُوتِنا نَرْعى خِرافاً لَنا إِذْ جاءَنِي رَجُلانِ عَلَيْهِما ثِيابٌ بِيضٌ بِطَسْتٍ مِنْ ذَهَبٍ مَمْلُوءَةٍ ثَلْجاً فَأَخَذانِي فَشَقّا بَطْنِي ثُمَّ اسْتَخْرَجا مِنْهُ قَلْبِي فَشَقّاهُ فاسْتَخْرَجا عَلَقَةً سَوْداءَ فَطَرَحاها ثُمّ غَسَلاَ قَلْبِي وبَطْنِي بِذلك الثَّلْجِ حَتّى أَنْقَيَاهُ.

2- إِعجازُ القُرآن

اِنْطَوَى كِتابُ اللهِ على وُجُوهٍ كَثِيرَةٍ مِنَ الإِعجازِ نَضْبِطُها في أَرْبَعَةٍ:

• أَوَّلُها حُسْنُ تَأْلِيفِهِ وفَصاحَتُهُ وبَلاغَتُهُ الخارِقَةُ لِبَلاغَةِ العَرَبِ الذين لَمْ يَبْلُغْ غَيْرُهُمْ مِنَ الأُمَمِ ما بَلَغُوهُ مِنَ التَّفَنُّنِ في الكَلامِ شِعْراً ونَثْراً وحِكَماً، حَتّى كانُوا يَتَبارَوْنَ في ذلك ويَتفاخَرُونَ بِهِ، فَجاءَهُمْ الرّسُولُ الكَرِيمُ بِكِتابٍ عَزِيزٍ ﴿لاَ يَأْتِيهِ الباطِلُ مِنْ بَيْنِ يَدَيْهِ ولاَ مِنْ خَلْفِهِ تَنْزِيلٌ مِنْ حَكِيمٍ حَمِيدٍ﴾ (فُصّلت، 42)؛ ومَعَ أَنّهُ أَتاهُمْ بِلُغَتِهِمُ الّتِي بِها يَتحاوَرُونَ وتَحَدّاهُمْ أَكْثَرَ مِنْ عِشْرِينَ عاماً بِقَوْلِهِ تعالى مَثَلاً: ﴿وإِنْ كُنْتُمْ في رَيْبٍ مِمَّا نَزَّلْنا على عَبْدِنا فَأْتُوا بِسُورَةٍ مِنْ مِثْلِهِ﴾ (البقرة، 23) فَإِنّهُمْ عَجَزُوا عَنِ الإِتْيانِ بِمِثْلِ أَقْصَرِ سُورَةٍ مِنْهُ، وقد عَلِمَ اللهُ تعالى أَنَّهُمْ لَنْ يَقْدِرُوا على شَيءٍ مِنْ ذلك فقال: ﴿قُلْ لَئِنِ اجْتَمَعَتِ الإِنْسُ والجِنُّ على أَنْ يَأْتُوا بِمِثْلِ هذا القرآنِ لاَ يَأْتُونَ بِمِثْلِهِ ولَوْ كان بَعْضُهُمْ لِبَعْضٍ ظَهِيراً﴾ (الإسراء، 88)؛ لِذلك فَإِنّهُمْ لَمْ يَقْدِرُوا إلاّ عَلَى التّكذِيبِ والتّشْغِيبِ بِأَنّهُ سِحْرٌ أَو أَساطِيرُ، وقال بَعضُهُمْ لِبَعضٍ: لاَ تَسْمَعُوا لِهذا القرآنِ والْغَوْا فِيهِ لَعَلَّكُمْ تَغْلِبُونَ.

• الوَجْهُ الثّاني مِنْ إِعْجازِهِ حَيْرَةُ أَعْلَمِ العَرَبِ بِأَسالِيبِ الكَلامِ في وَصْفِ القُرآنِ الكَرِيمِ؛ ومِنْ أَمْثِلَةِ ذلك أَنَّ النّبِيَّ صلّى اللهُ عليه وسلّمَ عِنْدَما قَرَأَ عَلَى الوَلِيدِ بْنِ المُغِيرَةِ القُرآنَ تَأَثّرَ وقال: واللهِ ما مِنْكُمْ أَحَدٌ

أَعْلَمُ بالأَشْعارِ مِنِّي، واللهِ ما يُشْبِهُ الذي يَقُولُ شَيْئاً مِنْ هذا؛ وقال عُتْبَةُ بْنُ رَبيعَةَ: يَا قَوْمِ قَدْ سَمِعْتُ قَوْلاً واللهِ ما سَمِعْتُ مِثْلَهُ قَطُّ، ما هُوَ بالشِّعْرِ ولا بالسِّحْرِ ولا بالكَهانَةِ.

• الوجه الثالث ما احْتَواهُ مِنَ المُغَيَّباتِ التي لَمْ تَقَعْ بَعْدُ فوَقَعَتْ أو لَمْ تُعْرَفْ فكانتْ كَما أَخْبَرَ، كَقَوْلِهِ تعالى: ﴿لَتَدْخُلُنَّ المَسْجِدَ الحَرامَ إِنْ شاءَ اللهُ آمِنِينَ﴾ (الفتح، 27)، وقَولِهِ تعالى: ﴿وهُمْ مِنْ بَعْدِ غَلَبِهِمْ سَيَغْلِبُونَ﴾ (الروم، 3)، وقَولِهِ: ﴿سَيُهْزَمُ الجَمْعُ ويُوَلُّونَ الدُّبُرَ﴾ (القمر، 45)، وقَولِهِ عَنِ المُنافِقِينَ: ﴿يُخْفُونَ في أَنْفُسِهِمْ ما لا يُبْدُونَ لَكَ﴾ (آل عِمران، 154)، وغَيْرُ ذلك كَثِيرٌ؛ ومِنْ أَدِلَّةِ الإِخْبارِ بِما لَمْ يَحْصُلْ ولَنْ يَحْصُلَ قَولُهُ تعالى: ﴿إِنَّا نَحْنُ نَزَّلْنَا الذِّكْرَ وَإِنَّا لَهُ لَحَافِظُونَ﴾ (الحِجر، 9)، فَلا يُحْصَى عَدَدُ مَنْ حاوَلَ مِنَ المُلْحِدِينَ والحاقِدِينَ تَحريفَ شَيْءٍ مِنْهُ طِوالَ هذه العُصُورِ فَمَا اسْتَطاعُوا تَغْيِيرَ كَلِمَةٍ مِنْهُ ولاَ تَشْكِيكَ المُسلِمِينَ في حَرْفٍ مِنْ حُرُوفِهِ.

• الوَجْهُ الرّابعُ مَا أَنْبَأَ بِهِ مِنْ أَخْبارِ الأُمَمِ السّابِقَةِ، فَيَعْتَرِفُ بِصِدْقِها مَنْ قَرَأَها مِنَ الأَخْبارِ في كُتُبِهِمْ، مَعَ أَنَّ النّبِيَّ صلّى اللهُ عليه وسلّمَ كان أُمِّيّاً لا يَقْرَأُ ولا يَكْتُبُ ولا تَلَقَّى تِلك الأَخْبارَ مِنْ بَشَرٍ؛ وقَدْ كانَ أَهلُ الكِتابِ كَثِيراً ما يَسأَلُونَهُ فَيَنْزِلُ عَلَيهِ مِنَ القُرآنِ ما يَتْلُو عَلَيهِمْ مِنْهُ كَقِصَصِ الأنبياءِ وغَيْرِها، ومِن ذلك ما في الكُتُبِ السماويةِ، فكان العُلَماءُ مِنهُمْ بها يُصَدِّقُونَ ولَمْ يَقْدِرْ أَحَدٌ على تَكْذيبِ شَيءٍ مِنها، بَلْ إِنّ مِنْهُم مَنْ هَداهُ اللهُ إلى الإيمانِ عند سَماعِها؛ قال تعالى: ﴿يَا أَهْلَ الكِتابِ قَدْ جاءَكُمْ رَسُولُنا يُبَيِّنُ لَكُمْ كَثِيراً مِمَّا كُنْتُمْ تُخْفُونَ مِنَ الكِتابِ ويَعْفُو عَنْ كَثِيرٍ﴾ (المائدة، 15).

وهناك وُجُوهٌ أُخرَى تُعدُّ مِنْ خَواصِّ القرآنِ الكَرِيم، مِنها الرَّوعَةُ والهَيْبَةُ التي تُصِيبُ سامِعِيهِ، وهِيَ أَشَدُّ على المُكَذِّبِينَ فَيَجِدُونه ثَقِيلاً على أسماعِهِم بِخِلافِ المؤمِنِينَ الذين تَنْجَذِبُ إليهِ قُلُوبُهُم، قال تعالى: ﴿تَقْشَعِرُّ مِنْهُ جُلُودُ الذين يَخْشَوْنَ رَبَّهُم ثُمَّ تَلِينُ جُلُودُهُمْ وقُلُوبُهُمْ إلى ذِكْرِ اللهِ﴾ (الزُّمَر، 23)؛ ومِنْ خَصائِصِ القرآنِ الكَرِيم أنْ يَتَأَثَّرَ بِهِ مَنْ لا يَفْهَمُ مَعانِيَهُ ولاَ لُغَتَهُ، كَما رُوِيَ عَنْ نَصْرانِيٍّ أَنَّهُ مَرَّ بِقارِئٍ فَوَقَفَ يَبكِي فَقِيلَ لَهُ لِماذا بَكَيْتَ قال لِلشَّجا (أَيْ الحُزْنِ) والنَّظْمِ؛ وهُناكَ مَنْ أَسْلَمَ بِمُجَرَّدِ سَماعِهِ، مِثْلَما وقَعَ لِجُبَيْرِ بْنِ مُطْعِمٍ الذي يَحْكِي أَنَّهُ عِنْدَما سَمِعَ النَّبِيَّ صلّى الله عليه وسلّم يَقْرَأُ القرآنَ كادَ قَلْبُهُ يَطِيرُ لِلإسلامِ.

ومِنْ خَواصِّهِ كذلك كَونُهُ مُعْجِزَةً باقِيَةً ما بَقِيَتِ الدُّنيا حُجَّةً لِرَسُولِ اللهِ صلّى الله عليه وسلّم ولِلإسلامِ على المُلْحِدِين، وقَدْ تَكَفَّلَ اللهُ بِحِفْظِهِ، كما تَقدَّمَ، وسائِرُ مُعْجِزاتِ الأَنْبِياءِ لَمْ يَبْقَ مِنْها إلاَّ خَبَرُها. ومِمّا خَصَّ اللهُ كِتابَهُ أَيْضاً أَنَّ قارِئَهُ أَو سامِعَهُ لاَ يَمَلُّهُ بَلِ العُكُوفُ على تِلاوَتِهِ يَزِيدُهُ حَلاَوَةً بِخِلافِ غَيْرِهِ مِنَ الكَلام؛ ولِهَذا وَصَفَ رَسُولُ اللهِ صلّى اللهُ عليه وسلّمَ القُرآنَ بِأَنَّهُ لاَ يَخْلَقُ (أَيْ لاَ يَبْلَى) على كَثْرَةِ الرَّدِّ ولاَ تَنْقَضِي عِبَرُهُ ولاَ تَفْنَى عَجائِبُهُ، حتَّى إنَّ الجِنَّ حِينَ سَمِعُوهُ قالُوا: ﴿إِنَّا سَمِعْنَا قُرْآناً عَجَباً﴾ (الجن، 1). ومِنْ خَواصِّهِ أَيْضاً جَمْعُهُ لِعُلُومٍ لَمْ يَعْرِفْها العَرَبُ ولاَ النَّبِيُّ صلّى الله عليه وسلّم مِنْ قَبْلُ، إلى جانِبِ ما اشْتَمَلَ عَلَيهِ مِنَ المَواعِظِ والحِكَمِ ومَحاسِنِ الأَخْلاقِ وأَخْبارِ الآخِرَةِ ؛ قال تعالى: ﴿مَا فَرَّطْنَا في الكِتابِ مِنْ شَيءٍ﴾ (الأنعام، 38)؛ ومِنْها كذلكَ أنّه جُمِعَ في أَلْفاظِهِ مِنَ المَعانِي أَضْعافُ ما يُمكِنُ أن يَجْمَعَهُ أَيُّ كِتابٍ ولَوْ كانَتْ أَلْفاظُهُ أَضْعافَ ما فِي القُرآنِ؛ ومِنْ ذلك أَيْضاً أنّ اللهَ تعالى يَسَّرَ حِفْظَهُ

للمُتعَلِّمِينَ فَيَحفَظُهُ الصِّبْيَانُ في أَقْصَرِ مُدَّةٍ، قال سبحانه: ﴿ولَقَدْ يَسَّرْنا القُرآنَ لِلذِّكْرِ﴾ (القمر، 22).

3- مُعجِزة الإسْراءِ والمِعراج

لاَ خِلاَفَ أنَّ سَيِّدَنا مَحَمَّداً صلّى الله عليه وسلّمَ أَكرَمُ البَشَرِ، وسَيِّدُ وَلَدِ آدَمَ، وأعلاَهُمْ دَرَجَةً عِندَ اللهِ، وأكْثَرُهُم تَقَرُّباً وأَحَبُّهُمْ إلَيهِ عزَّ وجلَّ؛ ومِمّا يَدُلُّ على ذلك تَخصِيصُهُ بِمُعجِزَةِ الإِسراءِ والمِعراجِ ومَا تضَمَّنَتْهُ مِنْ إِمَامَتِهِ بِالأَنبياءِ والعُرُوجِ بِهِ إِلَى سِدرَةِ المُنْتَهَى عَبْرَ السَّمواتِ السَّبْعِ ومَا كانَ مِنْ وَحْيٍ ومُناجَاةٍ ورُؤْيَةٍ.

وقَدْ قال اللهُ تَعالى: ﴿سُبْحانَ الذي أَسرَى بِعَبْدِهِ لَيلاً مِنَ المَسْجِدِ الحَرامِ﴾ (الإسراء، 1)؛ وعَنْ ذلك رَوَى أَنَسُ بْنُ مَالِكٍ رَضِيَ اللهُ عَنْ رَسُولِ اللهِ صلّى اللهُ عليه وسلّمَ أَنَّهُ قال: «أُتِيتُ بِالبُراقِ وهُوَ دابَّةٌ أَبْيَضُ طَوِيلٌ فَوقَ الحِمارِ ودُونَ البَغلِ يَضَعُ حافِرَهُ عِندَ مُنتَهَى طَرْفِهِ، فَرَكِبْتُهُ حَتَّى أَتَيتُ بَيتَ المَقدسِ فَرَبَطتُهُ بِالحَلْقَةِ التي يَربُطُ بِها الأَنبياءُ ثُمَّ دَخلتُ المَسْجِدَ فَصَلَّيتُ فِيهِ رَكعَتَينِ ثُمَّ خَرَجتُ فَجاءَنِي جبريلُ بِإِناءٍ مِنْ خَمْرٍ وإناءٍ مِن لَبَنٍ فَاخْتَرتُ اللَّبَنَ، فقال جِبريلُ: اخْتَرتَ الفِطْرَةَ؛ ثُمَّ عُرِجَ بِنا إلى السّماءِ فاسْتَفْتَحَ جِبريلُ فَقِيلَ: مَنْ أنتَ؟ قال: جبريلُ، قِيلَ: ومَنْ مَعَكَ؟ قال: مَحمّدٌ، قِيلَ: وقَدْ بُعِثَ إِلَيهِ؟ قالَ: قَدْ بُعِثَ إِلَيهِ، فَفُتِحَ لنا فإِذَا أَنَا بِآدَمَ صَلّى اللهُ عَلَيهِ وسَلَّمَ فَرَحَّبَ بِي ودَعَا لِي بِخَيْرٍ، ثُمَّ عُرِجَ بنا إلى السّماءِ الثّانيَةِ فَاسْتَفْتَحَ جبريلُ فَقِيلَ لَهُ مَنْ أنتَ؟ قال: جبريل، قِيلَ: ومَنْ مَعَكَ؟ قال: محمدٌ، قيل: وقد بُعِثَ إليه؟ قال: قد بُعِث إليه، فَفُتِحَ لَنا فإذا أنا بِابْنَي الخَالَةِ عِيسى بْنِ مَريَمَ ويَحيَى بْنِ زَكرِيَّا صلّى اللهُ عَلَيهِما، فَرَحَّبَا بِي ودَعَوَا

لِي بِخَيرٍ، ثُمَّ عُرِجَ بِنا إلى السماءِ الثالثَةِ، فَذَكَرَ مِثْلَ الأَوّلِ، فَفُتِحَ لَنا فَإذا أَنَا بِيُوسُفَ صلّى الله عليه وسلّم، وَإِذَا هُوَ قد أُعطِيَ شَطْرَ الحُسْنِ، فَرَحَّبَ بِي ودَعَا لِي بِخَيرٍ، ثُمَّ عُرِجَ بنا إلى السماءِ الرّابِعةِ، وذَكَرَ مِثلَهُ، فإذا أنا بِإِدْرِيسَ فرحّبَ بِي ودعا لي بِخَيرٍ، قال اللهُ تعالى [عن إدريس]: ﴿ورَفَعْنَاهُ مَكاناً عَلِيّاً﴾ (مريم، 57)، ثُمّ عُرِجَ بنا إلى السماءِ الخامِسَةِ، فذَكَرَ مِثْله، فإذا أنا بهارونَ، فرحّب بي ودعا لي بخير، ثم عُرج بنا إلى السماءِ السادسةِ فذَكَرَ مِثلَه فإذا أنا بموسى فرَحَّبَ بي ودعا لي بخير، ثم عُرج بنا إلى السماء السابعة، فذكر مثله، فإذا أنا بإبراهيمَ مُسْنِداً ظَهْرَهُ إلى البَيتِ المَعمُورِ، وإذا هُوَ يَدْخُلُهُ كُلَّ يومٍ سَبعُونَ أَلْفَ مَلَكٍ لاَ يَعُودُونَ إِلَيهِ؛ ثُمَّ ذَهَبَ بِي إلى سِدْرَةِ المُنتهَى، وإذا أَوراقُها كَآذَانِ الفِيَلَةِ وإذا ثَمَرُها كالقِلاَلِ؛ قال: فَلَمّا غَشِيَها مِنْ أَمْرِ اللهِ مَا غَشِيَ تَغيَّرَتْ، فَما أَحَدٌ مِنْ خَلْقِ اللهِ يَستَطيعُ أنْ يَنْعَتَها مِنْ حُسنِها، فَأَوحَى اللهُ إِلَيَّ مَا أَوحَى، فَفَرَضَ عَلَيَّ خَمسِينَ صَلاةً في كُلِّ يومٍ ولَيلَةٍ، فَنَزَلتُ إلى مُوسَى فقال: مَا فَرَضَ رَبُّكَ على أُمَّتِكَ؟ قُلتُ : خَمسِينَ صَلاةً، قال: ارْجِعْ إلى رَبِّكَ فَاسْأَلْهُ التّخفِيفَ فَإِنَّ أُمَّتَكَ لاَ يُطِيقُونَ ذلك، فَإِنِّي قد بَلَوْتُ بَنِي إِسرائِيلَ وخَبَرْتُهُمْ؛ قال: فَرَجَعتُ إلى رَبِّي فقُلتُ: يا رَبِّ خَفِّفْ عَنْ أُمَّتِي فَحطَّ عَنِّي خَمْساً، فرَجَعتُ إلى موسى فقُلتُ: حَطَّ عَنِّي خَمساً، قال: إنّ أُمّتَكَ لا يُطيقُون ذلك فارجِعْ إلى ربِّكَ فاسْأَلهُ التخفيف،، قال: فَلَمْ أَزَلْ أَرجِعُ بَينَ رَبِّي تَعالى وبَينَ موسى حَتّى قال: يا مُحَمَّدُ إِنَّهُنَّ خمسُ صَلَواتٍ كُلَّ يومٍ ولَيلَةٍ، لِكُلِّ صَلاةٍ عَشْرٌ فَتِلكَ خَمسُونَ صَلاةً؛ ومَنْ هَمَّ بِحَسَنَةٍ فلَمْ يَعمَلْها كُتِبَتْ لَهُ حَسَنَةً فَإِنْ عَمِلَها كُتِبَتْ له عَشْراً، ومَنْ هَمَّ بِسَيِّئَةٍ فَلَم يَعمَلها لَم تُكتَبْ شَيئاً فإنْ عَمِلَها كُتِبَتْ سَيِّئَةً واحدَةً؛ قال: فَنَزَلتُ حَتّى انْتَهَيتُ إلى مُوسى فأَخبَرتُهُ فقال: ارْجِعْ

إلى رَبِّكَ فاسْأَلْهُ التخفِيفَ، فقال رَسُولُ اللهِ صلّى اللهُ عليه وسلّمَ: فَقُلتُ قد رَجعتُ إلى رَبِّي حَتّى اسْتَحْيَيْتُ مِنْهُ».

وقد ذَهَبَ مُعظَمُ السّلَفِ مِنَ الصَّحابَةِ والعُلَماءِ إلى أنّ الإسراءَ كان بِجَسَدِهِ ورُوحِهِ صلّى اللهُ عليه وسلّم وفي اليَقَظَةِ، ولَيسَ في ذلك اسْتِحالَةٌ إذْ لَوْ كان مَناماً لَقالَ: بِرُوحِ عَبدِهِ ولَم يَقُلْ: بِعَبدِهِ، وقد قال تعالى: ﴿ما زاغَ البَصَرُ وما طَغى﴾ (النجم، 17)، كما لا يكُونُ الإسراءُ في المَنامِ آيَةً ولا مُعجِزَةً ولَمَا كَذَّبَهُ الكُفّار. وَوَقَعَ خِلافٌ أيْضاً بين بعضِ الصحابةِ ومَنْ بَعدَهُم في رُؤيَةِ الرسولِ عليه الصلاةُ والسلامُ لِرَبِّهِ، وفي حَديثٍ أنّهُ سُئِلَ عن ذلك فقال: «لم أَرَهُ بعَيْنِي ولكِنْ رأَيتُهُ بِقَلبِي مَرّتَينِ، وتَلاَ: ﴿ثُمَّ دَنا فَتَدَلَّى﴾ (النجم، 8)»؛ واللهُ قادرٌ على خَلْقِ الإدراكِ الذي في البَصَرِ في القَلبِ أو كَيفَ شاءَ. والدّنُوُّ مِنَ اللهِ لا كَيْفِيَّةَ لَهُ، وقَدْ أَوْقَفَ اللهُ جِبريلَ عن دُنُوِّه في هذا المِعراجِ وأَدْنا مُحمّداً، وفي ذلك إبانَةُ عَظِيمِ مَنزِلَتِه وتَشرِيفُ رُتبَتِه وإشراقُ أَنوارِ مَعرِفتِهِ ومُشاهدةُ أَسرارِ غَيبِهِ وقُدرَتِهِ، كَمَا فيه مِنَ اللهِ تكريمٌ وتأنِيسٌ لِحَبِيبِه صلّى الله عليه وسلّمَ بَعْدَ ما لاَقَى مِنَ المِحَنِ.

4- اِنْشِقاقُ القَمَرِ وحَبْسُ الشمسِ

قال اللهُ تعالى: ﴿اِقْتَرَبَتِ السّاعَةُ وانْشَقَّ القَمَرُ وإِنْ يَرَوْا آيَةً يُعْرِضُوا ويَقُولُوا سِحْرٌ مُسْتَمِرٌّ﴾ (القمر، 1 – 2)، أَخْبَرَ سُبْحانَهُ بِوُقُوعِ انْشِقاقِ القَمَرِ وتَكْذِيبِ الكُفّارِ لِذلك، وأَجْمَعَ المُفَسِّرُونَ وأَهْلُ السُّنَّةِ على وُقُوعِهِ؛ قال أَنَسٌ رَضِيَ اللهُ عنه: سَأَلَ أَهْلُ مَكَّةَ النَّبِيَّ صلّى الله عليه وسلّم أَنْ يُرِيَهُمْ آيَةً فَأَراهُمُ انْشِقاقَ القَمرِ فِرْقَتَيْنِ حَتَّى رَأَوْا جَبَلَ حِراءَ بَيْنَهُما؛ وعَنِ ابْنِ مَسْعُودٍ رَضِيَ اللهُ عَنهُ قال: انْشَقَّ القَمَرُ على عَهْدِ رَسُولِ اللهِ صلّى الله عليه

وسلّمَ فِرْقَتَيْنِ فِرْقَةٌ فَوْقَ الجَبَلِ وفِرقةٌ دُونَهُ، فقال رسولُ اللهِ صلّى اللهُ عليه وسلّمَ: اشْهَدُوا؛ ورُوِيَ أنَّ كُفّارَ قُرَيْشٍ قالُوا سَحَرَكُمْ محمّدٌ، فقال رَجُلٌ: إنْ كانَ محمدُ سَحَرَ القَمَرَ فإنّهُ لا يَسْحَرُ الأَرضَ كُلَّها فاسْألُوا مَنْ يَأْتِيكُمْ مِنْ بَلَدٍ آخرَ هَلْ رَأَوْا هذا، فأَتَوْا فَسألُوهُمْ فَأَخْبَرُوهُمْ أنّهُم رَأَوْا مِثْلَ ذلك، فقال الكُفّارُ: هذا سِحْرٌ مُسْتَمِرٌّ.

وفي قِصَّةِ الإِسْراءِ أنَّ النّبِيَّ صلّى اللهُ عليه وسلّمَ عِنْدَما كَذَّبَهُ كُفّارُ قُرَيْشٍ وطَالَبُوهُ بالدّليلِ على ذَهابِهِ إلى بَيْتِ المَقْدِسِ ورُجُوعِهِ في لَيْلَةٍ واحِدَةٍ، وَصَفَ لَهُمُ القافِلَةَ التِي مَرّ عَلَيها، فَسألُوهُ عَنْ يَوْمِ وُصُولِها قال: يَوْمُ الأَرْبعاءِ؛ فاجْتَمَعَ القَوْمُ يَنْتَظِرُونَ حتّى قَرُبَ مَساءُ ذلك اليَومِ ولَمْ تَجِئْ، فَدَعَا رَسُولُ اللهِ صلّى اللهُ عَلَيهِ وسلّمَ فَحُبِسَتِ الشّمسُ ولَمْ تَغْرُبْ حتى جاءت القافِلَةُ.

5- نَبْعُ المَاءِ مِنْ بَينِ أَصابِعِهِ وتَكْثِيرُه

إِنَّ أَحاديثَ عَدَدٍ كَبِيرٍ مِنَ الصَّحابَةِ عن نَبْعِ الماءِ مِنْ أَصابِعِهِ صلّى اللهُ عليه وسلّمَ كَثِيرَةٌ جِدّاً، وقد وَقَعَ هذا مَرَّاتٍ عَدِيدَةٍ وفي أَماكِنَ مُخْتَلِفَةٍ، وذلك كُلَّما احْتاجُوا إلى الوُضُوءِ أَوِ اشْتَدَّ بِهِمُ العَطَشُ ولَمْ يَكُنْ مَعَهُمْ ماءٌ؛ فَمِنْ ذلك، على سَبِيلِ المِثالِ فَقَطْ، قَوْلُ أَنسِ بْنِ مالكٍ رَضِيَ اللهُ عنه: رَأَيْتُ رَسُولَ اللهِ صلّى الله عليه وسلّم وحانَتْ صَلاةُ العَصْرِ فَطَلَبَ النّاسُ الماءَ لِلْوُضُوءِ فَلَمْ يَجِدُوهُ فَأَتَوْا لِلنبِيِّ صلّى الله عليه وسلّم بِإناءٍ فَوَضَعَ فيهِ يَدَهُ وأَمَرَ النّاسَ أَنْ يَتَوضَّؤُوا مِنْهُ ، فَرَأَيْتُ الماءَ يَنْبُعُ مِنْ بَيْنِ أَصابِعِهِ، فَتَوَضَّأَ النّاسُ عَنْ آخِرِهِمْ، وكان عَدَدُهُم ثَلاثَمائَةٍ؛ ومِنْ ذلك أَيْضاً ما رَواهُ الإِمامُ مالِكٌ في كِتابِ المُوَطَّإِ عَنْ مُعاذِ بْنِ جَبَلٍ في قِصّةِ

غَزْوَةِ تَبُوكَ وأَنَّهُمْ جاؤُوا إلى عَيْنٍ لَيْسَ فيها إلاَّ قَلِيلٌ مِنَ الماءِ فَغَرَفُوا مِنها بِأَيْدِيهِمْ حَتَّى اجْتَمَعَ شَيْءٌ مِنْهُ في إِناءٍ ثُمَّ غَسَلَ رَسُولُ اللهِ صلّى الله عليه وسلّم فِيهِ وَجْهَهُ ويَدَيْهِ وأَعادَهُ في العَيْنِ فَجَرَتْ بِماءٍ كَثِيرٍ فاسْتَقَى النّاسُ، وقال عليه السلامُ: يُوشِكُ يا مُعاذُ إِنْ طالَتْ بِكَ حَياةٌ أَنْ تَرَى ما هاهُنا قَدْ مُلِئَ جِناناً؛ ومِنْ ذلك حَدِيثُ عِمْرانَ بْنِ حُصَيْنٍ حِينَ أَصابَ النَّبِيَّ صلّى الله عليه وسلّمَ وأَصْحابَهُ عَطَشٌ في بَعْضِ أَسْفارِهِمْ فأَرْسَلَ رَجُلَيْنِ إلى مَكانٍ وأَعْلَمَهُما أَنَّهُما يَجِدانِ امْرَأَةً مَعَها بَعِيرٌ عَلَيْهِ قِرْبَتانِ فَوَجَداها وأَتَيا بِها إلى النَّبِيِّ صلّى الله عليه وسلّم فَصَبَّ شَيْئاً مِنْ إِحْدَى قِرْبَتَيْها في إناءٍ وقالَ فِيهِ ما شاءَ اللهُ أَنْ يَقُولَ ثُمَّ أَعادَ الماءَ في القِربَتَيْنِ ثُمَّ فُتِحَتا وأَمَرَ النّاسَ فَمَلَؤُوا أَسْقِيَتَهُمْ حَتّى لَمْ يَدَعُوا شَيْئاً إلاّ مَلَؤُوهُ، قال عِمْرانُ: ويُخَيَّلُ إِلَيَّ أَنَّ القِرْبَتَيْنِ لَمْ تَزْدادا إلاَّ امْتِلاءً، ثُمَّ أَمَرَ فَجُمِعَ لِلْمَرْأَةِ مِنَ الزّادِ حَتّى مَلأَ ثَوْبَها، وقال صلّى الله عليه وسلّم: اِذْهَبِي فَإِنّا لَمْ نَأْخُذْ مِنْ مائِكِ شَيْئاً ولَكِنَّ اللهَ سَقانا.

6- تَكْثِيرُ الطَّعامِ بِبَرَكَتِهِ

مِنْ الوَقائِعِ العَدِيدَةِ لِهَذا الأَمْرِ حَدِيثُ أَبِي طَلْحَةَ المَشْهُورُ عَنْ إِطْعامِهِ صلّى اللهُ عليه وسلّمَ ثَمانِينَ أَوْ سَبْعِينَ رَجُلاً مِنْ أَقْراصِ شَعِيرٍ جاءَ بِها أَنَسٌ تَحْتَ إِبْطِهِ، فَأَمَرَ بِها فَفُتَّتَتْ وقال فيها ما شاءَ اللهُ أَنْ يَقُولَ؛ ومِنْ ذلك أَنَّهُمْ جاءُوا بِمِقْدارِ كَفٍّ مِنَ الطَّعامِ فَجَعَلَ رَسُولُ اللهِ صلّى الله عليه وسلّم يَبْسُطُهُ في الإِناءِ ويَقُولُ ما شاءَ اللهُ فَأَكَلَ مِنْهُ مَنْ في البَيْتِ والحُجْرَةِ والدّارِ وبَقِيَ بَعْدَما شَبِعُوا مِثْلُ ما كانَ في الإِناءِ؛ وفي حَدِيثِ أَبِي أَيُّوبَ أَنَّهُ صَنَعَ لِرَسُولِ اللهِ صلّى اللهُ عليه وسلّمَ ولِأَبِي بَكْرٍ مِنَ الطَّعامِ مِقْدارَ ما يَكْفِيهِما

فقال له النبيُّ صلّى اللهُ عليه وسلّمَ ادعُ ثَلاثين مِنْ أَشْرافِ الأنْصار فَدعاهُمْ فأَكَلُوا حتّى تركُوا، ثُمَّ قال ادْعُ سِتِّينَ فكانَ مِثْلُ ذلك، ثُمَّ قالَ ادْعُ سَبْعِينَ فأَكَلُوا حتّى تَركُوهُ، وما خرَجَ مِنهُمْ أَحَدٌ حَتّى أَسْلَمَ؛ ومِنْ ذلك أَيْضاً أَنَّهُ أُتِيَ إلى النّبيِّ صلّى الله عليهِ وسلّم بِقَصْعَةٍ فِيها لَحْمٌ فتَعاقَبُوا عَلَيْها مِنْ طُلُوعِ الشّمس إلى اللَّيْلِ، يَقُومُ قَوْمٌ ويَقْعُدُ آخَرُونَ؛ وعَنْ عَلِيٍّ رَضِيَ اللهُ عَنهُ أَنَّ فاطِمَةَ طَبَخَتْ قِدْراً لِغَدائِهِما وأَرْسَلَتْ عَلِيّاً إلى النّبِيِّ صلّى الله عليه وسلّم لِيَتَغَدّى معَهُما فأَمَرَها فغَرَفَتْ مِنها لِجَمِيعِ نِسائِهِ إناءً إِناءً ثُمَّ لَهُ صلّى الله عليه وسلّم ولِعَلِيٍّ ثُمَّ لَها، ثُمّ رَفَعَتِ القِدْرَ وهِيَ تَفِيضُ بالطَّعام. وقال أَبُو هُرَيْرَةَ رَضِيَ اللهُ عَنْه: أَصابَ النّاسَ مَجاعَةٌ فقال لِي رَسُولُ اللهِ صلّى الله عليه وسلّم هَلْ مِنْ شَيْءٍ قُلْتُ نَعَمْ شَيْءٌ مِنَ التّمْرِ في المِزْوَدِ، قالَ فَأْتِنِي بِهِ فَأَدْخَلَ يَدَهُ فَأَخْرَجَ قَبْضَةً فَبَسَطَها ودَعا بالْبَرَكَةِ، ثُمَّ قالَ ادْعُ عَشَرَةً فَأَكَلُوا حتّى شَبِعُوا ثُمَّ عَشَرَةً كذلك، حتّى أَطْعَمَ الجَيْشَ كُلَّهُم وشَبِعُوا، قال خُذْ ما جِئْتَ بِهِ وأَدْخِلْ يَدَكَ واقْبِضْ مِنْهُ ولاَ تَكُبَّهُ فَقَبَضْتُ على أَكْثَرَ مِمّا جِئْتُ بِهِ فَأَكَلْتُ مِنْهُ وأَطْعَمْتُ طِيلَةَ حَياةِ رَسُولِ اللهِ صلّى الله عليه وسلّم وأَبِي بَكرٍ وعُمَرَ إلى أَنْ قُتِلَ عُثْمانُ فسُرِقَ مِنِّي. وقَدْ أَجْمَعَ على رِوايَةِ هذه الأَحاديثِ وأَكْثَرَ منها ما يُقارِبُ عِشْرِينَ صَحابِيّاً ورَواها عَنْهُم أَضْعافُهُم مِنَ التّابِعِينَ ثُمَّ مَنْ لاَ يُعَدُّ بَعْدَهُم ، وأَكْثَرُها في كُتُبِ الحَدِيثِ الصِّحاحِ، ولا يُمْكِنُ التّحدُّثُ عَنها إلاَّ بالحَقِّ، ولَوْ أَنْكَرَ أَحَدٌ مِنْها شَيْئاً لَمْ يَسْكُتُوا عَنْهُ.

7- استجابة الشَّجَرِ وشَهادَتُه له بالنُّبُوَّة

رَوَى ابنُ عُمَرَ رَضِيَ اللهُ عَنهُما قال: كُنّا مَعَ رَسُولِ اللهِ صلّى الله عليه وسلّم في سَفَرٍ فَدَنا مِنْهُ أَعْرابِيٌّ فقالَ: يا أَعْرابِيُّ أَيْنَ تُرِيدُ؟ قال:

إلى أَهْلِي، قال: هَلْ لَكَ إلى خيْرٍ؟ قال: وما هُوَ؟ قال: تَشْهَدُ أَنْ لاَ إِلَهَ إلاَّ اللهُ وَحدَهُ لاَ شَرِيكَ لَهُ وأَنَّ مُحَمَّداً عَبْدُهُ ورَسُولُهُ، قال: مَنْ يَشْهَدُ لَكَ على ما تَقُولُ؟ قالَ: هذه الشَّجَرَةُ، فَأَقْبَلَتْ تَشُقُّ الأَرْضَ حَتَّى قامَتْ بَيْنَ يَدَيْهِ فَشَهِدَتْ كَما قالَ ثُمَّ رَجَعَتْ إلى مَكانِها. وفي خَبَرٍ آخَرَ أَنَّ أَعْرابيّاً طَلَبَ مِنَ النَّبِيِّ صلّى الله عليه وسلّم مُعْجِزَةً فقالَ لَهُ: قُلْ لِتِلْكَ الشَّجَرَةِ رَسُولُ اللهِ صلّى اللهُ عليه وسلّمَ يَدْعُوكِ، فمالَتِ الشّجَرَةُ عَنْ يَمِينِها وشِمالِها وأَمامَها وخَلْفَها فتَقَطّعَتْ عُرُوقُها ثُمَّ جاءَتْ تَشُقُّ الأرضَ تَجُرُّ عُرُوقَها مُغَبَّرَةً حَتّى وَقَفَتْ بَيْنَ يَدَيْ رَسُولِ اللهِ صلّى اللهُ عليه وسلّمَ فَقالَتْ: السّلاَمُ عَلَيْكَ يا رَسُولَ اللهِ، قال الأَعْرابِيُّ مُرْها فَلِتَرْجِعْ إلى مَنْبَتِها، فَرَجَعَتْ فَدَلَّتْ عُرُوقَها فاسْتَوَتْ؛ فقال الأَعْرابِيُّ: اِئْذَنْ لِي أَسْجُدْ لَكَ، قال: لَوْ أَمَرْتُ أَحَداً أَنْ يَسْجُدَ لِأَحَدٍ لأَمَرْتُ المَرْأَةَ أَنْ تَسْجُدَ لِزَوْجِها، قال: فَأْذَنْ لِي أَنْ أُقَبِّلَ يَدَيْكَ ورِجْلَيْكَ، فَأَذِنَ لَهُ. وعَنْ بَعْضِ الصَّحابَةِ أَنَّهُ رَأَى شَجَرَةَ طَلْحٍ جاءَتْ فَطافَتْ بالنّبِيِّ صلّى اللهُ عليه وسَلّم ثُمَّ رَجَعَتْ إلى مَنْبَتِها، فقالَ رسولُ اللهِ صلّى اللهُ عليه وسلّم: إِنّها اسْتَأْذَنَتْ أَنْ تُسَلِّمَ عَلَيَّ. وذَكَرَ ابْنُ فُورَكٍ أَنّهُ صلّى اللهُ عليه وسلّمَ سارَ في غَزْوَةِ الطّائِفِ راكِباً لَيْلاً وقَدْ أَخَذَتْهُ سِنَةٌ مِنَ النَّوْمِ فاعْتَرَضَتْهُ سِدْرَةٌ فانْفَرَجَتْ لَهُ نِصْفَيْنِ حَتّى جازَ بَيْنَهُما وَبَقِيَتْ على ساقَيْنِ، وهِيَ هُناكَ مَعْرُوفَةٌ مُعَظَّمَةٌ. وعَنْ أَنَسٍ رَضِيَ اللهُ عَنْهُ أَنَّ جِبْرِيلَ عَلَيهِ السلامُ قال للنّبِيِّ صلّى اللهُ عليه وسلّمَ ورَآهُ حَزِيناً: أَتُحِبُّ أَنْ أُرِيكَ آيَةً؟ قال: نَعَمْ، فقالَ ادْعُ تِلْكَ الشّجَرَةَ فجاءَتْ تَمْشِي حتّى قامَتْ بَيْنَ يَدَيْهِ، قال مُرْها فَلْتَرْجِعْ، فعادَتْ إلى مَكانِها. وأَمْثالُ هَذِهِ المُعْجِزاتِ كَثِيرَةٌ جِداً.

8- حَنِينُ الجِذْعِ إِلَيْه

ويُؤَكِّدُ هذه الأَخبارَ حَديثُ أَنِينِ جِذْعِ النَّخْلِ المَشْهورُ في كُتُبِ الصَّحِيحِ، وقَدْ رَواهُ عَدَدٌ كَبيرٌ مِنَ الصَّحابَةِ الذين كانُوا حاضرين، ومِمَّا رَوَوْهُ أَنَّ النَّبيَّ صلّى اللهُ عليه وسلّمَ كانَ إِذا خَطَبَ يَقُومُ إلى جِذْعٍ مِنَ النَّخْلِ، فَلَمّا صُنِعَ لَهُ المِنْبَرُ سَمِعُوا لِذلِكَ الجِذْعِ صَوْتاً كَصَوْتِ النّاقَةِ الحامِلِ واسْتَمَرَّ خُوارُهُ حَتَّى انْشَقَّ، وكَثُرَ بُكَاءُ النّاسِ لِمَا رَأَوْا بِهِ، فَجَاءَ النّبيُّ صلّى الله عليه وسلّم فَوَضَعَ يَدَهُ عَلَيْهِ فَسَكَتَ، وقال عليه السلامُ: إِنَّ هذا بَكَى لِمَا فَقَدَ مِنَ الذِّكْرِ ثُمَّ قالَ لَهُ: إِنْ شِئْتَ أَرُدُّكَ إِلى الحائِطِ(= البُسْتان) الذي كُنْتَ فِيهِ تَنْبُتُ لَكَ عُرُوقُكَ ويَكْمُلُ خَلْقُكَ ويُجَدَّدُ لَكَ خُوصٌ وثَمَرَةٌ، وإِنْ شِئْتَ أَغْرِسُكَ في الجَنَّةِ فَيأْكُلُ أَوْلِياءُ اللهِ مِنْ ثَمَرِكَ، ثُمَّ أَصْغَى لَهُ النّبيُّ صلّى اللهُ عليه وسلّمَ يَسْتَمِعُ ما يَقُولُ، فقالَ: بَلْ تَغْرِسُنِي في الجَنّةِ فَيَأْكُلُ مِنِّي أَوْلِياءُ اللهِ وأَكُونُ في مَكانٍ لا أَبْلَى فِيهِ،فَسَمِعَهُ مَنْ يَلِيهِ، فقالَ النَّبيُّ صلّى اللهُ عليه وسلّمَ: قَدْ فَعَلْتُ، ثُمَّ قال: اخْتارَ دارَ البَقاءِ على دارِ الفَناءِ، وأَمَرَ بِهِ فَدُفِنَ تحتَ المِنْبَرِ؛ فكانَ الحَسَنُ البَصْرِيُّ إذا حَدَّثَ بِهذا بَكَى وقالَ يَا عِبادَ اللهِ الخَشَبَةُ تَحِنُّ إلى رَسُولِ اللهِ صلّى اللهُ عليه وسلّمَ شَوْقاً إِلَيْهِ لِمَكانِهِ فَأَنْتُمْ أَحَقُّ أَنْ تَشْتاقُوا إلى لِقائِهِ.

9- تَسبيحُ الجَماداتِ والأَشجارِ وسُجودُها له وتَسليمُها عليه

عَنِ ابْنِ مَسْعُودٍ رَضِيَ اللهُ عنهُ قال: كُنّا نَأْكُلُ مَعَ رَسُولِ اللهِ صلّى الله عليه وسلّمَ الطَّعامَ ونَحنُ نَسْمَعُ تَسْبِيحَهُ. وقالَ أَنَسٌ رَضِيَ اللهُ عَنْهُ: أَخَذَ النَّبيُّ صلّى اللهُ عليه وسلّمَ كَفّاً مِنْ حَصىً فَسَبّحَ في يَدِهِ حَتّى سَمِعْنا التَّسْبِيحَ ثُمَّ صَبَّهُ في يَدِ أَبِي بَكْرٍ رَضِيَ اللهُ عَنهُ فَسَبَّحَ ثُمَّ في أَيْدِينا فَما سَبَّحَ. وقالَ

عَلِيٌّ رَضِيَ اللهُ عَنهُ: كُنّا بِمَكَّةَ مَعَ رَسُولِ اللهِ صلّى اللهُ عليه وسلّمَ فَخرَجَ إلى بَعْضِ نَواحِيها فَما اسْتَقْبَلَهُ شَجَرٌ ولاَ جَبَلٌ إلاّ قالَ لَهُ السَّلامُ عَلَيْكَ يا رَسُولَ الله. وعَنْ عائِشَةَ رَضِيَ اللهُ عَنها قال رَسُولُ اللهِ صلّى اللهُ عليه وسلّمَ: لَمَّا اسْتَقْبَلَنِي جِبْرِيلُ عَلَيهِ السَّلامُ بالرِّسالةِ جَعَلْتُ لاَ أَمُرُّ بِحَجَرٍ ولا شَجَرٍ إلاّ قال السَّلامُ عَلَيكَ يا رَسُولَ الله. ومِنْ ذلك ما وَقَعَ لَهَ صلّى اللهُ عليه وسلّم حِينَ كانَ في سَفَرٍ مَعَ عَمِّهِ فَخَرَجَ إلَيْهِمْ راهِبٌ، ولَمْ يَكُنْ يَخْرُجُ لأَحَدٍ، فَأَخَذَ بِيَدِ رَسُولِ اللهِ صلّى اللهُ عليه وسلّمَ وقال: هذا سَيِّدُ العالَمِينَ يَبْعَثُهُ اللهُ رَحْمَةً لِلعالَمِينَ، فقال لَهُ شُيُوخٌ مِنْ قُرَيْشٍ: كَيْفَ عَلِمْتَ؟ فقال: إنَّهُ لَمْ يَبْقَ شَجَرٌ ولاَ حَجَرٌ إلاَّ خَرَّ ساجِداً لَهُ ولاَ يَسْجُدُ إلاَّ لِنبِيٍّ، وقَدْ رأَى الرّاهِبُ أنّهُ صلّى اللهُ عليه وسلّم كانَ مُقْبِلاً وعَلَيْهِ غَمامَةٌ تُظِلُّهُ فَلَمَّا دَنا مِنَ القَومِ وجَدَهُمْ سَبَقُوهُ إلى ظِلِّ شَجَرَةٍ، فَلَمّا جَلَسَ مالَ الظِّلُّ إلَيْهِ. وقال ابْنُ عَبّاسٍ رضِيَ اللهُ عَنْهُما: كانَ حَوْلَ الكَعْبَةِ سِتُّونَ وثَلاثُمائَةِ صَنَمٍ مُثْبَتَةَ الأَرْجُلِ بالرَّصاصِ في الحِجارَةِ، فَلَمّا دَخَلَ رَسُولُ اللهِ صلّى اللهُ عليه وسلّمَ المَسْجِدَ عامَ الفَتْحِ جَعَلَ يُشِيرُ بِقَضِيبٍ في يَدِهِ إلَيْها ولاَ يَمَسُّها، ويَقُولُ: ﴿جاءَ الحَقُّ وزَهَقَ الباطِلُ﴾ (الإسراء، 81)، فَما أَشارَ إلى وَجْهِ صَنَمٍ إلاَّ وَقَعَ لِقَفاهُ ولاَ لِقَفاهُ إلاّ وَقَعَ لِوَجْهِهِ حَتّى ما بَقِيَ مِنْها صَنَمٌ.

10- شَهادةُ الحيوانات وطاعتُها له وسُجودُها

رَوى عُمَرُ رَضِيَ اللهُ عنهُ أنَّ رَسُولَ اللهِ صلّى اللهُ عليه وسلّمَ كانَ في مَحْفَلٍ مِنْ أَصْحابِهِ إذْ جاءَ أَعْرابِيٌّ قَدْ صادَ ضَبّاً فقالَ مَنْ هَذا؟ قالُوا نَبِيُّ اللهِ، فقالَ واللاّتِ والْعُزّى لاَ آمَنْتُ بِكَ حَتّى يُؤْمِنَ بِكَ هَذا الضَّبُّ، وطَرَحَهُ أَمامَ النَّبِيِّ صلّى اللهُ عليه وسلّمَ، فقال النَّبِيُّ عليهِ السَّلامُ: يا ضَبُّ؛ فَأَجابَهُ

بِلِسانٍ مُبِينٍ يَسْمَعُهُ القَوْمُ جَمِيعاً: لَبَّيْكَ وسَعْدَيْكَ يا زَيْنَ مَنْ وافَى القِيامَةَ، قالَ: مَنْ تَعْبُدُ؟ قال: الذي في السّماءِ عَرْشُهُ وفي الأَرْضِ سُلْطانُهُ وفي البَحْرِ سَبِيلُهُ وفي الجَنَّةِ رَحْمَتُهُ وفي النّارِ عِقابُهُ، قال: فَمَنْ أَنا؟ قالَ رَسُولُ رَبِّ العالَمِينَ وخاتِمُ النَّبِيِّينَ، وقَدْ أَفْلَحَ مَنْ صَدَّقَكَ وخابَ مَنْ كَذَّبَكَ، فَأَسْلَمَ الأَعْرابِيُّ. ومِنْ ذلك قِصَّةُ كَلامِ الذِّئْبِ المَشْهُورَةُ عَنْ أَبِي سَعِيدٍ الخُدْرِيِّ: بَيْنَما راعٍ يَرْعَى غَنَماً تَعَرَّضَ الذِّئْبُ لِشاةٍ فَأَخَذَها مِنْهُ الرّاعِي فقالَ الذِّئْبُ للرَّاعِي: أَلاَ تَتَّقِي اللهَ حُلْتَ بَيْنِي وبَيْنَ رِزْقِي، قالَ الرّاعِي: العَجَبُ مِنْ ذِئْبٍ يَتَكَلَّمُ بِكَلامِ الإِنْسِ، فقال الذئبُ: أَلاَ أُخْبِرُكَ بِأَعْجَبَ مِنْ ذلك، رَسُولُ اللهِ يُحَدِّثُ النّاسَ بِأَنْباءِ ما قَدْ سَبَقَ، فَأَتَى الرّاعِي النّبِيَّ صلّى الله عليه وسلّمَ فَأَخْبَرَهُ، فقال له النبيُّ عليه السلامُ: قُمْ فَحَدِّثْهُمْ؛ ثُمَّ قال: صَدَقَ. وعَنْ أَبِي هُرَيْرَةَ رَضِيَ اللهُ عَنه أَنّ النّبِيَّ صلّى اللهُ عليه وسلّمَ دَخَلَ بُسْتاناً فَجاءَ بَعِيرٌ فَسَجَدَ لَهُ؛ وفي رِوايَةٍ أَنّ النّبِيَّ صلّى اللهُ عليهِ وسلّم قال لِلقَوْمِ إِنّ الجَمَلَ شَكَا إِلَيَّ أَنَّكُمْ أَرَدْتُمْ ذَبْحَهُ بَعْدَ أَنِ اسْتَعْمَلْتُمُوهُ في شاقِّ العَمَلِ مِنْ صِغَرِهِ، قالُوا نَعَمْ. ورُوِيَ أَنَّ حَمامَ مَكَّةَ أَظَلَّتِ النّبِيَّ صلّى اللهُ عليه وسلّمَ يَوْمَ فَتْحِها فَدَعا لَها بِالبَرَكَةِ. ورَوَى جَماعَةٌ مِنَ الصَّحابَةِ عَنِ النّبِيِّ صلّى اللهُ عليه وسلّمَ أَنّ اللهَ أَمَرَ لَيْلَةَ اخْتِبائِهِ في الغارِ شَجَرَةً فَنَبَتَتْ تُجاهَ النّبِيِّ فَسَتَرَتْهُ، وأَمَرَ حَمامَتَيْنِ فَوَقَفَتا بِفَمِ الغارِ، والعَنْكَبُوت فَنَسَجَتْ على بابِهِ، فَلَمّا أَتَى الطّالِبُونَ لَهُ ورَأَوْا ذلك قالُوا لَوْ كان فِيهِ أَحَدٌ لَمْ تَكُنِ الحَمامَتانِ بِبابِهِ، والنّبِيُّ صلّى اللهُ عليه وسلّمَ يَسْمَعُ، فانْصَرَفُوا. ومِنْ هذا البابِ أَنّهُ صلّى الله عليه وسلّمَ أَرْسلَ رَسُولاً إِلى مُعاذٍ باليَمَنِ فَلَقِيَ الأَسَدَ فَقالَ لَهُ أَنا مَوْلَى رَسُولِ اللهِ صلّى اللهُ عليهِ وسلّم ومَعِي كِتابُهُ، فَهَمْهَمَ وتَنَحَّى عَنِ الطّرِيقِ. ومِثْلُ هذا لا يُحْصَى.

11- إحياءُ المَوتَى وكَلامُهُم وشَهادَةُ الرُّضَّعِ لَه بالنُّبُوَّة

أَخبَرَ جَماعَةٌ مِنَ الصَّحابَةِ أَنَّ يَهُودِيَّةً أَهْدَتِ النَّبِيَّ صلّى اللهُ عليه وسلّمَ شَاةً مَشْوِيَّةً سَمَّمَتْها فأَكَلَ رَسُولُ اللهِ صلّى اللهُ عليه وسلّمَ مِنْها وأَكَلَ القَوْمُ، فَقالَ ارْفَعُوا أَيْدِيَكُمْ فإِنَّ فَخِذَها تُكَلِّمُنِي أَنَّها مَسْمُومَةٌ، فَماتَ بِشْرُ بْنُ البَرَاءِ؛ ثُمَّ قال لِلْيَهُودِيَّةِ: ما حَمَلَكِ على ما صَنَعْتِ؟ قالتْ: أَرَدْتُ قَتْلَكَ، فقالَ صلّى اللهُ عليهِ وسَلّمَ: ما كانَ اللهُ لِيُسَلِّطَكِ على ذلك؛ فقالُوا: نَقْتُلُها، قال: لا، ولَمْ يُعاقِبْها؛ وعَنِ ابْنِ عَبّاسٍ أَنَّهُ دَفَعَها لأَوْلِياءِ بِشْرِ بْنِ البَرَاءِ. ومِنْ مُعجِزاتِهِ صلّى اللهُ عليه وسلّم حَدِيثُ «مُبارَكِ اليَمامَةِ»، وهُوَ أَنَّ قَوْماً جاؤُوا إلى النَّبِيِّ صلّى اللهُ عليه وسلّمَ بِصَبِيٍّ يَوْمَ وُلِدَ، فقال لَهُ: مَنْ أَنا؟ فقال: رَسُولُ اللهِ، فقال له النَّبِيُّ صلّى الله عليه وسلّمَ: صَدَقْتَ، ثُمَّ إِنَّ الصَّبِيَّ لَمْ يَتَكَلَّمْ بَعْدَها حَتَّى كَبُرَ، فَكان يُسَمَّى مُبارَكَ اليَمامَةِ. ومِنْها أَيْضاً أَنَّ رَجُلاً أَتَى النَّبِيَّ صلّى اللهُ عليه وسلّمَ فَذَكَرَ لَهُ أَنَّهُ أَلْقَى بُنَيَّةً لَهُ في وادِي كَذَا، فانْطَلَقَ مَعَهُ إلى الوادِي وناداها يا فُلانَةُ أَجِيبِي بِإِذْنِ اللهِ، فَخَرَجَتْ وهِيَ تَقُولُ: لَبَّيْكَ وسَعْدَيْكَ، فقال لَها: إنَّ أَبَوَيْكِ قَدْ أَسْلَمَا فَإِنْ أَحْبَبْتِ أَنْ أَرُدَّكِ عَلَيْهِما، قالَتْ: لاَ حَاجَةَ لِي فِيهِما وَجَدْتُ اللهَ خَيْراً لِي مِنْهُما.

12- إِبْراءُ المَرضَى وذَوِي العاهات والمُصابِين

مِنَ المُعجِزاتِ التي رَواها جَماعَةٌ مِنَ الصَّحابَةِ أَنَّ عَيْنَ الصَّحابِيِّ قَتادَةَ أُصِيبَتْ يَوْمَ مَعْرَكَةِ أُحُدٍ حَتَّى سَقَطَتْ على خَدَّيْهِ فَرَدَّها رَسُولُ اللهِ صلّى اللهُ عليه وسلّمَ فَكانَتْ أَحْسَنَ عَيْنَيْهِ. ورَوَى النَّسائِيُّ أَنَّ أَعْمًى قالَ يا رَسُولَ اللهِ ادْعُ اللهَ لِي أَنْ يَكْشِفَ لِي عَنْ بَصَرِي، قال: فَاذْهَبْ فَتَوَضَّأْ ثُمَّ صَلِّ

رَكْعَتَيْنِ ثُمَّ قُلْ: اَللّهُمَّ إِنِّي أَسْأَلُكَ وأَتَوَجَّهُ إِلَيْكَ بِنَبِيِّي مُحَمَّدٍ نَبِيِّ الرَّحْمَةِ يَا مُحَمَّدُ إِنِّي أَتَوَجَّهُ بِكَ إِلَى رَبِّكَ أَنْ يَكْشِفَ عَنْ بَصَرِي اللَّهُمَّ شَفِّعْهُ فِيَّ، فَرَجَعَ وقَدْ كَشَفَ اللهُ عَنْ بَصَرِهِ. ورَوَى ابْنُ أَحَدِ الصَّحابَةِ أَنَّ أَباهُ ابْيَضَّتْ عَيْناهُ فَكانَ لا يُبْصِرُ بِهِما شَيْئاً فَنَفَثَ رَسُولُ اللهِ صلّى اللهُ عليه وسلّم فِي عَيْنَيْهِ فَأَبْصَرَ، قالَ الابْنُ: فَرأَيْتُهُ يُدْخِلُ الخَيْطَ في الإِبْرَةِ ولَهُ ثَمانُونَ سَنَةً. وفي غَزْوَةِ الخَنْدَقِ نَفَثَ صلّى اللهُ عليه وسلّم على جُرْحٍ بِساقِ سَلَمَةَ بْنِ الأَكْوَعِ فَبَرِئَتْ؛ وعلى رِجْلِ زَيْدِ بن مُعاذٍ حِينَ أَصابَها السَّيْفُ فَبَرِئَتْ؛ وعلى ساقِ عَلِيِّ بْنِ الحَكَمِ في غَزْوَةِ الخَنْدَقِ حِينَ انْكَسَرَتْ فَبَرِئَ في مَكانِهِ مِنْ غَيْرِ أَنْ يَنْزِلَ عَنْ فَرَسِهِ؛ وقَطَعَ أَبُو جَهْلٍ يَوْمَ غَزْوَةِ بَدْرٍ يَدَ مُعَوَّذِ بْنِ عَفْراءَ فَجاءَ يَحْمِلُ يَدَهُ فَبَصَقَ عَلَيْها رَسُولُ اللهِ صلّى اللهُ عَليه وسلّم وأَلْصَقَها فَلَصِقَتْ. ورَوَى ابْنُ عبّاسٍ أَنَّ امْرَأَةً جاءَتْ بِابْنٍ لَها بِهِ جُنُونٌ فَمَسَحَ صَدْرَهُ فَتَقَيَّأَ فَخَرَجَ مِنْ جَوْفِهِ مِثْلُ الجَرْوِ الأَسْوَدِ؛ ولاَ يُمْكِنُ حَصْرُ مِثْلِ هذه المُعْجِزاتِ عَدَداً. ومِمَّا ذُكِرَ عَنْهُ صلّى الله عليه وسلّم أَنَّهُ كانَ لاَ ظِلَّ لَهُ في شَمْسٍ ولا قَمَرٍ لأَنَّهُ كانَ نُوراً، وأَنَّ الذُّبابَ لاَ يَقَعُ على جَسَدِهِ ولا ثِيابِهِ.

13- إجابَةُ دُعائه

وهذا بابٌ واسِعٌ جِدّاً ومَعْلُومٌ لاَ يُحاطُ بِهِ، وقَدْ جاءَ في حَدِيثِ حُذَيْفَةَ: كانَ رَسولُ اللهِ صلّى اللهُ عليه وسلّم إِذا دَعا لِرَجُلٍ أَدْرَكَتِ الدَّعْوَةُ وَلَدَهُ وَوَلَدَ وَلَدِهِ. عَنْ أَنَسِ بْنِ مالِكٍ أَنَّ أُمَّهُ قالَتْ يا رَسُولَ اللهِ خادِمُكَ أَنَسٌ اُدْعُ اللهَ لَهُ، قال: اللَّهُمَّ أَكْثِرْ مالَهُ وَوَلَدَهُ وبارِكْ لَهُ في ما آتَيْتَهُ؛ وبَعْدَ ذلك رُوِيَ عَنْ أَنَسٍ قَوْلُهُ: فَوَاللهِ إِنَّ مالِي لَكَثِيرٌ وإِنَّ وَلَدِي ووَلَدَ وَلَدِي لَيُعَدُّونَ اليَوْمَ

بِنَحْوِ المائَةِ. ودَعا صلَّى اللهُ عليه وسلَّمَ لِسَعْدِ بْنِ أَبِي وقَّاصٍ رَضِيَ اللهُ عنه أَنْ يُجِيبَ اللهُ دَعْوَتَهُ، فما دَعا على أَحَدٍ إلاَّ اسْتُجِيبَ لَهُ. ودَعا عَلَيْهِ السَّلامُ بِعِزِّ الإسْلامِ بِعُمَرَ رَضِيَ اللهُ عنه أَوْ بِأَبِي جَهْلٍ فاسْتُجِيبَ لَهُ في عُمَرَ. وأَصابَ العَطَشُ النَّاسَ في بَعْضِ غَزَواتِهِ فَطَلَبَ مِنْهُ عُمَرُ الدُّعاءَ فَجاءَتْ سَحابَةٌ فَسَقَتْهُمْ حاجَتَهُمْ ثُمَّ ذَهَبَتْ. ودَعا لابْنِ عَبَّاسٍ: اللَّهُمَّ فَقِّهْهُ في الدِّينِ وعَلِّمْهُ التَّأْوِيلَ، فَسُمِّيَ بَعْدَ ذلِكَ تُرْجُمانَ القُرْآنِ. ودَعا لِعَبْدِ اللهِ بْنِ جَعْفَرٍ بِالبَرَكَةِ في يَمِينِهِ فما اشْتَرَى شَيْئاً إلاَّ رَبِحَ فِيهِ. ودَعا على كِسْرَى حِينَ مَزَّقَ كِتابَهُ الَّذِي أَرْسَلَ إلَيْهِ أَنْ يُمَزِّقَ اللهُ مُلْكَهُ، فَلَمْ تَبْقَ لَهُ باقِيَةٌ.

14- تَأْثِيرُ بَرَكَتِهِ

مِنْ بَعْضِ هذا التَّأْثِيرِ ما حَدَّثَ بِهِ الشَّيْخُ أَبُو القاسِمِ بْنُ المَامُونِ، قالَ: كانَتْ عِنْدَنا قَصْعَةٌ مِنْ قِصاعِ النَّبِيِّ صلَّى اللهُ عليه وسلَّمَ فَكُنَّا نَجْعَلُ فِيها الماءَ لِلْمَرْضَى فَيَسْتَشْفُونَ بِها. وسَكَبَ صلَّى اللهُ عليه وسلَّمَ مِنْ بَقِيَّةِ وَضُوئِهِ في بِئْرِ قُباءٍ فَما جَفَّتْ بَعْدَ ذلِكَ. وبَزَقَ في بِئْرٍ كانَتْ في دارِ أَنَسٍ فَلَمْ يَكُنْ بِالمَدِينَةِ أَعْذَبُ مِنْها. ومِنْ ذلِكَ بَرَكَةُ يَدِهِ في ما لَمَسَهُ وغَرَسَهُ لِسَلْمانَ الفارِسِيِّ رَضِيَ اللهُ عَنْهُ حِينَ اشْتَرَطَ عَلَيْهِ مَوالِيهِ لِيُحَرِّرُوهُ ثَلاثَمِائَةِ فَسِيلَةِ نَخْلٍ يَغْرِسُها لَهُمْ تُنْتِجُ وتُطْعِمُ كُلُّها وأَرْبَعِينَ أُوقِيَّةً مِنْ ذَهَبٍ، فَقامَ صلَّى اللهُ عليه وسلَّمَ وغَرَسَها لَهُ بِيَدِهِ إلاَّ واحِدَةً غَرَسَها غَيْرُهُ، فَأَثْمَرَتْ كُلُّها مِنْ عامِها إلاَّ تِلْكَ الواحِدَةَ فَقَلَعَها النَّبِيُّ صلَّى اللهُ عليه وسلَّمَ ورَدَّها فَنَبَتَتْ وأَثْمَرَتْ، وأَعْطَى سَلْمانَ مِثْلَ بَيْضَةِ الدَّجاجِ مِنْ ذَهَبٍ بَعْدَ أَنْ أَدارَها على لِسانِهِ، فَوَزَنَ مِنْها سَلْمانُ لِمَوالِيهِ أَرْبَعِينَ أُوقِيَّةً وبَقِيَ عِنْدَهُ مِثْلُ ما أَعْطاهُمْ. ومِنْ ذلِكَ أَيْضاً أَنَّ عُكَّاشَةَ انْكَسَرَ سَيْفُهُ يَوْمَ بَدْرٍ فَأَعْطاهُ

صلّى اللهُ عليه وسلَّمَ عُودَ شَجَرٍ وقالَ اضْرِبْ بِهِ فَعادَ في يَدِهِ سَيْفاً صارِماً مَتِيناً طَوِيلَ القامَةِ فَقاتَلَ بِهِ، ثُمَّ لَمْ يَزَلْ عِنْدَهُ يَشْهَدُ بِهِ المَعارِكَ إلى أَنِ اسْتُشْهِدَ، وكانَ هذا السَّيْفُ يُسَمَّى «العَوْنَ». ومِنْ آثارِ بَرَكَتِهِ عليه الصَّلاةُ السَّلامُ أَنَّهُ مَسَحَ على رَأْسِ عُمَيْرِ بْنِ سَعْدٍ فَبَلَغَ ثَمانِينَ سَنَةً حِينَ ماتَ ولَمْ يَشِبْ. وأَخَذَ قَبْضَةً مِنْ تُرابٍ يَوْمَ غَزْوَةِ حُنَيْنٍ ورَمَى بِها في وُجُوهِ الكُفّارِ مِنْ بَعِيدٍ وقالَ: شاهَتِ الوُجُوهُ، فانْصَرَفُوا يَمْسَحُونَ أَعْيُنَهُمْ مِمَّا وَقَعَ فِيها. وشَكَا إِلَيْهِ أَبُو هُرَيْرَةَ رَضِيَ اللهُ عَنْهُ النِّسْيانَ فَأَمَرَهُ بِبَسْطِ ثَوْبِهِ فَجَعَلَ صَلّى اللهُ عليه وسلّمَ كَأَنَّهُ يَغْرِفُ بِيَدِهِ شَيْئاً ويَضَعُهُ فِيهِ ثُمَّ أَمَرَهُ بِضَمِّ الثَّوْبِ إلى صَدْرِهِ، فَما نَسِيَ شَيْئاً بَعْدَ ذلك. وما يُرْوَى في هذا كَثِيرٌ جِدّاً.

15- مَا أَطْلَعَهُ اللهُ عَلَيْهِ مِنَ الغُيُوب

الأَحادِيثُ في هذا المَوْضُوعِ بَحْرٌ لاَ ساحِلَ لَهُ لِكَثْرَةِ رُواتِها واتِّفاقِ أَخْبارِهِم على ما في الصِّحاحِ وكُتُبِ الأَئِمَّةِ؛ فَقَدْ قالَ حُذَيْفَةُ بْنُ اليَمانِ: قامَ فِينا رَسُولُ اللهِ صلَّى اللهُ عليه وسَلّمَ خَطِيباً فَما تَرَكَ شَيْئاً في مَقامِهِ ذلك إلى قِيامِ السّاعَةِ إلاَّ حَدَّثَ بِهِ، ثُمَّ قال: واللهِ ما تَرَكَ رَسُولُ اللهِ صلّى اللهُ عليه وسلّمَ مِنْ قائِدِ فِتْنَةٍ إلى أَنْ تَنْقَضِيَ الدُّنيا، يَبْلُغُ مَنْ مَعَهُ ثَلاثَمائَةٍ فَصاعِداً إلاَّ قَدْ سَمّاهُ لَنا بِاسْمِهِ واسْمِ أَبِيهِ وقَبِيلَتِهِ. وقَدْ خَرَّجَ أَهْلُ الحَدِيثِ ما أَعْلَمَ بِهِ أَصْحابَهُ صلّى اللهُ عليه وسلّمَ مِنَ الانْتِصارِ على أَعْدائِهِ وفَتْحِ مَكَّةَ وبَيْتِ المَقْدِسِ واليَمَنِ والشّامِ والعِراقِ، وظُهُورِ الأَمْنِ حَتّى إِنَّ المَرْأَةَ لَتُسافِرُ مِنَ الحِيرَةِ إلى مَكّةَ لاَ تَخافُ إلاَّ اللهَ؛ وكذلك أَخْبَرَهُمْ بِما يَفْتَحُ اللهُ على أُمَّتِهِ مِنَ الدُّنيا واقْتِسامِهِمْ كُنُوزَ كِسْرَى وقَيْصَرَ، وبِما يَحْدُثُ بَينهُم مِنَ الفِتَنِ والاخْتِلافِ، وافْتِراقِهِمْ على ثَلاثٍ وسَبْعِينَ فِرْقَةً النّاجِيَةُ مِنْها

واحِدَةٌ؛ وقال عليه السلام: وَيْلٌ لِلْعَرَبِ مِنْ شَرٍّ قَدِ اقْتَرَب، وأَنَّهُ جُمِعَتْ لَهُ الأَرْضُ فَرَأَى مَشارِقَها ومَغارِبَها وسَيَبْلُغُ مُلْكُ أُمَّتِهِ ما رَأَى مِنْها، وكذلك كانَ. وقالَ عَنْ جماعَةٍ فِيهِمْ أَبُو هُرَيْرَةَ وسَمُرَةُ بْنُ جُنْدُبٍ وحُذَيْفَةُ: آخِرُكُمْ مَوْتاً في النّارِ، فَكان بَعْضُهُمْ يَسْأَلُ عَنْ بَعْضٍ، فَكانَ سَمُرَةُ آخِرَهُمْ مَوْتاً وقَدِ اسْتَدْفَأَ بِالنّارِ فاحْتَرَقَ فِيها. وأَخْبَرَ صلّى اللهُ عليه وسلّمَ أَنَّ فاطِمَةَ أَوَّلُ أَهْلِهِ لُحُوقاً بِهِ؛ وأَنْذَرَ بالرِّدّةِ وبأَنَّ الخِلافَةَ بَعْدَهُ ثَلاثُونَ سَنَةً ثُمَّ تَكُونُ مُلْكاً، فَكانتْ كَذلك بِمَوْتِ الحَسَنِ بْنِ عَلِيٍّ. وكانَ قَدْ تَسارَّ عُمَيْرٌ مَعَ صَفْوانَ واتَّفَقا على قَتْلِ النَّبِيِّ صلّى اللهُ عليه وسلّمَ، فَلَمّا جاءَ إِلَيْهِ عُمَيْرٌ قاصِداً قَتْلَهُ أَطْلَعَهُ رَسُولُ اللهِ على ما اتَّفَقَ عَلَيْهِ مع صَفْوانَ سِرّاً فَأَسْلَمَ عُمَيْرٌ. ومِنْ ذلك ما رَواهُ فُضالَةُ بْنُ عَمْرٍو، قال: أَرَدْتُ قَتْلَ النَّبِيِّ صلّى اللهُ عليه وسلّمَ عامَ الفَتْح وهُوَ يَطُوفُ بِالكَعْبَةِ، فَلَمّا دَنَوْتُ مِنْهُ قال: «أَفُضالَةُ؟» قُلْتُ نَعَمْ، قال: «مَا كُنْتَ تُحَدِّثُ بِهِ نَفْسَكَ؟» قُلْتُ: لاَ شَيْءَ، فَضَحِكَ واسْتَغْفَرَ لِي ووَضَعَ يَدَهُ على صَدْرِي فَسَكَنَ قَلْبِي، فَوَاللهِ ما رَفَعَها حَتّى ما خَلَقَ اللهُ شَيْئاً أَحَبَّ إِلَيَّ مِنْهُ. ومِنْ أَمْثِلَةِ إخْبارِه بِما يُسْتَقْبَلُ قَوْلُهُ عليه السلامُ في الحَسَنِ بْنِ عَلِيٍّ: إِنَّ ابْنِي هذا سَيِّدٌ وسَيُصْلِحُ اللهُ بِهِ بَيْنَ فِئَتَيْنِ. وأَخْبَرَ بِمَوْتِ النَّجاشِيِّ مَلِكِ الحَبَشَةِ يَوْمَ ماتَ بِبِلادِهِ. وأَخْبَرَ فَيْرُوزَ حِينَ وَرَدَ عَلَيْهِ رَسُولاً مِنْ كِسْرَى بِموتِ كِسْرَى ذلك اليَوْمِ، فَلَمّا حَقَّقَ فَيْرُوزُ في الأَمْرِ أَسْلَمَ. وقالَ صلّى اللهُ عليه وسلّم لِسُراقَةَ الذي حاوَلَ مُلاحَقَتَهُ أَثْناءَ الهِجْرَةِ: كَيْفَ بِكَ إِذا لَبِسْتَ سِوارَيْ كِسْرَى، فَلَمّا اسْتَوْلَى المُسْلِمُونَ على مُلْكِهِ جاءُوا لِعُمَرَ بالسِّوارَيْنِ فَأَلْبَسَهُما إِيّاهُ وقالَ: الحَمْدُ للهِ الذي سَلَبَهُما كِسْرَى وأَلْبَسَهُما سُراقَةَ. وفي ما أَشَرْنا إِلَيْهِ مِن هذه الأَمْثِلَةِ القَلِيلَةِ كِفايَةٌ، لأَنَّ هذا المَوْضُوعَ قَدْ يَحْتاجُ لِتَأْلِيفٍ خاصٍّ.

16- عِصْمَةُ اللهِ تعالى لَهُ

قالَتْ عائِشَةُ رَضِيَ اللهُ عَنها: كانَ النَّبِيُّ صلّى اللهُ عليه وسلّمَ يُحْرَسُ حَتّى نَزَلَتْ هذه الآيَةُ ﴿واللهُ يَعْصِمُكَ مِنَ النّاسِ﴾ (المائدة، 67)، فَأَخْرَجَ رَسُولُ اللهِ صلّى اللهُ عليه وسلّمَ رَأْسَهُ مِنَ الخَيْمَةِ فَقالَ لَهُمْ: «يا أَيُّها النّاسُ انْصرِفُوا فَقَدْ عَصَمَنِي رَبِّي عَزَّ وجَلَّ». وكانَ النَّبِيُّ عليه الصلاةُ والسّلامُ إذا نَزَلَ في مَكانٍ اخْتارَ لَهُ أَصْحابُهُ شَجَرَةً يَقِيلُ تَحْتَها، فَأَتاهُ أَعْرابِيٌّ فَأَخْرَجَ سَيْفَهُ ثُمَّ قال مَنْ يَمْنَعُكَ مِنِّي؟ فقال: اللهُ عَزَّ وجَلَّ، فارْتَعَدَتْ يَدُ الأَعْرابِيِّ وسَقَطَ سَيْفُهُ، فَعفَا عَنْهُ النَّبِيُّ صلّى اللهُ عليه وسلّمَ فَرَجَعَ إلى قَوْمِهِ يَقُولُ: جِئْتُكُمْ مِنْ عِنْدِ خَيْرِ النّاسِ. ورُوِيَ أَنَّ مِثْلَ ذلك وقَعَ لَهُ يَوْمَ بَدْرٍ؛ وكذلك في غَزْوَةِ غَطَفانَ حَيْثُ أَسْلَمَ الرَّجُلُ الذي كانَ يُرِيدُ قَتْلَهُ، فَلَمّا رجَعَ إلى قَوْمِهِ وكانَ سَيِّدَهُمْ وأَشْجَعَهُمْ، قالُوا لَهُ أَيْنَ ما كُنْتَ تَقُولُ؟ فقال إنَّ رَجُلاً أَبْيَضَ طَوِيلاً دفَعَ صَدْرِي فَوَقَعْتُ لِظَهْرِي وسَقَطَ السَّيْفُ فَعَرَفْتُ أَنَّهُ مَلَكٌ فَأَسْلَمْتُ. ومِثْلُ ذلك ما وَقَعَ لأَبِي جَهْلٍ حِينَ جاءَ بِصَخْرَةٍ لِيُلْقِيَها على النَّبِيِّ صلّى اللهُ عليه وسلّمَ وهُوَ ساجِدٌ وقُرَيْشٌ يَنْظُرُونَ فَلَصِقَتْ بِيَدِهِ ويَبِسَتْ يَداهُ إلى عُنُقِهِ وأَخَذَ يَتَراجَعُ إلى الخَلْفِ ثُمَّ طَلَبَ مِنَ النَّبِيِّ أَنْ يَدْعُوَ لَهُ فَفَعَلَ عَلَيْهِ السّلامُ فانْطَلَقَتْ يَداهُ، ولَمّا سَأَلُوهُ عَنْ شَأْنِهِ قال إنَّهُ تَعَرَّضَ لِي فَحْلٌ مِنَ الإِبِلِ ما رَأَيْتُ مِثْلَهُ قَطُّ هَمَّ بِي أَنْ يَأْكُلَنِي، فقال النَّبِيُّ صلّى الله عليه وسلّم: ذلك جِبْرِيلُ لَوْ دَنا لأَخَذَهُ. ومِنْ ذلك الحَدَثُ المَشْهُورُ لَيْلَةَ خُرُوجِهِ صلّى الله عليه وسلّمَ مِنْ مَكَّةَ مُهاجِراً حِينَ بَيَّتَتْ قُرَيْشٌ قَتْلَهُ فَخَرَجَ عَلَيْهِمْ وقَدْ حَجَبَ اللهُ أَبْصارَهُمْ عَنْ رُؤْيَتِهِ؛ كَما أَنَّهُ سُبْحانَهُ مَنَعَهُمُ العُثُورَ عَلَيْهِ بِنَسِيجِ العَنْكَبُوتِ وعُشِّ الحَمامَتَيْنِ على بابِ الغارِ وبِحِفْظِهِ مِنَ المُلاحِقِينَ لَهُ إلى أَنْ وصَلَ المَدِينَةَ سالِماً.

17- عَوْنُ المَلائِكَةِ وإِسْلامُ الجِنِّ

قال تَعالى: ﴿وإِنْ تَظَاهَرَا عَلَيْهِ فَإِنَّ اللهَ هُوَ مَوْلاَهُ وجِبْرِيلُ﴾ (التحريم، 4)، وقال: ﴿إِذْ يُوحِي رَبُّكَ إِلى المَلائِكَةِ أَنِّي مَعَكُمْ فَثَبِّتُوا الذينَ آمَنوا﴾ (الأنفال، 12)، وقال: ﴿وإِذْ صَرَفْنا إِلَيْكَ نَفَراً مِنَ الجِنِّ يَسْتَمِعُونَ القُرآنَ﴾ (الأحقاف، 29)؛ والخَبَرُ مَشْهُورٌ في مُحادَثَتِهِ مَعَ جِبْرِيلَ وإِسْرافِيلَ وغَيْرِهِما مِنَ المَلائكةِ وما شاهَدَهُ مِنْ كَثْرَتِهِمْ وعِظَمِ صُوَرِ بَعْضِهِمْ لَيْلَةَ الإِسْراءِ، وقَدْ رَآهُمْ بِحَضْرَتِهِ جَماعَةٌ مِنْ أَصْحابِهِ في أَماكِنَ مُخْتَلِفَةٍ، فرَأَوْا جِبرِيلَ في صُورَةِ رَجُلٍ يَسْأَلُهُ عَنِ الإِسْلامِ والإِيمانِ والإِحْسانِ، ورَأَى سَعْدُ بْنُ أَبِي وَقّاصٍ على يَمِينِهِ ويَسارِهِ جِبْرِيلَ ومِيكائِيلَ في صُورَةِ رَجُلَيْنِ عَلَيْهِما ثِيابٌ بِيضٌ؛ وفي مَعْرَكَةِ بَدْرٍ رَأَى بَعْضُهُمْ تَطايُرَ رُؤُوسِ الكُفّارِ ولاَ يَرَوْنَ الضّارِبَ؛ وقَدْ كانَتِ المَلائكَةُ تُصافِحُ عِمْرانَ بْنَ حُصَيْنٍ؛ وأَرَى النَّبِيُّ صلّى اللهُ عليه وسلّم جِبْرِيلَ في الكَعبَةِ لِحَمْزَةَ فَسقَطَ مَغْشِيّاً عَلَيْهِ؛ وقالَ عُمَرُ رَضِيَ اللهُ عنه: بَيْنَما نَحْنُ جُلُوسٌ مع النَّبِيِّ صلّى اللهُ عليه وسلّمَ إِذْ أَقْبَلَ شَيْخٌ بِيَدِهِ عَصا فَسَلَّمَ على النَّبِيِّ صلّى اللهُ عليه وسلّمَ فَرَدَّ عَليهِ وقال: «نَغمَةُ الجِنِّ، مَنْ أَنْتَ؟» قال: أَنا هَامَةُ بْنُ الهَيْثَم بْنُ لاَقِس بْنُ إِبْلِيسَ، فَذَكَرَ أَنَّهُ لَقِيَ نُوحاً ومَنْ بَعْدَهُ، ثُمَّ إِنَّ النَّبِيَّ صلّى اللهُ عليه وسلّمَ عَلَّمَهُ سُوَراً مِنَ القُرآنِ. ورُوِيَ أَنّهُ صلّى اللهُ عليه وسلّمَ قال: «إِنَّ شَيْطاناً تَفَلَّتَ البارِحَةَ لِيَقْطَعَ عَلَيَّ صَلاتِي فَأَمْكَنَنِي اللهُ مِنْهُ فَأَخَذْتُهُ فَأَرَدْتُ أَنْ أَرْبِطَهُ إِلى سارِيَةٍ مِنْ سَوَارِي المَسْجِدِ حَتَّى تَنْظُروا إِلَيهِ كُلُّكُمْ فَذَكَرْتُ دَعْوَةَ أَخِي سُلَيْمانَ ﴿رَبِّ اغْفِرْ لِي وهَبْ لِي مُلْكاً لاَ يَنْبَغِي لأَحَدٍ مِنْ بَعْدِي﴾ (ص، 35) فَرَدَّهُ اللهُ خاسِئاً».

ومِمَّا أَكْرَمَهُ اللهُ بِهِ فِي آخرِ حيَاتِهِ صلّى اللهُ عليه وسلّم أَنَّهُ أَعْلَمَهُ بِقُرْبِ أَجَلِهِ وأَنَّ قَبْرَهُ في المَدينَةِ وأَنَّ بَيْنَ بَيْتِهِ ومِنْبَرِهِ رَوْضَةٌ مِنْ رِيَاضِ الجَنَّةِ؛ كَما خيَّرَهُ اللهُ عِنْدَ مَوْتِهِ فاخْتارَ عَلَيْهِ الصَّلاةُ والسّلامُ الرّفِيقَ الأَعْلَى، ثُمَّ إنَّ مَلَكَ المَوْتِ اسْتَأْذَنَهُ في الدُّخُولِ عَلَيْهِ، ولَمْ يَسْتَأْذِنْ على غَيْرِهِ قَبْلَهُ، وسَمِعَ الَّذينَ في البَيْتِ مَنْ يَقُولُ: لاَ تَنْزِعُوا القَمِيصَ عَنْهُ عِنْدَ غُسْلِهِ، وشَرَّفَهُ اللهُ بِصَلاَةِ الملائكةِ على جَسَدِهِ؛ ولا حَصْرَ للكَراماتِ التي ظَهَرَتْ لأَهْلِهِ وأَصْحابِهِ حِينَئِذٍ وبَعدَ ذلك.

القسم الثاني
ما يَجِبُ على الأَنامِ مِنْ حُقُوقِهِ
صلّى اللهُ عليه وسلّم

الباب الأول

فَرْضُ الإيمانِ بِهِ وَوُجُوْبُ طاعَتِهِ ولُزُومُ مَحبَّتِه

1- فَرْضُ الإيمانِ بِه

إذا تقَرَّرَ بِما قَدَّمْناهُ ثُبوتُ نُبُوَّةِ مُحَمّدٍ صلّى اللهُ عليه وسلّمَ وصِحّةُ رِسالَتِهِ، وَجَبَ الإيمانُ بِهِ وتَصْدِيقُهُ في ما أَتى بِهِ؛ قال تَعالَى: ﴿فَآمِنُوا بِاللهِ ورَسُولِهِ النَّبيِّ الأُمِّيِّ﴾ (الأعراف، 158)؛ فَلاَ يَتِمُّ إيمانٌ إلاَّ بِهِ ولاَ يَصِحُّ إِسْلامٌ إلاَّ مَعَهُ؛ قال تعالى: ﴿وَمَنْ لَمْ يُؤْمِنْ بِاللهِ ورَسُولِهِ فَإِنّا أَعْتَدْنا لِلكافِرِينَ سَعِيراً﴾ (الفتح، 13). والإِيمانُ بِهِ صلّى اللهُ عليه وسلّم هُوَ تَصْدِيقُ نُبُوَّتِهِ ورِسالةِ اللهِ لَهُ وتَصْدِيقُهُ في جَمِيعِ ما جاءَ بِهِ وما قالَهُ، ومُطابَقَةُ تَصْدِيقِ القَلْبِ لِشَهادَةَ اللِّسانِ بِأَنَّهُ رَسُولُ اللهِ؛ جاءَ في رِوايَةِ ابْنِ عُمَرَ رَضِيَ اللهُ عَنْهُما قَوْلُهُ صلّى اللهُ عليه وسلّمَ: «أُمِرْتُ أَنْ أُقاتِلَ النّاسَ حَتّى يَشْهَدُوا أَنْ لاَ إِلَهَ إِلاَّ اللهُ وأَنَّ مُحَمَّداً رَسُولُ اللهِ»؛ وهذه هِيَ الحالَةُ المَحْمُودَةُ، أَمّا الحالةُ المَذْمُومَةُ فَهِيَ الشَّهادَةُ بِاللِّسانِ دُونَ تَصْدِيقِ القَلْبِ، وهذا هُوَ النِّفاقُ. والفَرْقُ بَيْنَ القَوْلِ والاِعْتِقادِ ما جاءَ في حَدِيثِ جِبْرِيلَ: الشَّهادةُ مِنَ الإِسْلاَمِ والتَّصْدِيقُ مِنَ الإيمانِ.

2- وُجُوبُ طاعَتِه

إذا وَجَبَ الإيمانُ بِمُحَمَّدٍ صلّى اللهُ عليه وسلّم وتَصْدِيقُهُ في ما جاءَ بِهِ، وَجَبَتْ طاعَتُهُ؛ قال اللهُ تعالى: ﴿يا أَيُّها الذين آمَنُوا أَطِيعُوا اللهَ وَرَسُولَهُ﴾

(الأنفال، 20)، وقال: ﴿مَنْ يُطِعِ الرَّسُولَ فقَدْ أَطاعَ اللهَ﴾ (النساء، 80)؛ فَجعَلَ تعالى طَاعةَ رَسُولِهِ طاعَتَهُ، ووَعدَ على ذلك بِجزيلِ الثَّوابِ وأَوْعدَ على مُخالفتِهِ بِسُوءِ العِقابِ؛ وطاعةُ الرَّسُولِ في الْتِزامِ سُنَّتِهِ والتَّسْليم لِما جاءَ بِهِ؛ وقَدْ قال اللهُ عَنِ الكُفّارِ: ﴿يَوْمَ تُقَلَّبُ وُجُوهُهُمْ في النّارِ يَقولُونَ يا لَيْتَنا أَطَعْنا اللهَ وأَطَعْنا الرَّسُولاَ﴾ (الأحزاب، 66)، فَتَمَنَّوْا طاعَتَهُ حَيْثُ لاَ يَنْفَعُهُمُ التَّمَنِّي؛ وقال صلّى اللهُ عليه وسلّم: «مَنْ أَطَاعَنِي فَقَدْ أَطاعَ اللهَ ومَنْ عَصانِي فقَدْ عَصَى اللهَ»، وقال: «إِذا نَهَيْتُكُمْ عَنْ شَيْءٍ فَاجْتَنِبُوهُ وإِذا أَمَرْتُكُمْ بِأَمْرٍ فَأْتُوا مِنْهُ ما اسْتَطَعْتُمْ»، وقال كذلك: «كُلُّ أُمَّتِي يَدْخُلُونَ الجَنَّةَ إِلاَّ مَنْ أَبى»، قالُوا يا رَسُولَ اللهِ ومَنْ يَأْبى؟ قال: «مَنْ أَطاعَنِي دَخَلَ الجَنّةَ ومَنْ عَصانِي فقَدْ أَبى»؛ وفي حَديثٍ آخَرَ يُمَثِّلُ الرَّسُولُ صلّى اللهُ عليه وسلّم نَفْسَهُ «كَمَثَلِ مَنْ بَنَى داراً وجَعَلَ فِيها مَأْدُبَةً وبَعَثَ داعِياً، فَمَنْ أَجابَ الدّاعِيَ دَخَلَ الدّارَ وأَكَلَ مِنَ المَأْدُبَةِ ومَنْ لَمْ يُجِبِ الدّاعِيَ لَمْ يَدْخُلِ الدّارَ ولَمْ يأْكُلْ مِنَ المَأْدُبَةِ، فالدّارُ الجَنّةُ والدّاعِي مُحَمَّدٌ صلّى اللهُ عليه وسلّمَ، فَمَنْ أَطاعَ مُحَمَّداً فَقَدْ أَطاعَ اللهَ ومَنْ عَصَى مُحمّداً فقد عَصَى اللهَ، ومحمدٌ فَرْقٌ بَيْنَ النّاسِ»، أَيْ: يُفَرِّقُ بَيْنَ المُؤْمِنينَ بِإِيمانِهِمْ والكافِرِينَ بكُفْرِهِمْ.

3- وُجُوبُ اتِّباعِه

أَمّا وُجُوبُ اتِّباعِهِ صلّى اللهُ عليه وسلّمَ وامْتِثالِ سُنَّتِهِ والاِقْتِداءِ بِسِيرَتِهِ، فقَدْ قال اللهُ تعالى: ﴿قُلْ إِنْ كُنْتُمْ تُحِبُّونَ اللهَ فاتَّبِعُونِي يُحْبِبْكُمُ اللهُ ويَغْفِرْ لَكُمْ ذُنُوبَكُمْ﴾ (آل عِمران، 31)؛ والحُبُّ مِنَ اللهِ رَحْمَتُهُ وحِفْظُهُ وتَوْفِيقُهُ، ومِنَ العَبْدِ طاعتُهُ وتَعْظِيمُهُ؛ وقال تعالى: ﴿لَقَدْ كانَ لَكُمْ في رَسُولِ اللهِ

أُسْوَةٌ حَسَنَةٌ لِمَنْ كان يَرْجُو اللهَ...﴾ (الأحزاب، 21)، الأُسْوَةُ بالرَّسُولِ أَيْ الاقْتِداءُ بِهِ والاتِّباعُ لِسُنَّتِهِ وتَرْكُ مُخالَفَتِهِ؛ ورُوِيَ في مَوْعِظَةِ النَّبِيِّ صلّى اللهُ عليهِ وسلّم أَنَّهُ قال: «فَعَلَيْكُمْ بِسُنَّتِي وسُنَّةِ الخُلَفاءِ الرّاشِدِينَ المَهْدِيِّينَ...»، وقال: «مَنِ اقْتَدَى بِي فَهُوَ مِنِّي ومَنْ رَغِبَ عَنْ سُنَّتِي فَلَيْسَ مِنِّي»، وقال أَيْضاً: «المُتَمَسِّكُ بِسُنَّتِي عِنْدَ فَسادِ أُمَّتِي لَهُ أَجْرُ مائَةِ شَهِيدٍ».

ومِمّا وَرَد عَنْ السَّلَفِ الصّالِحِ مِنِ اتِّباعِ سُنَّتِهِ صلّى اللهُ عليه وسلّم، أَنَّ رَجُلاً سَأَلَ عَبْدَ اللهِ بْنَ عُمَرَ قائِلاً: إِنّا نَجِدُ صَلاَةَ الخَوْفِ وصَلاةَ الحَضَرِ في القُرآنِ ولاَ نَجِدُ صَلاَةَ السَّفَرِ، فقال ابنُ عُمَرَ: إِنَّ اللهَ بَعَثَ إِلَيْنا مُحَمَّداً صلّى اللهُ عليه وسلّم ولاَ نَعْلَمُ شَيْئاً وإِنَّما نَفْعَلُ كما رَأَيْناهُ يَفْعَلُ. وقالَ عُمَرُ بْنُ الخَطّابِ وقَدْ نَظَرَ إلى الحَجَرِ الأَسْوَدِ: إِنَّكَ حَجَرٌ لاَ تَنْفَعُ ولاَ تَضُرُّ، ولَوْلاَ أَنِّي رَأَيْتُ رَسُولَ اللهِ صلّى اللهُ عليه وسلّمَ يُقَبِّلُكَ ما قَبَّلْتُكَ، ثُمَّ قَبَّلَهُ. وقال الحَسَنُ البَصْرِيُّ: عَمَلٌ قَلِيلٌ في سُنَّةٍ خَيْرٌ مِنْ عَمَلٍ كَثِيرٍ في بِدْعَةٍ. وَقالَ أَهْلُ العِلْمِ: الاِعْتِصامُ بالسُّنَّةِ نَجاةٌ. وقال عُمَرُ بْنُ عَبدِ العَزِيزِ: سَنَّ رَسُولُ اللهِ صلّى اللهُ عليه وسلّمَ وَوُلاَةُ الأَمْرِ بَعْدَهُ سُنَناً الأَخْذُ بِها تَصْدِيقٌ بِكِتابِ اللهِ واسْتِعْمالٌ لِطاعَةِ اللهِ وقُوَّةٌ على دِينِ اللهِ، لَيْسَ لِأَحَدٍ تَغْيِيرُها ولاَ تَبْدِيلُها...وقال الشّافِعِيُّ: لَيْسَ في سُنَّةِ رَسُولِ اللهِ صلّى اللهُ عليه وسلّمَ إِلاّ اتِّباعُها.

4- ضَلالُ مَنْ خالَفَه

ومُخالَفَةُ أَمْرِهِ وتَبْدِيلُ سُنَّتِهِ ضَلالٌ وبِدْعَةٌ تَوَعَّدَ اللهُ عَلَيْهِما بالعَذابِ، قال تعالى: ﴿فَلْيَحْذَرِ الذينَ يُخالِفُونَ عَنْ أَمْرِهِ أَنْ تُصِيبَهُمْ فِتْنَةٌ أَوْ يُصِيبَهُمْ عَذابٌ أَلِيمٌ﴾ (النور، 63)، وقال: ﴿وَمَنْ يُشاقِقِ الرَّسُولَ مِنْ بَعْدِ ما تَبَيَّنَ

لَهُ الْهُدَى وَيَتَّبِعْ غَيْرَ سَبِيلِ الْمُؤْمِنِينَ نُوَلِّهِ مَا تَوَلَّى وَنُصْلِهِ جَهَنَّمَ﴾ (النساء، 115). ومِمّا قال النَّبيُّ صلَّى اللهُ عليه وسلَّمَ في صِفَةِ أُمَّتِهِ: «فَلَيُذَادَنَّ [أَيْ: لَيُطْرَدَنَّ] رِجَالٌ عَنْ حَوْضِي كَمَا يُذَادُ الْبَعِيرُ الضَّالُّ فَأُنَادِيهِمْ أَلاَ هَلُمَّ أَلاَ هَلُمَّ [أَيْ: تَعَالَوْا] فَيُقَالُ إِنَّهُمْ قَدْ بَدَّلُوا بَعْدَكَ، فَأَقُولُ: فَسُحْقاً فَسُحْقاً فَسُحْقاً [أَيْ: فَبُعْداً]». وقال أَيْضاً: «لاَ أُلْفِيَنَّ [أَيْ: حَذَارِ أَنْ أَجِدَ] أَحَدَكُمْ مُتَّكِئاً عَلَى أَرِيكَتِهِ يَأْتِيهِ الأَمْرُ مِنْ أَمْرِي مِمَّا أَمَرْتُ بِهِ أَوْ نَهَيْتُ عَنْهُ فَيَقُولُ لاَ أَدْرِي [أَيْ: لاَ أَعْتَرِفُ بِغَيْرِ الْقُرْآنِ]، مَا وَجَدْنَا فِي كِتَابِ اللهِ اتَّبَعْنَاهُ؛ أَلاَ وَإِنَّ مَا حَرَّمَ رَسُولُ اللهِ صلَّى اللهُ عليه وسلَّمَ مِثْلُ مَا حَرَّمَ اللهُ». وجاءَهُ بَعْضُ الصَّحابةِ بِمَكْتُوبٍ مِنَ التَّوْرَاةِ فقال: «كَفَى بِقَوْمٍ ضَلاَلاً أَنْ يَرْغَبُوا عَمَّا جَاءَ بِهِ نَبِيُّهُمْ إِلَى غَيْرِ نَبِيِّهِمْ أَوْ كِتَابٍ غَيْرِ كِتَابِهِمْ» فَنَزَلَتْ: ﴿أَوَلَمْ يَكْفِهِمْ أَنَّا أَنْزَلْنَا عَلَيْكَ الْكِتَابَ يُتْلَى عَلَيْهِمْ﴾ (العنكبوت، 51). وقال أَبُو بَكْرٍ الصِّدِّيقُ رَضِيَ اللهُ عنه: لَسْتُ تَارِكاً شَيْئاً كَانَ رَسُولُ اللهِ صلَّى اللهُ عليه وسلَّمَ يَعْمَلُ بِهِ إِلاَّ عَمِلْتُ بِهِ، إِنِّي أَخْشَى إِنْ تَرَكْتُ شَيْئاً مِنْ أَمْرِهِ أَنْ أَزِيغَ.

الباب الثاني

لُزُومُ مَحَبَّتِهِ وثَوابُها

قال اللهُ تعالى: ﴿قُلْ إِنْ كانَ آباؤُكُمْ وأَبْناؤُكُمْ وإِخْوانُكُمْ وأَزْواجُكُمْ وعَشِيرَتُكُمْ وأَمْوالٌ اِقْتَرَفْتُمُوها وتِجارَةٌ تَخْشَوْنَ كَسادَها ومَساكِنُ تَرْضَوْنَها أَحَبَّ إِلَيْكُمْ مِنَ اللهِ ورَسُولِهِ وجِهادٍ في سَبِيلِهِ فَتَرَبَّصُوا حَتَّى يَأْتِيَ اللهُ بِأَمْرِهِ، واللهُ لاَ يَهْدِي القَوْمَ الفاسِقِينَ﴾ (التوبة، 24)؛ فَكَفَى بِهذا تَنْبِيهاً وحُجَّةً على وُجُوبِ مَحَبَّتِهِ واسْتِحْقاقِهِ لَها صلّى اللهُ عليه وسلّم إِذْ وَبَّخَ اللهُ مَنْ أَحَبَّ أَهْلَهُ ومالَهُ أَكْثَرَ مِنَ اللهِ ورَسُولِهِ، وجَعَلَهُمْ مِنَ الفاسِقِينَ. وقال رَسُولُ اللهِ صلّى اللهُ عليه وسلّم: «لاَ يُؤْمِنُ أَحَدُكُمْ حَتَّى أَكُونَ أَحَبَّ إِلَيْهِ مِنْ وَلَدِهِ ووَالِدِهِ والنّاسِ أَجْمَعِينَ»؛ وقال أَيْضاً: «ثَلاَثٌ مَنْ كُنَّ فِيهِ وَجَدَ حَلاوَةَ الإِيمانِ: أَنْ يَكُونَ اللهُ ورَسُولُهُ أَحَبَّ إِلَيْهِ مِمّا سِواهُما وأَنْ يُحِبَّ المَرْءَ لاَ يُحِبُّهُ إِلاَّ للهِ وأَنْ يَكْرَهَ أَنْ يَعُودَ في الكُفْرِ كَما يَكْرَهُ أَنْ يُقْذَفَ في النّارِ»؛ وعَنْ عُمَرَ بْنِ الخَطّابِ رَضِيَ اللهُ عَنهُ أَنَّهُ قالَ لِلنَّبِيِّ صَلّى اللهُ عليه وسلّمَ: لَأَنْتَ أَحَبُّ إِلَيَّ مِنْ كُلِّ شَيْءٍ إِلاَّ نَفْسِي التي بَيْنَ جَنْبَيَّ، فقالَ لَهُ النَّبِيُّ صلّى اللهُ عليه وسلّمَ: «لَنْ يُؤْمِنَ أَحَدُكُمْ حَتَّى أَكُونَ أَحَبَّ إليهِ مِنْ نَفْسِه»، فقالَ عُمَرُ: والذي أَنْزَلَ عَلَيْكَ الكِتابَ لَأَنْتَ أَحَبُّ إِلَيَّ مِنْ نَفْسِي التي بَيْنَ جَنْبَيَّ، فقالَ لَهُ النَّبِيُّ صلّى اللهُ عليه وسلّم: «الآنَ يا عُمَرُ».

عَنْ أَنَسٍ رَضِيَ اللهُ عَنهُ أنّ رَجُلاً أَتى النبيَّ صلّى اللهُ عليه وسلّمَ فقال: مَتى السّاعَةُ يا رَسُولَ اللهِ؟ قال: «مَا أَعْدَدْتَ لَهَا؟» قال: ما أَعْدَدْتُ لَها مِنْ كَثِيرِ صَلاةٍ ولاَ صَوْمٍ ولاَ صَدَقَةٍ ولَكِنِّي أَحِبُّ اللهَ ورَسُولَهُ، قال: «أَنْتَ مَعَ مَنْ أَحْبَبْتَ»؛ ورُوِيَ أَنَّ رَجُلاً كانَ عِنْدَ النَّبِيِّ صلّى اللهُ عليه وسلّمَ يَنْظُرُ إِلَيْهِ دُونَ أَنْ يَتحَرَّكَ جَفْناهُ، فقالَ لَهُ: «ما بالُكَ؟» قال: بِأَبِي أَنْتَ وأُمِّي أَتمَتَّعُ مِنَ النَّظَرِ إِلَيْكَ، فَإِذا كانَ يَوْمُ القِيامَةِ رَفعَكَ اللهُ بتَفْضِيلِهِ، فَأَنْزَلَ اللهُ تعالى: ﴿ومَنْ يُطِعِ اللهَ والرَّسُولَ فَأُولَئِكَ مَعَ الذين أَنْعَمَ اللهُ عَلَيْهِمْ مِنَ النَّبِيِّينَ والصِّدِّقِينَ والشُّهَداءِ والصّالِحينَ وحَسُنَ أُولَئِكَ رَفِيقاً﴾ (النساء، 69)؛ وفي حَديثِ أَنَسٍ رَضِيَ اللهُ عنه أَنَّهُ صلّى اللهُ عليه وسلّمَ قال: «مَنْ أَحَبَّنِي كانَ مَعِي في الجَنَّةِ».

عَنْ أَبِي هُرَيْرَةَ رَضِيَ اللهُ عنه قال رَسُولُ اللهِ صلّى اللهُ عليه وسلّمَ: «مِنْ أَشَدِّ أُمَّتِي لِي حُبّاً ناسٌ يَكُونُونَ بَعْدِي يَوَدُّ أَحَدُهُمْ لَوْ رَآنِي بِأَهْلِهِ ومالِهِ». ومِمّا رُوِيَ عَنْ مَحبَّةِ الصَّحابَةِ والسَّلَفِ للنَّبِيِّ صلّى اللهُ عليه وسلّمَ مَثَلاً أَنَّ عُمَرَ بْنَ الخطّابِ قالَ لِلْعَبّاسِ عَمِّ النَّبِيِّ صلّى اللهُ عليه وسلّم: أَنْ تُسْلِمَ أَحَبُّ إِلَيَّ مِنْ أَنْ يُسْلِمَ الخَطّابُ [أَبِي] لِأَنَّ ذلك أَحَبُّ إلى رَسُولِ اللهِ صلّى اللهُ عليه وسلّم. ومِنْ ذلك قَوْلُ عَمْرِو بْنِ العاصِ رَضِيَ اللهُ عنه: ما كانَ أَحَدٌ أَحَبَّ إِلَيَّ مِنْ رَسُولِ اللهِ صلّى الله عليه وسلّم. ورُوِيَ أَنَّ امْرَأَةً مِنَ الأَنْصارِ قُتِلَ أَبُوها وأَخُوها وزَوْجُها يَوْمَ أُحُدٍ، فقالَتْ: ما فَعَلَ رَسُولُ اللهِ صلّى اللهُ عليه وسلّم؟ قالُوا: خَيْراً هَوَ بِحَمْدِ اللهِ كَما تُحِبِّينَ، قالَتْ أَرُونِي حَتّى أَنْظُرَ، فَلَمّا رَأَتْهُ قالَتْ: كُلُّ مُصِيبَةٍ بَعْدَ سلامَتِكَ هَيِّنَةٌ. ومِنْ شَوْقِهِمْ إِلَيْهِ صلّى اللهُ عليه وسلّمَ أَنَّ بِلالاً عِندَما حَضَرَتْهُ الوَفاةُ صاحَتِ امْرَأَتُهُ: وَاحُزْناهُ! فقالَ: وَاطَرَباهُ غَداً أَلْقَى الأَحِبَّةَ مُحَمَّداً وصَحْبَهُ.

1- عَلامَةُ مَحَبَّتِه

مَنْ أَحبَّ شَيْئاً آثَرَهُ وفَضَّلَهُ وإلاَّ لَمْ يَكُنْ صادِقاً في حُبِّهِ، أَمّا عَلامَةُ الصّادِقِ في حُبِّ النّبيِّ صلّى اللهُ عليه وسلّم فَهِيَ الِاقْتِداءُ بِهِ وامْتِثالُ أَوامِرِهِ واجْتِنابُ نَواهِيهِ والتَّأَدُّبُ بِآدابِهِ. قالَ أَنَسُ بْنُ مالِكٍ رَضِيَ اللهُ عَنْهُ: قالَ لِي رَسُولُ اللهِ صَلَّى اللهُ عليه وسلّمَ: «يا بُنَيَّ إِنْ قَدَرْتَ أَنْ تُصْبِحَ وتُمْسِيَ لَيْسَ في قَلْبِكَ غِشٌّ لِأَحَدٍ فَافْعَلْ؛ يا بُنَيَّ وَذلك مِنْ سُنَّتِي، ومَنْ أَحْيا سُنَّتِي فَقَدْ أَحَبَّنِي ومَنْ أَحَبَّنِي كانَ مَعِي في الجَنَّةِ»؛ ومِنْ عَلاماتِ مَحَبَّةِ النَّبِيِّ صلّى اللهُ عليه وسلّمَ كَثْرَةُ ذِكْرِهِ، فَمَنْ أَحَبَّ شَيْئاً أَكْثَرَ ذِكْرَهُ؛ ومِنْها كَثْرَةُ الشَّوْقِ إلى لِقائِهِ وتَعْظِيمُهُ والخُشُوعُ عِنْدَ سَماعِ اسْمِهِ والصّلاةُ عليه والتّسْلِيمُ؛ وقَدْ كانَ أَصْحابُ النَّبِيِّ صلّى اللهُ عليه وسلّم بَعْدَ وَفاتِهِ لاَ يَذْكُرُونَهُ إلاَّ خَشَعُوا وبَكَوْا، وكَذلكَ كَثِيرٌ مِنَ التّابِعِينَ. ومِنْ عَلاماتِ مَحَبّتِهِ أَيْضاً حُبُّ مَنْ أَحَبَّهُ صلّى اللهُ عليه وسلّم ومَنْ يَنْتَسِبُ إِلَيْهِ كَآلِ بَيْتِهِ وصَحابَتِهِ، وبُغْضُ مَنْ أَبْغَضَهُمْ، فَقَدْ قال صلّى اللهُ عليه وسلّمَ مَثَلاً في الحَسَنِ والحُسَيْنِ: «مَنْ أَحَبَّهُما فَقَدْ أَحَبَّنِي ومَنْ أَحَبَّنِي فقد أَحَبَّ اللهَ، ومَنْ أَبْغَضَهُما فقدْ أَبْغَضَنِي ومَن أَبْغَضَنِي فقدْ أَبغَضَ اللهَ»؛ وقالَ: «اللهَ اللهَ [أَيْ اِتَّقُوهُ] في أَصْحابِي لاَ تَتَّخِذُوهُمْ غَرَضاً [أَيْ هَدَفاً تَرْمُونَهُمْ بِما لاَ يَلِيقُ] بَعْدِي، فَمَنْ أَحَبَّهُمْ فَبِحُبِّي أَحَبَّهُمْ ومَنْ أَبْغَضَهُمْ فَبِبُغْضِي أَبْغَضَهُمْ، ومَنْ آذاهُمْ فَقَدْ آذانِي ومَنْ آذانِي فَقَدْ آذَى اللهَ، ومِنْ آذَى اللهَ يُوشِكُ [أَيْ يُسْرِعُ] أَنْ يَأْخُذَهُ»؛ وقالَ في ابْنَتِهِ رَضِيَ اللهُ عَنها: «إِنَّها بِضْعَةٌ مِنِّي يُغْضِبُنِي ما أَغْضَبَها». ومِنْ سِيرَةِ السَّلَفِ أَنَّهُمْ أَحَبُّوا ما كانَ صلّى اللهُ عليه وسلّم يُحِبُّهُ حَتّى مِنَ المُباحاتِ وشَهَواتِ النَّفْسِ، فَهذا أَنَسٌ مَثَلاً بَعْدَما رَأَى النَّبِيَّ صلّى اللهُ عيه وسلّم يُحِبُّ الدُّبّاءَ [أَيْ القَرْعَ] قال: فَما زِلْتُ أُحِبُّ الدُّبّاءَ مِنْ يَوْمَئِذٍ.

وَمِنْ عَلَامَةِ حُبِّ النَّبِيِّ صلى الله عليه وسلم كذلك الشَّفَقَةُ على أُمَّتِهِ وَالنُّصْحُ لَهُمْ وَالسَّعْيُ في مَصَالِحِهِمْ وَرَفْعُ المَضَارِّ عَنْهُمْ، كما كان صلى الله عليه وسلم بِالمُؤْمِنِينَ رَؤُوفاً رَحِيماً. وَمِنْ عَلَامَتِهِ أَيْضاً عَدَمُ الانْشِغَالِ بما يُبْعِدُ عَنِ الأَعْمَالِ التي تُقَوِّي مَحَبَّةَ اللهِ وَرَسُولِهِ.

2- مَعْنَى مَحَبَّتِهِ وَحَقِيقَتُها

اِخْتَلَفَتْ عِبَارَاتُ النَّاسِ في تَفْسِيرِ مَحَبَّةِ اللهِ وَمَحَبَّةِ النَّبِيِّ صلى الله عليه وسلم بِسَبَبِ اخْتِلَافِ أَحْوَالِهِمْ، فَمِنْهُمْ مَنْ أَرْجَعَها إلى اتِّبَاعِ الرَّسُولِ صلى الله عليه وسلم، وَمِنْهُمْ مَنْ رَآها في اعْتِقَادِ الدِّفَاعِ عَنْ سُنَّتِهِ وَالخَوْفِ مِنْ مُخَالَفَتِهِ، وَمِنْهُمْ مَنْ رَدَّها إلى دَوَامِ الذِّكْرِ لِلْمَحْبُوبِ، أَوْ تَفْضِيلِهِ على كُلِّ شَيْءٍ أَوِ الشَّوْقِ إلَيْهِ، وَمَنْ جَمَعَها في مُوَافَقَةِ القَلْبِ لِمُرَادِ الرَّبِّ سُبْحَانَهُ؛ وَأَكْثَرُ هذه العِبَارَاتِ إِشَارَةٌ إلى ثَمَرَاتِ المَحَبَّةِ، أَمَّا حَقِيقَتُها فَهِيَ المَيْلُ إلى ما يُوَافِقُ الإِنْسَانَ إمَّا بِوُجُودِ لَذَّةٍ في إِدْرَاكِهِ بِالحَوَاسِّ كَحُبِّ الصُّوَرِ الجَمِيلَةِ وَالأَصْوَاتِ الحَسَنَةِ وَالأَطْعِمَةِ اللَّذِيذَةِ، وَإِمَّا في إِدْرَاكِهِ بِالعَقْلِ وَالقَلْبِ لِلْمَعَانِي الشَّرِيفَةِ كَحُبِّ العُلَمَاءِ وَالصَّالِحِينَ وَذَوِي الأَفْعَالِ الحَسَنَةِ، وَإِمَّا يَكُونُ الحُبُّ بِسَبَبِ الإِحْسَانِ لأَنَّ النَّفْسَ مَطْبُوعَةٌ على حُبِّ مَنْ أَحْسَنَ إِلَيْها؛ وَلَا خِلَافَ في أَنَّ النَّبِيَّ صلى الله عليه وسلم جَامِعٌ لِهذه الأَسْبَابِ الثَّلَاثَةِ المُوجِبَةِ لِلْمَحَبَّةِ؛ أَمَّا جَمَالُ الصُّورَةِ وَكَمَالُ الأَخْلَاقِ فَقَدْ تَقَدَّمَ مِنْها ما يَكْفِي؛ وَأَمَّا إِحْسَانُهُ وَإِنْعَامُهُ على أُمَّتِهِ فَقَدْ سَبَقَ ذِكْرُ ما وَصَفَهُ بِهِ اللهُ مِنْ رَأْفَتِهِ بِهِمْ وَرَحْمَتِهِ لَهُمْ وَأَنَّهُ يَتْلُو عَلَيْهِمْ آيَاتِهِ وَيُزَكِّيهِمْ وَيُعَلِّمُهُمْ وَيَهْدِيهِمْ إلى الصِّرَاطِ المُسْتَقِيمِ الذي بِهِ الصَّلَاحُ في الدُّنْيَا وَالفَلَاحُ في الآخِرَةِ، فَأَيُّ إِحْسَانٍ دَائِمٍ مِثْلُ هذا يُوجِبُ المَحَبَّةَ الحَقِيقِيَّةَ التي فَرَضَها الشَّرْعُ وَوَافَقَتِ الطَّبْعَ.

3- وُجُوبُ مُنَاصَحَتِه

قال اللهُ تعالى: «ولاَ علَى الذينَ لاَ يَجِدُونَ ما يُنْفِقُونَ حَرَجٌ إذا نَصَحُوا للهِ ورَسُولِهِ...» (التوبة، 91)؛ أَيْ إذا كَانُوا مُسْلِمِينَ مُخْلِصِينَ في السِّرِّ والعَلاَنِيَّةِ. وقال رَسُولُ اللهِ صلّى اللهُ عليه وسلّمَ «إنَّ الدِّينَ النَّصِيحَةُ، إنَّ الدِّينَ النَّصِيحَةُ، إنَّ الدِّينَ النَّصِيحَةُ»، قالوا: لِمَنْ يا رَسُولَ اللهِ؟ قال: «للهِ ولِكِتابِهِ ولِرَسُولِهِ وأَئِمَّةِ المُسْلِمِينَ وعامَّتِهِمْ»؛ والنَّصِيحَةُ كَلِمَةٌ تَعْنِي إرادَةَ الخَيْرِ لِلْمَنْصُوحِ والقِيامَ بِما فِيهِ الصَّلاحُ. فَنَصِيحَةُ اللهِ تعالى: الاِعْتِقادُ بِوَحْدانِيَّتِهِ وتَنْزِيهُهُ عَمّا لاَ يَجُوزُ عَلَيْهِ والإِخْلاَصُ في طاعَتِهِ. والنَّصِيحَةُ لِكِتابِهِ: الإِيمانُ بِهِ والعَمَلُ بِما فِيهِ وتَعْظِيمُهُ وتَفَهُّمُهُ والدِّفاعُ عَنهُ. والنَّصِيحَةُ لِرَسُولِهِ: التَّصْدِيقُ بِنُبُوَّتِهِ ومَحَبَّتُهُ وإِجْلاَلُهُ وطاعَتُهُ ونُصْرَتُهُ والتَّخَلُّقُ بِأَخْلاقِهِ وتَعَلُّمُ سِيرَتِهِ وسُنَّتِهِ وإِحْياؤُها، وبُغْضُ مَنِ انْحَرَفَ عَنْها؛ وعلى ذلك تَكُونُ النَّصِيحَةُ إحْدَى ثَمَراتِ المَحَبَّةِ وعَلاَماتِها. أَمّا النَّصِيحَةُ لِأَئِمَّةِ المُسْلِمِينَ: فَطاعَتُهُمْ في الحَقِّ ومَعُونَتُهُمْ عَلَيْهِ وتَذْكِيرُهُمْ وأَمْرُهُمْ بِهِ، وتَرْكُ إِفْسادِ قُلُوبِ النّاسِ والخُرُوجِ عَلَيْهِمْ. وأَمّا النُّصْحُ لِعامَّةِ المُسْلِمِينَ فَإِرْشادُهُمْ إلى مَصالِحِهِمْ في أُمُورِ دِينِهِمْ ودُنْياهُمْ ومَعُونَةُ مُحْتاجِهِمْ ودَفْعُ المَضارِّ عَنْهُمْ.

الباب الثالث

وُجُوبُ تَعْظِيمِهِ وتَوْقِيرِه

1- تَعْظِيمُهُ في حَيَاتِه

قالَ اللهُ تعالى: ﴿إنّا أَرْسَلْناكَ شاهِداً ومُبَشِّراً ونَذِيراً لِتُؤْمِنُوا باللهِ ورَسُولِهِ وتُعَزِّرُوهُ وتُوَقِّرُوهُ﴾ (الفتح، 8-9)؛ فَأَوْجَبَ اللهُ تَعْزِيرَهُ، أَيْ: تَعْظِيمَهُ وإعانَتَهُ؛ ونَهَى سُبْحانَهُ المُسْلِمِينَ عَنْ سُوءِ الأَدَبِ مَعَهُ وسَبْقِهِ بالكَلامِ والتَّعَجُّلِ بِقَضاءِ أَمْرٍ قَبْلَ قَضائِهِ فِيهِ؛ وكذلك عَنْ رَفْعِ الصَّوْتِ والجَهْرِ لَهُ كَما يَفْعَلُونَ مَعَ بَعْضِهِم أو حِينَ يُنادِي بَعْضُهُمْ بَعْضاً بِاسْمِهِ مَجَرَّداً، فقال: ﴿يا أَيُّها الّذِينَ آمَنُوا لا تَرْفَعُوا أَصْواتَكُمْ فَوْقَ صَوْتِ النَّبِيِّ ولاَ تَجْهَرُوا لَهُ بِالْقَوْلِ كَجَهْرِ بَعْضِكُمْ لِبَعْضٍ أَنْ تَحْبَطَ أَعْمالُكُم وأَنْتُمْ لاَ تَشْعُرُونَ﴾ (الحُجُرات، 2)؛ وقال أَيْضاً: ﴿لاَ تَجْعَلُوا دُعاءَ الرَّسُولِ بَيْنَكُمْ كَدُعاءِ بَعْضِكُمْ بَعْضاً﴾ (النور، 63)؛ وقَدْ خَوَّفَهُمُ اللهُ بِإِبْطالِ عِبادَاتِهِمْ إنْ فَعَلُوا ذلك، ولَكِنْ عَلَيْهِمْ أَنْ يُعَظِّمُوهُ ويُنادُوهُ بِأَشْرَفِ مَا يُحِبُّ مِثْل: يَا رَسُولَ اللهِ، يَا نَبِيَّ اللهِ؛ ورُوِيَ أَنَّ أَبا بَكْرٍ لَمَّا نَزَلَتْ هذه الآيَةُ قالَ: واللهِ يَا رَسُولَ اللهِ لاَ أُكَلِّمُكَ بَعْدَها إلاَّ كَأَخِي السِّرارِ [أَيْ: بِخَفْضِ الصَّوْتِ]، وأَنَّ عُمَرَ كانَ يُحَدِّثُهُ كَأَخِي السِّرارِ كذلك حَتَّى إِنَّ الرَّسُولَ صلّى اللهُ عليه وسَلَّمَ لاَ يَسْمَعُهُ فَيَسْأَلُهُ عَمَّا يَقُولُ، فَأَنْزَلَ اللهُ تَعالَى فِيهِمْ: ﴿إِنَّ الّذِينَ يَغُضُّونَ أَصْواتَهُمْ عِنْدَ رَسُولِ اللهِ أُولئِكَ الذين امْتَحَنَ اللهُ قُلُوبَهُمْ للتَّقْوَى

لَهُمْ مَغْفِرَةٌ وَأَجْرٌ عَظِيمٌ ﴾ (الحجرات، 3). وَمِنْ أَمْثِلَةِ تَعْظِيمِ الصَّحَابَةِ لِلرَّسُولِ صلى الله عليه وسلم أَنَّهُمْ يَجْلِسُونَ حَوْلَهُ وَكَأَنَّ عَلَى رُؤُوسِهِمُ الطَّيْرُ [أَيْ: سَاكِنِينَ]؛ وَمِنْ قَوْلِ عَمْرِو بْنِ العاص: ما كانَ أَحَدٌ أَحَبَّ إِلَيَّ مِنْ رَسُولِ الله صلى الله عليه وسلم وَلاَ أَجَلَّ في عَيْنِي مِنْهُ وما كُنْتُ أُطِيقُ أَنْ أَمْلَأَ عَيْنِي مِنْهُ إِجْلالاً؛ وَعِنْدَما أَرْسَلَتْ قُرَيْشٌ عُرْوَةَ بْنَ مَسْعُودٍ إلى رَسُولِ الله صلى الله عليه وسلم لِلصُّلْحِ وَرَأَى مِنْ تَعْظِيمِ أَصْحَابِهِ لَهُ ما رَأَى وَأَنَّهُمْ كانوا يَتَسابَقُونَ إلى بَقِيَّةِ الماءِ الذي تَوَضَّأَ مِنْهُ، وَلاَ تَسْقُطُ شَعْرَةٌ مِنْ رَأْسِهِ حِينَ يَحْلِقُ إِلاَّ تَخاطَفُوا عَلَيْها، وَإِذا تَكَلَّمَ خَفَضُوا أَصْوَاتَهُمْ وَلاَ يُطِيلُونَ النَّظَرَ إِلَيْهِ تَعْظِيماً لَهُ، رَجَعَ إلى قَوْمِهِ وَقَالَ: يا مَعْشَرَ قُرَيْشٍ إِنِّي جِئْتُ كِسْرَى في مُلْكِهِ وَقَيْصَرَ في مُلْكِهِ وَالنَّجاشِيَّ في مُلْكِهِ، وَإِنِّي وَالله ما رَأَيْتُ مَلِكاً في قَوْمٍ قَطُّ مِثْلَ مُحَمَّدٍ في أَصْحابِهِ؛ وَقَدْ رُوِيَ أَنَّهُمْ كانوا يَقْرَعُونَ بَابَهُ بِالأَظَافِرِ.

2- تَعْظِيمُهُ بَعْدَ وَفاتِهِ

إِنَّ تَوْقِيرَ النَّبِيِّ صلى الله عليه وسلم وَتَعْظِيمَهُ بَعْدَ مَوْتِهِ لاَزِمٌ مِثْلَما كانَ في حَياتِهِ، وَذلِكَ عِنْدَ ذِكْرِهِ وَذِكْرِ حَدِيثِهِ وَسُنَّتِهِ، كَما يَنْبَغِي تَعْظِيمُ أَهْلِ بَيْتِهِ وَصَحابَتِهِ؛ وَهذِهِ كانَتْ سِيرَةَ السَّلَفِ الصَّالِحِ وَالأَئِمَّةِ الماضِينَ؛ مِنْ ذلِكَ أَنَّ الخَلِيفَةَ أَبا جَعْفَرٍ كانَتْ لَهُ مُناظَرَةٌ مع الإمامِ مالِكٍ في مَسْجِدِ رَسُولِ الله صلى الله عليه وسلم، فقالَ لَهُ مالِكٌ: يا أَمِيرَ المُؤْمِنِينَ لاَ تَرْفَعْ صَوْتَكَ في هذا المسجدِ فإِنَّ اللهَ تعالى أَدَّبَ قَوْماً فقالَ: ﴿لاَ تَرْفَعُوا أَصْوَاتَكُمْ فَوْقَ صَوْتِ النَّبِيِّ﴾ (الحجرات: 2)، وَمَدَحَ قَوْماً فقالَ: ﴿إِنَّ الذِينَ يَغُضُّونَ أَصْوَاتَهُمْ عِنْدَ رَسُولِ اللهِ...﴾ (الحجرات: 3)، وَذَمَّ قَوْماً فقالَ: ﴿إِنَّ

الذينَ يُنادُونَكَ مِنْ وَراءِ الحُجُراتِ أَكْثَرُهُمْ لاَ يَعْقِلُونَ﴾ (الحجرات، 4)؛ وإِنَّ حُرْمَتَهُ مَيْتاً كَحُرْمَتِهِ حَيّاً، فاسْتَكانَ لَها أَبُو جَعْفَرٍ وقالَ: يا أَبَا عَبْدِ اللهِ أَسْتَقْبِلُ القِبْلَةَ وأَدْعُو أَمْ أَسْتَقْبِلُ رَسُولَ اللهِ صلّى اللهُ عليه وسلّم؟ فقالَ: ولِماذا تَصْرِفُ وَجْهَكَ عَنْهُ وهُوَ وَسِيلَتُكَ ووَسِيلَةُ أَبِيكَ آدمَ عَلَيْهِ السَّلامُ إلى اللهِ تعالى يَوْمَ القِيامَةِ؟ بَلِ اسْتَقْبِلْهُ واسْتَشْفِعْ بِهِ فَيُشَفِّعَهُ اللهُ، قال تعالى: ﴿وَلَوْ أَنَّهُمْ إِذْ ظَلَمُوا أَنْفُسَهُمْ جاءُوكَ فاسْتَغْفَرُوا اللهَ واسْتَغْفَرَ لَهُمُ الرَّسُولُ لَوَجَدُوا اللهَ تَوَّاباً رَحِيماً﴾ (النساء، 64). وكانَ مالِكٌ إذا ذُكِرَ النَّبِيُّ صلّى اللهُ عليه وسلّم يَتَغَيَّرُ لَوْنُهُ ويَنْحَنِي حَتَّى يَصْعُبَ ذلك على جُلَسائِهِ، وقال لَهُمْ يَوْماً: لَوْ رَأَيْتُمْ ما رَأَيْتُ لَما أَنْكَرْتُمْ عَلَيَّ ما تَرَوْنَ، ولَقَدْ كُنْتُ أَرَى مَحَمَّدَ بْنَ المُنْكَدِرِ [وهُوَ شَيْخُهُ] لاَ نَكادُ نَسْأَلُهُ عَنْ حَدِيثٍ أَبَداً إِلاَّ يَبْكِي حَتّى نَرْحَمَهُ. وكانَ عبدُ الرحمنِ بْنُ محمدِ بْنِ أَبِي بَكْرٍ الصِّدِّيقِ يَذْكُرُ النَّبِيَّ صلّى اللهُ عليهِ وسلّمَ فَيُنْظَرُ إلى لَوْنِهِ كَأَنَّهُ سَالَ مِنْهُ الدَّمُ وقَدْ جَفَّ لِسانُهُ في فَمِهِ هَيْبَةً مِنْهُ لِرَسُولِ اللهِ صلّى اللهُ عليه وسلّم. وكانَ صَفْوَانُ بْنُ سُلَيْمٍ مِنَ المُتَعَبِّدِينَ المُجْتَهِدِينَ، فَإذا ذُكِرَ النَّبِيُّ صلّى اللهُ عليه وسلّمَ بَكَى فَلاَ يَزالُ يَبْكِي حَتّى يَقُومَ النّاسُ عَنْهُ ويَتْرُكُوه.

3- تَعْظِيمُ حَدِيثِهِ وسُنَّتِهِ

كانَ بَعْضُ الصَّحابَةِ كابْنِ مَسْعُودٍ رَضِيَ اللهُ عنهُ إذا حَدَّثَ عَنْ رَسُولِ اللهِ صلّى اللهُ عليه وسلّمَ تَغَيَّرَ لَوْنُهُ وتَحَدَّرَ العَرَقُ عَنْ جَبْهَتِهِ وتَغَرْغَرَتْ عَيْناه. ورُوِيَ عَنِ مُحَمّدِ بْنِ سِيرِينَ أَنَّهُ قَدْ يَكُونُ يَضْحَكُ فَإذا ذُكِرَ عِنْدَهُ حَدِيثُ النَّبِيِّ صلّى اللهُ عليه وسلّمَ خَشَعَ. وجاءَ رَجُلٌ إِلى ابْنِ المُسَيَّبِ فَسَأَلَهُ عَنْ حَدِيثٍ وهُوَ مُضْطَجِعٌ فَجَلَسَ وحَدَّثَهُ، فقالَ لَهُ الرّجُلُ: وَدِدْتُ أَنَّكَ لَمْ تُتْعِبْ

نَفْسَكَ، فقالَ: إِنِّي كَرِهْتُ أَنْ أُحَدِّثَ عَنْ رَسُولِ اللهِ صلّى اللهُ عليه وسلّمَ وأَنا مُضْطَجِعٌ. وكانَ الإِمامُ مالِكٌ إِذا أَتى النّاسُ إِلَيْهِ خَرَجَتِ الجارِيَةُ وقالَتْ لَهُمْ: يَقُولُ لَكُمُ الشَّيْخُ تُرِيدُونَ الحَدِيثَ أَوِ المَسائِلَ؟ فَإِنْ قالُوا المَسائِلَ خَرَجَ إِلَيْهِمْ، وإِنْ قالُوا الحَدِيثَ اغْتَسَلَ وتَطَيَّبَ ولَبِسَ ثِياباً جُدُداً وتَعَمَّمَ ووُضِعَتْ لَهُ مِنَصَّةٌ فَيَجْلِسُ عَلَيْها خاشِعاً، ولاَ يَزالُ يُبَخَّرُ بالعُودِ حَتّى يَفْرُغَ مِنْ حَدِيثِ رَسُولِ اللهِ صلّى اللهُ عليه وسلّم؛ وقَدْ حَكَى مالِكٌ أَنَّهُ تَرَدَّد إِلى جَعْفَرِ بْنِ محمدٍ الصّادِقِ زَماناً وكانَ كَثِيرَ التَّبَسُّمِ فَإِذا ذُكِرَ عِنْدَهُ النَّبِيُّ صلّى اللهُ عليه وسلّمَ اصْفَرَّ، وأَنَّهُ لَمْ يَرَهُ يُحَدِّثُ عَنْ رَسُولِ اللهِ صلّى اللهُ عليه وسلّمَ إِلاَّ على طَهارَةٍ. وكانَ مالِكٌ يَكْرَهُ أَنْ يُحَدِّثَ في الطَّرِيقِ أَوْ هُوَ قَائِمٌ أَوْ مُسْتَعْجِلٌ، ويَقُولُ: أُحِبُّ أَنْ أُفَهِّمَ حَدِيثَ رَسُولِ اللهِ صلّى اللهُ عليه وسلّم.؛ وقد قال ابْنُ مَهْدِيٍّ: كُنْتُ أَمْشِي يَوْماً مَعَ مالِكٍ فَسَأَلْتُهُ عَنْ حَدِيثٍ فَزَجَرَنِي وقالَ لِي: كُنْتَ في عَيْنِي أَعْظَمَ مِنْ أَنْ تَسْأَلَ عَنْ حَدِيثِ رَسُولِ اللهِ صلّى اللهُ عليه وسلّمَ ونَحْنُ نَمْشِي. وقال عبدُ اللهِ بْنُ المُبارَكِ: كُنْتُ عِنْدَ مالِكٍ وهُوَ يُحَدِّثُنا فَلَدَغَتْهُ عَقْرَبٌ وهوَ يَتَغَيَّرُ لَوْنُهُ ويَصْفَرُّ ولاَ يَقْطَعُ حَدِيثَ رَسُولِ اللهِ صلّى اللهُ عليه وسلّم، فَلَمّا فَرَغَ مِنَ المَجْلِسِ وتَفَرَّقَ عَنْهُ النّاسُ قُلْتُ لَهُ: يَا أَبا عَبدِ اللهِ رَأَيْتُ مِنْكَ اليَوْمَ عَجَباً، قال: نَعَمْ إِنَّما صَبَرْتُ إِجْلالاً لِحَدِيثِ رَسُولِ اللهِ صلّى اللهُ عليه وسلّم. وكذلك كان كَثِيرٌ مِنَ السَّلَفِ لاَ يُحَدِّثُ أَوْ يَكْتُبُ الحَدِيثَ النَّبَوِيَّ إِلاَّ على طَهارَةٍ تَعْظِيماً لَه.

4- بِرُّ آلِهِ وذُرِّيَّتِه

ومِنْ تَوْقِيرِهِ صلّى اللهُ عليه وسلّمَ وبِرِّهِ بِرُّ آلِهِ وذُرِّيَّتِهِ وأَزْواجِهِ أُمَّهاتِ المُؤْمِنِينَ كَما حَثَّ عَلَى ذلك صلّى اللهُ عليه وسلّمَ وسارَ عَلَيهِ السَّلَفُ

الصّالِحُ؛ قال اللهُ تعالى: ﴿إِنَّما يُرِيدُ اللهُ لِيُذْهِبَ عَنْكُمُ الرِّجْسَ أَهْلَ البَيْتِ ويُطَهِّرَكُمْ تَطْهِيراً﴾ (الأحزاب، 33)، وقال تعالى: ﴿وأَزْواجُهُ أُمَّهاتُهُمْ﴾ (الأحزاب، 6). وقالَ رَسُولُ اللهِ صلّى اللهُ عليه وسلّمَ: «أَنْشُدُكُمُ اللهَ أَهْلَ بَيْتِي (ثَلاثَ مَرّاتٍ)»، أَيْ: أُقسِمُ عَلَيْكُمْ باللهِ أَنْ تُراعُوني فيهِمْ بالإِحْسانِ إِلَيْهِمْ والشَّفَقَةِ عَلَيْهِمْ؛ وقال أَيْضاً: «إِنِّي تارِكٌ فِيكُمْ ما إِنْ أَخَذْتُمْ بِهِ لَمْ تَضِلُّوا: كِتابَ اللهِ وعِتْرَتِي أَهْلَ بَيْتِي، فَانْظُرُوا كَيْفَ تَخْلُفُونِي فِيهِما». وقالَ أَبُو بَكْرٍ رَضِيَ اللهُ عنهُ: والذي نَفْسِي بِيَدِهِ لَقَرابَةُ رَسُولِ اللهِ صلّى اللهُ عليه وسلّمَ أَحَبُّ إِلَيَّ أَنْ أَصِلَ مِنْ قرابَتِي. وقالَ عَبْدُ اللهِ بنُ حَسَنِ بْنِ حُسَيْنِ بْنِ عَلِيٍّ: أَتَيْتُ عُمَرَ بْنَ عبدِ العَزِيزِ في حاجَةٍ فقال لِي: إذا كانَ لَكَ حاجَةٌ فأَرْسِلْ إِلَيَّ أَوِ اكْتُبْ فَإِنِّي أَسْتَحْيِي مِنَ اللهِ أَنْ يَراكَ على بابِي. وصَلَّى زَيْدُ بْنُ ثابِتٍ على جَنازَةِ أُمِّهِ ثُمَّ قُرِّبَتْ بَغْلَتُهُ لِيَرْكَبَها فَجاءَ ابْنُ عَبّاسٍ يَأْخُذُ بِرِكابِهِ فقالَ زَيْدٌ: أُتْرُكْهُ يا ابْنَ عَمِّ رَسُولِ اللهِ، فقالَ: هَكَذا نَفْعَلُ بالعُلَماءِ، فَقَبَّلَ زَيْدٌ يَدَ ابْنِ عَبّاسٍ وقالَ: هَكَذا أُمِرْنا أَنْ نَفْعَلَ بِأَهْلِ بَيْتِ نَبِيِّنا صلّى اللهُ عليه وسلّم. ولَمَّا فَرَضَ عُمَرُ بْنُ الخَطّابِ لِابْنِهِ عبدِ اللهِ ثَلاثَةَ آلافٍ ولِأُسامَةَ بْنِ زَيْدٍ ثَلاثَةَ آلافٍ وخَمْسَمائَةٍ قالَ عَبْدُ اللهِ لِأَبِيهِ: لِمَ فَضَّلْتَهُ؟ فَوَاللهِ ما سَبَقَنِي إلى مَشْهَدٍ، فقالَ لَهُ: لِأَنَّ زَيْداً كانَ أَحَبَّ إلى رَسُولِ اللهِ صلّى اللهُ عليه وسلّمَ مِنْ أَبِيكَ وأُسامَةَ أَحَبُّ إِلَيْهِ مِنْكَ، فَآثَرْتُ حُبَّ رَسُولِ اللهِ صلّى اللهُ عليه وسلّم على حُبِّي. وعاقَبَ جَعْفَرُ (وَهُوَ ابْنُ سُلَيْمانَ بْنِ عَلِيِّ بْنِ عَبْدِ اللهِ بْنِ عَبّاسٍ) الإِمامَ مالِكاً بالضَّرْبِ حَتّى غُشِيَ عَلَيْهِ، فَلَمَّا أَفاقَ قالَ لِلنّاسِ حَوْلَهُ: أُشْهِدُكُمْ أَنِّي جَعَلْتُ ضارِبِي في حِلٍّ (أَيْ في بَراءَةٍ مِنْ ضَرْبِي)، فَسُئِلَ عَنْ ذلك فقالَ: خِفْتُ أَنْ أَمُوتَ فَأَلْقَى النَّبِيَّ صلّى اللهُ عليهِ وسلّمَ فَأَسْتَحْيِي مِنْهُ أَنْ يَدْخُلَ بَعْضُ آلِهِ النّارَ بِسَبَبِي. ولَمّا

وَفَدَتْ حَلِيمَةُ السَّعْدِيَّةُ مُرْضِعَةُ النَّبِيِّ صلّى اللهُ عليه وسلّمَ على أَبي بَكْرٍ في خِلافَتِهِ بَسَطَ لَها رِداءَهُ وقَضى حاجَتَها كَما فَعَلَ مَعَها النَّبِيُّ صلّى اللهُ عليه وسلّمَ في حَياتِهِ، وكَذلك فَعَلَ عُمَرُ مَعَها حِينَ جاءَتْ إِلَيْهِ وهُوَ أَمِيرُ المؤْمِنِين.

5- تَوْقِيرُ أَصْحابِه

ومِنْ تَوْقِيرِهِ وبِرِّهِ صلّى اللهُ عليه وسلّمَ تَوْقِيرُ أَصْحابِهِ والاِقْتِداءُ بِهِمْ وحُسْنُ الثَّناءِ عَلَيْهِمْ والاِسْتِغْفارُ لَهُمْ، ومُعاداةُ مَنْ عاداهُمْ والإِعْراضُ عَنِ الأَخْبارِ التي تَقْدَحُ فيهِمْ، وتَحْسِينُ الظَّنِّ بِهِمْ جَمِيعاً وذِكْرُ فَضائِلِهِمْ والسُّكُوتُ عَنْ غَيْرِ ذلك؛ وقدْ مَدَحَهُمُ اللهُ في عِدَّةِ مَواضِعَ مِنَ القُرْآنِ الكَرِيم، مِثْلِ قَوْلِهِ تعالى: ﴿لَقَدْ رَضِيَ اللهُ عَنِ المُؤْمِنِينَ إِذْ يُبايِعُونَكَ تَحْتَ الشَّجَرَةِ﴾ (الفتح، 18)، وقال: ﴿مُحَمَّدٌ رَسُولُ اللهِ والَّذِينَ مَعَهُ أَشِدّاءُ على الكُفّارِ رُحَماءُ بَيْنَهُمْ تَراهُمْ رُكَّعاً سُجَّداً يَبْتَغُونَ فَضْلاً مِنَ اللهِ ورِضْواناً... ﴾ (الفتح، 29)؛ وقال صلّى اللهُ عليه وسلّم: «إِذا ذُكِرَ أَصْحابِي فَأَمْسِكُوا» أَيْ: لاَ تَذْكُرُوهُمْ بِسُوءٍ؛ وقال: «أَصْحابِي كالنُّجُومِ بِأَيِّهِمُ اقْتَدَيْتُمُ اهْتَدَيْتُمْ»، وقال أَيْضاً: «مَنْ سَبَّ أَصْحابِي فَعَلَيْهِ لَعْنَةُ اللهِ والمَلائِكَةِ والنّاسِ أَجْمَعِينَ، لاَ يَقْبَلُ اللهُ مِنْهُ صَرْفاً ولاَ عَدْلاً» أَيْ: نافِلَةً ولاَ فَرْضاً. وأُتِيَ النَّبِيُّ صلّى اللهُ عليه وسلّمَ بِجَنازَةِ رَجُلٍ فَلَمْ يُصَلِّ عَلَيْهِ وقالَ: «كانَ يُبْغِضُ عُثْمانَ فَأَبْغَضَهُ اللهُ»، وقالَ: «مَنْ حَفِظَنِي في أَصْحابِي وَرَدَ عَلَيَّ الحَوْضَ ومَنْ لَمْ يَحْفَظْنِي في أَصْحابِي لَمْ يَرِدْ عَلَيَّ الحَوْضَ ولَمْ يَرَنِ إِلاَّ مِنْ بَعِيدٍ». وقالَ عَبْدُ اللهِ بْنُ المُبارَكِ: خَصْلَتانِ مَنْ كانَتا فِيهِ نَجا: الصِّدْقُ وَحُبُّ أَصْحابِ مُحَمَّدٍ صلّى اللهُ عليه وسلّم. ومِمّا قالَهُ

أَيُّوبُ السَّخْتِيانِيُّ: مَنْ أَحْسَنَ الثَّناءَ على أَصْحابِ مُحَمَّدٍ صلّى اللهُ عَلَيه وسلّمَ فَقَدْ بَرِئَ مِنَ النِّفاقِ ومَنِ انْتَقَصَ أَحَداً مِنْهُمْ فَهُوَ مُبْتَدِعٌ مُخالِفٌ لِلسُّنَّةِ والسَّلَفِ الصّالِحِ وأَخافُ أَنْ لا يَصْعَدَ لَهُ عَمَلٌ إلى السّماءِ حَتّى يُحِبَّهُمْ جَمِيعاً ويَكُونَ قَلْبُهُ سَلِيماً.

6- إِعْظامُ كُلِّ ما لَهُ صِلَةٌ بِه

مِنْ تَعْظِيمِهِ صلّى اللهُ عليه وسلّمَ تَعْظِيمُ جَمِيعِ الأَمْكِنَةِ التي كانَ فِيها ومَا لَمَسَهُ؛ ومِنْ أَمْثِلَةِ هذا التَّعْظِيمِ أَنَّهُ كانَ لِأَبِي مَحْذُورَةَ شَعَرٌ على جَبْهَتِهِ يَصِلُ إلى الأَرْضِ، فَقالُوا لَهُ: أَلاَ تَحْلِقُهُ؟ فقالَ: لَمْ أَكُنْ بالّذي أَحْلِقُهُ وقَدْ مَسَّهُ رَسُولُ اللهِ صلّى اللهُ عليه وسلّم بِيَدِهِ. وسَقَطَتْ قُبَّعَةُ خالِدِ بْنِ الوَلِيدِ في مَعْرَكَةٍ فَخاطَرَ بِنَفْسِه حتّى أَخَذَها مِنْ بَيْنِ المُتَقاتِلِينَ، ولَمّا لاَمَهُ أَصْحابُ النَّبِيِّ صلّى اللهُ عليه وسلّمَ على ذلك قالَ لَهُمْ: لَمْ أَفْعَلْها بِسَبَبِ القُبَّعَةِ بَلْ لِمَا كَانَ فِيها مِنْ شَعَرِ رَسُولِ اللهِ صلّى اللهُ عليه وسلّمَ لِئَلاّ أُحْرَمَ بَرَكَتَها وتَقَعَ في أَيْدِي المُشْرِكِينَ. ووَضَعَ ابْنُ عُمَرَ رَضِيَ اللهُ عَنهُما يَدَهُ على مَكانِ قُعُودِ النَّبِيِّ صلّى اللهُ عليه وسلّمَ مِنَ المِنْبَرِ ثُمَّ وَضَعَها على وَجْهِهِ. وكانَ الإمامُ مالِكٌ لاَ يَرْكَبُ بِالمَدِينَةِ دابَّةً، وكانَ يَقُولُ: أَسْتَحْيِي مِنَ اللهِ أَنْ أَطَأَ تُرْبَةً فِيها رَسُولُ اللهِ صلّى اللهُ عليه وسلّمَ بِحافِرِ دابَّةٍ. وقالَ أَحْمَدُ بْنُ فَضْلَوَيْهِ الزّاهِدُ، وكانَ مِنَ الغُزاةِ يُجِيدُ الرَّمْيَ، ما مَسَسْتُ هذا القَوْسَ بِيَدِي إلاّ وأَنا على طَهارَةٍ مُنْذُ سَمِعْتُ أَنَّ النَّبِيَّ صلّى اللهُ عليه وسلّمَ أَخَذَهُ بِيَدِهِ. وحُكِيَ أَنَّ بَعْضَ الشُّيُوخِ حَجَّ ماشِياً على قَدَمَيْهِ، فَلَمّا سُئِلَ عَنْ ذلك قالَ: أَيَأْتِي العَبْدُ الهارِبُ إلى بَيْتِ سَيِّدِهِ راكِباً؟

فَجَدِيرٌ لِمَواطِنَ عُمِرَتْ بِالْوَحْيِ وَالتَّنْزِيلِ وَتَرَدَّدَ بِها جِبْرِيلُ وَمِيكائيلُ، وَعَرَجَتْ مِنها الملائكةُ والرُّوحُ وَضَجَّتْ عَرَصاتُها بِالتَّقْدِيسِ والتَّسْبِيحِ، واشْتَمَلَتْ تُرْبَتُها عَلى جَسَدِ سَيِّدِ البَشَرِ وانْتَشَرَ عَنْها مِنْ دِينِ اللهِ وَسُنَّةِ رَسُولِهِ ما انْتَشَرَ، مَدارِسُ آياتٍ وَمَساجِدُ وَصَلَواتٌ وَمَشاهِدُ الفَضائِلِ والخَيْراتِ، وَمَعاهِدُ البَراهِينِ والمُعْجِزاتِ، وَمَناسِكُ الدِّينِ وَمَشاعِرُ المُسْلِمِين وَمَواقِفُ سَيِّدِ المُرْسَلِينَ، وَأَوَّلُ أَرْضٍ مَسَّ جِلْدَ المُصْطَفى تُرابُها، جَدِيرٌ لَها أَنْ تُعَظَّمَ عَرَصاتُها وَتُتَنَسَّمَ نَفَحاتُها وَتُقَبَّلَ رُبُوعُها.

الباب الرابع

فَرِيضَةُ الصَّلاَةِ عَلَى النَّبِيِّ صلّى اللهُ عليه وسلّم وَفَضِيلَتُها

1- فَرْضُ الصَّلاَةِ والسَّلاَمِ، ومَتَى وأَيْنَ تُسْتَحَبّ

قال اللهُ تعالى: ﴿إِنَّ اللهَ ومَلاَئِكَتَهُ يُصَلُّونَ على النَّبِيِّ يَا أَيُّها الذِينَ آمَنُوا صَلُّوا عَلَيْهِ وسَلِّمُوا تَسْلِيماً﴾ (الأحزاب، 56)؛ فالصَلاةُ مِنَ اللهِ لِعَامَّةِ المُؤْمِنِينَ رَحْمَةٌ، ولِلنَّبِيِّ صلّى اللهُ عليه وسلّمَ تَشْرِيفٌ لَهُ وثَناءٌ عليه، وصَلاَةُ المَلائِكَةِ عَلَيْهِ دُعاءٌ لَهُ. وقَدْ فَرَضَ اللهُ على المُسْلِمينَ أَنْ يُصَلُّوا على نَبِيِّهِ ويُسَلِّمُوا تَسْلِيماً، ولَمْ يَجْعَلْ ذلكَ لِوَقْتٍ مُعَيَّنٍ، فالواجِبُ أَنْ يُكْثِرَ المُؤْمِنُ مِنها ولاَ يَغْفُلَ عَنْها؛ ومَنْ صَلَّى عَلَيْهِ مَرَّةً واحِدَةً في عُمُرِهِ فَقَدْ أَدّى الفَرْضَ.

ويُسْتَحَبُّ أَنْ يُصَلَّى على النَّبِيِّ عَلَيْهِ السَّلاَمُ في التَّشَهُّدِ الأَخِيرِ مِنَ الصَّلاةِ على الخُصُوصِ، وذلك بَعْدَ التَّشَهُّدِ وقَبْلَ الدُّعاءِ، ومَنْ تَرَكَها فَقَدْ أَساءَ وصَلاَتُهُ صَحِيحَةٌ عندَ أَكْثَرِ الأَئِمَّةِ إلاَّ الشّافِعِيَّ وَحْدَهُ الذي يَراها فَرِيضَةً في الصَّلاَةِ؛ وعَنْ عَبْدِ اللهِ بْنِ مَسْعُودٍ عنِ النَّبِيِّ صلّى اللهُ عليه وسلّمَ قالَ: «إِذا صَلَّى أَحَدُكُمْ فَلْيَقُلْ: التَّحِيَّاتُ للهِ والصَّلَواتُ والطَّيِّباتُ، السَّلامُ عَلَيْكَ أَيُّها النَّبِيُّ ورَحْمَةُ اللهِ وبَرَكاتُهُ، السَّلامُ عَلَيْنا وعلى عِبادِ اللهِ الصّالِحِينَ. فَإِنَّكُمْ إذا قُلْتُمُوها أَصابَتْ كُلَّ عَبْدٍ صالِحٍ في السَّماءِ

والأَرْضِ». وتُسْتَحَبُّ الصّلاةُ على النّبيِّ صلّى اللهُ عليه عِندَ الدُّعاءِ، قال علَيْهِ السَّلامُ: «لاَ تجْعَلُونِي كَقَدَحِ الرّاكِبِ [يُعَلِّقُهُ خَلْفَهُ على الدّابَّةِ]، فَإِنَّ الرّاكِبَ يَمْلأُ قَدَحَهُ ثُمَّ يَضَعُهُ ويَرْفَعُ مَتاعَهُ، فَإِنِ احْتاجَ إلى شَرابٍ شَرِبَهُ أَوِ الوُضُوءِ تَوَضَّأَ وإِلاَّ هَراقَهُ [أَيْ أَراقَهُ]، ولَكِنِ اجْعَلُونِي في أَوَّلِ الدُّعاءِ وأَوْسَطِهِ وآخِرِهِ»؛ وقال كذلك: «كُلُّ دُعاءٍ مَحْجُوبٌ دُونَ السَّماءِ فَإِذا جاءَتِ الصَّلاةُ عَلَيَّ صَعِدَ الدُّعاءُ». ومِنْ مَواطِنِ الصّلاةِ عليهِ عِنْدَ ذِكْرِهِ وسَماعِ اسْمِهِ وعِندَ الأَذانِ، وقد قال صلّى اللهُ عليه وسلّم: «رَغِمَ أَنْفُ رَجُلٍ [أَيْ ذَلَّ كَأَنَّ أَنفَهُ مُلْصَقٌ بالتُّرابِ] ذُكِرْتُ عِنْدَهُ فَلَمْ يُصَلِّ عَلَيَّ». ورُوِيَ عَنِ النَّبيِّ صلّى اللهُ عليه وسلّمَ أَنَّهُ أَمَرَ بالإِكْثارِ مِنَ الصّلاةِ عَلَيْهِ يُوْمَ الجُمُعَةِ. ومِنْ مَواطِنِ الصّلاةِ عليه دُخُولُ المَسْجِدِ، فَيَنْبَغِي لِمَنْ دَخَلَهُ أَنْ يُصَلِّيَ ويُسَلِّمَ على النَّبِيِّ صلّى اللهُ عليه وسلّمَ ويَقُولَ: اللّهُمَّ اغْفِرْ لِي ذُنُوبِي وافْتَحْ لِي أَبْوابَ رَحْمَتِكَ، وإذا خَرَجَ فَعَلَ مِثْلَ ذلكَ وجَعَلَ مَكانَ رَحْمَتِكَ: فَضْلِكَ؛ وإذا لَمْ يَكُنْ في المسْجِدِ أَحَدٌ يَقُولُ: السّلامُ على رَسُولِ اللهِ صلّى اللهُ عليه وسلّم. ومِنْ مَواطِنِ الصّلاةِ عَليهِ أَيْضاً الرَّسائِلُ بَعدَ البَسْمَلَةِ، فَقَدْ قالَ صلّى اللهُ عليه وسلّمَ: «مَنْ صَلَّى عَلَيَّ في كِتابٍ لَمْ تَزَلِ الملائِكَةُ تَسْتَغْفِرُ لَهُ ما دامَ اسْمِي في ذلك الكِتابِ».

2- كَيْفِيَّةُ الصّلاةِ والتَّسْلِيم

قالَ الصَّحابَةُ: يا رَسُولَ اللهِ كَيْفَ نُصَلِّي عَلَيْكَ؟ فقالَ: «قُولُوا اللَّهُمَّ صَلِّ على مُحَمَّدٍ وأَزْواجِهِ وذُرِّيَّتِهِ كَما صَلَّيْتَ على آلِ إِبْراهِيمَ وبارِكْ على مُحمّدٍ وأَزْواجِهِ وذُرِّيَّتِهِ كما بارَكْتَ على آلِ إبراهِيمَ إِنَّكَ حَمِيدٌ مَجِيدٌ». وعَنْ عَلِيِّ بْنِ أَبي طالِبٍ رَضِيَ اللهُ عَنْهُ قالَ: عَدَّهُنَّ رَسُولُ اللهِ صلى اللهُ

عليه وسلّمَ وقال: «عَدَّهُنَّ في يَدِي جِبْرِيلُ وقالَ هَكَذا نَزَلَتْ مِنْ عِنْدِ رَبِّ العِزَّةِ: اللّهُمَّ صَلِّ على محمدٍ وعلى آلِ محمدٍ كما صَلَّيْتَ على إِبْراهِيمَ وعلى آلِ إِبْراهِيمَ إِنَّكَ حَمِيدٌ مَجِيدٌ، اللهم بارِكْ على محمدٍ وعلى آلِ محمدٍ كما باركتَ على إبراهِيمَ وعلى آلِ إبراهيمَ إنك حميدٌ مجيدٌ، اللهم وتَرَحَّمْ على محمدٍ وعلى آلِ محمدٍ كما ترَحّمتَ على إبراهيمَ وعلى آلِ إبراهيمَ إنك حميدٌ مجيدٌ، اللهم وتَحَنَّنْ على محمدٍ وعلى آلِ محمدٍ كما تَحَنَّنتَ على إبراهيم وعلى آلِ إبراهيمَ إنك حميدٌ مجيدٌ، اللهم وسَلِّمْ على محمدٍ وعلى آلِ محمدٍ كما سلَّمْتَ على إبراهيمَ وعلى آلِ إبراهيمَ إنك حميدٌ مَجيدٌ». وعَنْ عبدِ اللهِ بْنِ مَسْعُودٍ: اللّهُمَّ اجْعَلْ صَلَواتِكَ وبَرَكاتِكَ ورَحْمَتَكَ على سَيِّدِ المُرْسَلِينَ وإِمامِ المُتَّقِينَ وخاتِمِ النَّبِيِّينَ مُحَمَّدٍ عَبْدِكَ ورَسُولِكَ إمامِ الخَيْرِ ورَسُولِ الرَّحْمَةِ، اللَّهُمَّ ابْعَثْهُ مَقاماً مَحْمُوداً يَغْبِطُهُ فِيهِ الأَوَّلُونَ والآخِرُونَ، اللَّهُمَّ صَلِّ على محمدٍ وعلى آلِ محمدٍ كما صَلَّيْتَ على إِبْراهِيمَ إِنَّكَ حميدٌ مجيد، وبارِكْ على محمدٍ وعلى آلِ محمدٍ كما باركتَ على إبراهيمَ وعلى آلِ إبراهيمَ إنك حميد مجيد. وكانَ الحَسَنُ البَصْرِيُّ يَقُولُ: مَنْ أَرادَ أَنْ يَشْرَبَ بالكَأْسِ الأَوْفَى مِنْ حَوْضِ المُصْطَفَى فَلْيَقُلِ اللّهُمَّ صَلِّ على محمدٍ وعلى آلِهِ وأَصْحابِهِ وأَوْلَادِهِ وأَزْواجِهِ وذُرِّيَّتِهِ وأَهلِ بَيْتِهِ وأَصْهارِهِ وأَنْصارِهِ وأَشْياعِهِ ومُحِبِّيهِ وأُمَّتِهِ وعَلَيْنا مَعَهُمْ أَجْمَعِينَ يا أَرْحَمَ الرّاحِمِينَ.

3- فَضِيلَةُ الصّلاةِ والتَّسْلِيمِ

قالَ رَسُولُ اللهِ صلّى اللهُ عليه وسَلَّمَ «إِذا سَمِعْتُمُ المُؤَذِّنَ فَقُولُوا مِثْلَ ما يَقُولُ وصَلُّوا عَلَيَّ فَإِنَّهُ مَنْ صَلَّى عَلَيَّ مَرَّةً واحِدَةً صَلَّى اللهُ عَلَيْهِ عَشْراً

ثُمَّ سَلُوا لِي الوَسِيلَةَ فإنَّها مَنْزِلَةٌ في الجَنَّةِ لاَ تَنْبَغِي إلاَّ لِعَبْدٍ مِنْ عِبادِ اللهِ وأَرْجُو أَنْ أَكُونَ أَنا هُوَ، فَمَنْ سَأَلَ لِي الوَسِيلَةَ حَلَّتْ عَلَيْهِ شَفاعَتِي». وعَنْ أَنَسِ بْنِ مالِكٍ أنَّ النَّبِيَّ صَلَّى اللهُ عليه وسلّم قالَ: «مَنْ صَلَّى عَلَيَّ صَلاَةً صَلَّى اللهُ عَلَيْه عَشْرَ صَلَواتٍ وحَطَّ عَنْهُ عَشْرَ خَطِيئاتٍ ورَفَعَ لَهُ عَشْرَ دَرَجاتٍ». وقالَ صلّى اللهُ عليه وسلّم كذلك: «لَقِيتُ جِبْرِيلَ فقالَ لِي إِنِّي أُبَشِّرُكَ أَنَّ اللهَ تعالى يَقُولُ مَنْ سَلَّمَ عَلَيْكَ سَلَّمْتُ عَلَيْهِ ومَنْ صَلَّى عَلَيْكَ صَلَّيْتُ عَلَيْهِ»، وقالَ أَيْضاً: «أَوْلَى النّاسِ بِي يَوْمَ القِيامَةِ أَكْثَرُهُمْ عَلَيَّ صَلاَةً». ورُوِيَ عَنْهُ صلّى اللهُ عليه وسلّم قَوْلُهُ: «لَيَرِدَنَّ عَلَيَّ أَقْوامٌ ما أَعْرِفُهُمْ إلاَّ بِكَثْرَةِ صَلاَتِهِمْ عَلَيَّ». وقَوْلُهُ: «إِنَّ أَنْجاكُمْ يَوْمَ القِيامَةِ مِنْ أَهْوالِها ومَواطِنِها أَكْثَرُكُمْ عَلَيَّ صَلاَةً». وعَنْ أَبِي بَكْرٍ الصِّدِّيقِ: الصَّلاَةُ على النَّبِيِّ صلّى اللهُ عليه وسلّمَ أَمْحَقُ لِلذُّنُوبِ مِنَ الماءِ البارِدِ لِلنّارِ، والسّلامُ عليهِ أَفْضَلُ مِنْ عِتْقِ الرِّقابِ.

وقالَ صَلّى الله عليه وسلّم: «مَا مِنْ أَحَدٍ يُسَلِّمُ عَلَيَّ إِلاَّ رَدَ اللهُ عَلَيَّ رُوحِي حَتَّى أَرُدَّ عَلَيْهِ السَّلامَ». وقالَ: «إِنَّ للهِ مَلائِكَةً سَيَّاحِينَ في الأَرْضِ يُبَلِّغُونَنِي عَنْ أُمَّتِي السَّلامَ»؛ وقالَ كذلك: «أَكْثِرُوا عَلَيَّ مِنَ الصَّلاةِ يَوْمَ الجُمُعَةِ فَإِنَّ صَلاَتَكُمْ مَعْرُوضَةٌ عَلَيَّ».

4- إِثْمُ مَنْ لَمْ يُصَلِّ عَلَى النَّبِيِّ صلّى اللهُ عليه وسلّم

قالَ رَسُولُ اللهِ صلّى اللهُ عليه وسلّمَ: «رَغِمَ أَنْفُ رَجُلٍ ذُكِرْتُ عِنْدَهُ فَلَمْ يُصَلِّ عَلَيَّ...» (إلى آخِرِ الحَدِيث)؛ وفي حَدِيثٍ آخَرَ أَنَّ النَّبِيَّ صلّى اللهُ عليه وسلّم صَعِدَ المِنْبَرَ فقالَ: «آمِين» ثُمَّ صَعِدَ فقالَ: «آمِين» ثُمَّ صَعِدَ فقالَ: «آمِين» فسأَلَهُ مُعاذٌ عَنْ ذلك فقالَ: «إِنَّ جِبْرِيلَ أَتانِي فقال يَا مَحَمَّدُ

مَنْ سُمِّيتَ بَيْنَ يَدَيْهِ فَلَمْ يُصَلِّ عَلَيْكَ فَماتَ فَدَخَلَ النّارَ فَأَبْعَدَهُ اللهُ، قُلْ آمين، فَقُلْتُ: آمين...»، (وفي بَقِيَةِ الحَديثِ أَنَّهُ قالَ في مَنْ أَدْرَكَ رَمَضانَ فَلَمْ يُقْبَلْ مِنْهُ مِثْلَ ذلك، ومَنْ أَدْرَكَ أَبَوَيْهِ أَوْ أَحَدَهُما فلم يبرّهما فَماتَ مِثْلَهُ). وقال صلّى اللهُ عليه وسلّمَ أَيْضاً: «إِنَّ البَخِيلَ كُلَّ البَخِيلِ مَنْ ذُكِرْتُ عِنْدَهُ فَلَمْ يُصَلِّ عَلَيَّ». وقال: «مَنْ نَسِيَ الصَّلاةَ عَلَيَّ نَسِيَ طَرِيقَ الجَنَّةِ»؛ وقال: «لاَ يَجْلِسُ قَوْمٌ مَجْلِساً لاَ يُصَلُّونَ فِيهِ على النَّبِيِّ صلّى اللهُ عليه وسلّمَ إِلاَّ كانَ عَلَيْهِمْ حَسْرَةً وإِنْ دَخَلُوا الجَنَّةَ لِمَا يَرَوْنَ مِنَ الثَّوابِ».

5- الصّلاةُ على غَيْرِ النَّبِيِّ صلّى اللهُ عليه وسلّم

قالَ رَسُولُ اللهِ صلّى اللهُ عليه وسلّم: «صَلُّوا على أَنْبِياءِ اللهِ ورُسُلِهِ فَإِنَّ اللهَ بَعَثَهُمْ كَما بَعَثَنِي»؛ والصَّلاةُ في اللُّغَةِ بِمَعْنَى التَّرَحُّمِ والدُّعاءِ، وقَدْ قالَ اللهُ تعالى: ﴿هُوَ الَّذِي يُصَلِّي عَلَيْكُمْ ومَلائِكَتُهُ﴾ (الأحزاب، 43)، وقالَ: ﴿خُذْ مِنْ أَمْوالِهِمْ صَدَقَةً تُطَهِّرُهُمْ وتُزَكِّيهِمْ بِها وصَلِّ عَلَيْهِمْ﴾ (التوبة، 103)، وفي حَديثِ الصَّلاةِ: «اللَّهُمَّ صَلِّ على مُحَمَّدٍ وعلى أَزْواجِهِ وذُرِّيَّتِهِ»؛ وكانَ النَّبِيُّ صلّى اللهُ عليه وسلّمَ إذا أَتاهُ قَوْمٌ بِصَدَقَتِهِمْ قالَ: اللَّهُمَّ صَلِّ على آلِ فُلانٍ. والمُخْتارُ أَنَّهُ لاَ يُصَلَّى ويُسَلَّمُ على غَيْرِ الأَنْبِياءِ عِنْدَ ذِكْرِهِمْ تَوْقِيراً لَهُمْ وتَعْظِيماً ولاَ يُشارِكُ في ذلك غَيْرُهُمْ، ويُذْكَرُ سِواهُمْ مِنَ الأَئِمَّةِ وغَيْرِهِمْ بِالْغُفْرانِ والرِّضا، كَما قالَ تعالى: ﴿يَقُولُونَ رَبَّنا اغْفِرْ لَنا ولِإِخْوانِنا الَّذِينَ سَبَقُونا بِالإِيمانِ﴾ (الحشر، 10)، وقال: ﴿والّذِينَ اتَّبَعُوهُمْ بِإِحْسانٍ رَضِيَ اللهُ عَنْهُمْ﴾ (التوبة، 100). والصَّلاةُ أَوِ التَّسْلِيمُ على غَيْرِ الأَنْبِياءِ لَمْ يَكُنْ مَعْرُوفاً في الصَّدْرِ الأَوَّلِ؛ أَمّا ذِكْرُ الصّلاةِ على الآلِ والأَزْواجِ معَ النَّبِيِّ صلّى اللهُ عليه وسلّمَ فَهُوَ اتِّباعٌ لَهُ في مَنْ صَلَّى

عَلَيْهِ، كَما أنَّ الصَّلاةَ عَلَيْهِمْ هِيَ بِحُكْمِ الإِضافَةِ إِلَيْهِ لاَ على تَخْصِيصِهِمْ بِها.

6- زِيارَةُ قَبْرِهِ صلّى اللهُ عليه وسلّم

وزِيارَةُ قَبْرِهِ صلّى اللهُ عليه وسلّمَ سُنَّةٌ مِنْ سُنَنِ المُسْلِمِينَ وفَضِيلَةٌ مُرَغَّبٌ فِيها. قالَ النَّبِيُّ صلّى اللهُ عليه وسلّم: «مَنْ زارَ قَبْرِي وَجَبَتْ لَهُ شَفاعَتِي»، وقالَ في حَدِيثٍ آخَرَ: «مَنْ زارَنِي بَعْدَ مَوْتِي فَكَأَنَّما زارَنِي في حَياتِي»ولَمْ يَزَلْ شَأْنُ مَنْ حجَّ زِيارَةُ المَدِينَةَ المُنَوَّرَةَ والصَّلاةُ في مَسْجِدِ رَسُولِ اللهِ صلّى اللهُ عليه وسلّم والتَّبَرُّكُ بِرُؤْيَةِ رَوْضَتِهِ ومِنْبَرِهِ وقَبْرِهِ ومَجْلِسِهِ ومَواطِئِ قَدَمَيْهِ والعَمُودِ الذي كانَ يَسْتَنِدُ إِلَيهِ ويَنْزِلُ فِيهِ جِبْرِيلُ بالوَحْيِ عَلَيه. ويَقُولُ الزَّائِرُ إذا دَخَلَ مَسْجِدَ رَسُولِ اللهِ صلّى اللهُ عليه وسلّمَ: بِسْمِ اللهِ وسَلاَمٌ على رَسُولِ اللهِ، السَّلاَمُ عَلَيْنا مِنْ رَبِّنا وصَلَّى اللهُ ومَلاَئِكَتُهُ على مُحَمَّدٍ، اللَّهُمَّ اغْفِرْ لِي ذُنُوبِي وافْتَحْ لِي أَبْوابَ رَحْمَتِكَ وجَنَّتِكَ واحْفَظْنِي مِنَ الشَّيْطانِ الرَّجِيمِ، ثُمَّ يَقْصِدُ إِلَى الرَّوْضَةِ الشَّرِيفَةِ، وهِيَ ما بَيْنَ القَبْرِ والمِنْبَرِ، فَيُصَلِّي فيها رَكْعَتَيْنِ قَبْلَ أَنْ يَقِفَ بِالقَبْرِ؛ وقَدْ قالَ صلّى اللهُ عليه وسلّمَ: «مَا بَيْنَ بَيْتِي ومِنْبَرِي رَوْضَةٌ مِنْ رِياضِ الجَنَّةِ...»؛ ثُمَّ يَقِفُ بِالقَبْرِ مُتَواضِعاً فَيُصَلِّي على النَّبِيِّ ويُسَلِّمُ على أَبِي بَكْرٍ وعُمَرَ ويَدْعُو لَهُما؛ وعَلَيْهِ أَنْ يُكْثِرَ مِنَ الصّلاةِ في مَسْجِدِ النَّبِيِّ صلّى اللهُ عليه وسَلّم. وقَدْ كانَ الإِمامُ مالِكٌ يَقِفُ على قَبْرِ النَّبِيِّ صلّى اللهُ عليه وسلّمَ فَيُصَلِّي على النَّبِيِّ ويُسَلِّمُ بِقَوْلِهِ: السَّلاَمُ عَلَيْكَ أَيُّها النَّبِيُّ ورَحْمَةُ اللهِ وبَرَكاتُهُ، ثُمَّ يَدْعُو لِأَبِي بَكْرٍ وعُمَرَ، ويَنْصَحُ الزَّائِرَ بِأَنْ يُسَلِّمَ على النَّبِيِّ صلّى اللهُ عليه وسلّم إِذا دَخلَ المَدِينَةَ، وإِذا أَرادَ الخُرُوجَ مِنها أَنْ يَجْعَلَ آخِرَ عَهْدِهِ الوُقُوفَ بالقَبْرِ.

7- الأَدَبُ في مَسْجِدِهِ صلّى اللهُ عليه وسلّم وفَضْلُ الصَّلاةِ فِيهِ

قالَ اللهُ تعالى: ﴿لَمَسْجِدٌ أُسِّسَ عَلَى التَّقْوَى مِنْ أَوَّلِ يَوْمٍ أَحَقُّ أَنْ تَقُومَ فِيهِ﴾ (التوبة، 108)؛ فَسُئِلَ النَّبِيُّ صلّى اللهُ عليه وسلّمَ أَيُّ مَسْجِدٍ هُوَ؟ قالَ: «مَسْجِدِي هذا». وقَدْ قالَ صلّى اللهُ عليه وسلّم: « لاَ تُشَدُّ الرِّحالُ إلاَّ إِلى ثَلاثَةِ مَساجِدَ: المَسْجِدِ الحَرامِ [في مَكَّةَ] ومَسْجِدِي هَذا والمَسْجِدِ الأَقْصى»؛ وكانَ النَّبِيُّ صلّى اللهُ عليه وسلّمَ إذا دَخَلَ المسْجِدَ قالَ: «أَعُوذُ باللهِ العَظِيمِ وبِوَجْهِهِ الكَرِيمِ وسُلْطانِهِ القَدِيمِ مِنَ الشَّيْطانِ الرَّجِيمِ». ويُكْرَهُ رَفْعُ الصَّوْتِ في المسْجِدِ النَّبَوِيِّ والجَهْرُ على المُصَلِّينَ بِما يُشَوِّشُ عَلَيْهِمْ. وقالَ صلّى اللهُ عليه وسلّمَ: «صَلاَةٌ في مَسْجِدِي هذا خَيْرٌ مِنْ أَلْفِ صَلاةٍ فِيما سِواهُ إلاَّ المسْجِدَ الحَرامَ». وقَدْ تَقَدَّمَ الحَدِيثُ: «ما بَيْنَ بَيْتِي ومِنْبَرِي رَوْضَةٌ مِنْ رِياضِ الجَنَّةِ»، وَزادَ: «ومِنْبَرِي على حَوْضِي». وقالَ صلّى اللهُ عليه وسلّم: «إِنَّما المَدِينَةُ كَالْكِيرِ [الذي يَنْفُخُ بِهِ الحَدّادُ النّارَ] تَنْفِي خَبَثَها ويَنْصَعُ طِيبُها»؛ وقالَ فِيها أَيْضاً: «مَنِ اسْتَطاعَ أَنْ يَمُوتَ بالمدِينَةِ فَلْيَمُتْ بِها فَإِنِّي أَشْفَعُ لِمَنْ يَمُوتُ بِها».

القسم الثالث

مَا يَسْتَحِيلُ في حَقِّهِ صلّى اللهُ عليه وسلّم

قالَ اللهُ تعالى: ﴿وَما مَحَمَّدٌ إلاَّ رَسُولٌ قَدْ خَلَتْ مِنْ قَبْلِهِ الرُّسُلُ﴾ (آل عِمران، 144)، وقالَ: ﴿قُلْ إِنَّمَا أَنَا بَشَرٌ مِّثْلُكُمْ يُوحَى إِلَيَّ﴾ (الكهف، 110)؛ فَمُحَمَّدٌ صلّى اللهُ عليه وسلّم وسائِرُ الأَنْبِياءِ هُمْ مِنَ البَشَرِ، ولَوْ كانُوا مَلائكةً لَما اسْتَطاعَ النّاسُ مُخالَطَتَهُمْ؛ قالَ تعالى: ﴿وَلَوْ جَعَلْنَاهُ مَلَكاً لَجَعَلْنَاهُ رَجُلاً﴾ (الأنعام، 9)، حَتّى يُمْكِنَ أنْ يَقْتَدُوا بِهِ. فالرُّسُلُ وَسائِطُ بَشَرِيَّةٌ بَيْنَ اللهِ تعالى وبَينَ خَلْقِهِ يُبَلِّغُونَهُمْ أَوامِرَهُ ونَواهِيَهُ ووَعْدَهُ ووَعِيدَهُ ويُعَرِّفُونَهُمْ بِجَلالِهِ وسُلْطانِهِ؛ فَظَواهِرُهُمْ مُتَّصِفَةٌ بأَوْصافِ البَشَرِ وأَرْواحُهُمْ سَلِيمَةٌ مِنْ عَجْزِ البَشَرِيَّةِ مُتَشَبِّهَةٌ بِصِفاتِ الملائكَةِ حَتّى يَقْدِرُوا على رُؤْيَتِهِمْ ومُخاطَبَتِهِمْ وتَلَقِّي الوَحْيِ.

الباب الأول

عِصْمَتُهُ صلّى اللهُ عليه وسلّم وسائِرِ الأَنْبِياء والمَلائِكَة

1- العِصْمَةُ في وَقْتِ النُّبُوَّة

إنَّ النَّبيَّ صلّى اللهُ عليه وسلّمَ وإنْ كانَ مِنَ البَشَرِ يَقَعُ لِجِسْمِهِ ما يَقَعُ للبَشَرِ مِنَ الصِّحَّةِ والمَرَضِ، إلاَّ أَنَّهُ مُخْتَلِفٌ عَنْهُمْ ومُنَزَّهٌ عَنْ كَثيرٍ مِنْ آفاتِهِمْ التي تَقَعُ باخْتِيارِهِمْ.

فَفِي ما يَتَعَلَّقُ بِاعْتِقادِهِ القَلْبِيِّ صلّى اللهُ عليه وسلّم فَلَقَدْ كانَ على غَايَةِ العِلْمِ واليَقِينِ باللهِ وصِفاتِهِ والعِصْمَةِ مِنْ الشَّكِّ وعَدَمِ المَعْرِفَةَ؛ وهذا ما عَلَيْهِ سائِرُ الأَنْبِياءِ؛ ولاَ يَتعارَضُ مَعَهُ قَوْلُ إِبْراهِيمَ عليهِ السّلامُ: ﴿رَبِّ أَرِنِي كَيْفَ تُحْيِي المَوْتَى، قالَ أَوَلَمْ تُؤْمِنْ؟ قالَ بَلَى ولَكِنْ لِيَطْمَئِنَّ قَلْبِي﴾ (البقرة، 260)، إِذْ لَمْ يَشُكَّ في إِخْبارِ اللهِ لَهُ بِإِحْياءِ المَوْتَى ولكِنْ أَرادَ الطُّمَأْنِينَةَ إلى مُشاهَدَةِ كَيْفِيَّةِ الإِحْياءِ، فَلَيْسَ الخَبَرُ كالمُعايَنَةِ. أمّا عَنْ مَعْنَى قَوْلِهِ تعالى: ﴿فَإِنْ كُنْتَ في شَكٍّ مِمّا أَنْزَلْنا إِلَيْكَ فاسْأَلِ الّذينَ يَقْرَؤُونَ الكِتابَ مِنْ قَبْلِكَ﴾ (يونس، 94)، فَقَدْ قالَ صلّى اللهُ عليه وسلّم: «ما أَشُكُّ ولاَ أَسْأَلُ»، إِذْ لاَ يَجوزُ في حَقِّهِ ذلك؛ وقد قِيلَ معناهُ: إنْ كُنْتَ تَشُكُّ في ما شَرَّفْناكَ بِهِ فاسْأَلْهُمْ عَنْ صِفَتِكَ في الكُتُبِ السّابِقَةِ؛ أو أنَّ المُرادَ: قُلْ يا مَحَمّدُ لِلشّاكِّ ﴿فَإِنْ كُنْتَ في شَكٍّ...﴾، وفي السُّورَةِ نَفْسِها

ما يَدُلُّ على هذا التّفْسِيرِ، وهو قولُه: ﴿قُلْ يا أَيُّها النّاسُ إِنْ كُنْتُمْ في شَكٍّ مِنْ دِينِي...﴾ (يونس، 104). وكَذلكَ ما وَرَدَ في السِّيرَةِ بَعْدَ أَوّلِ الوَحْيِ مِنْ قَوْلِهِ صلّى اللهُ عليه وسلّمَ لِخَديجَةَ: «لَقَدْ خَشِيتُ على نَفْسِي» لَيْسَ مَعْناهُ الشّكُّ في ما آتاهُ اللهُ وفي رُؤْيَةِ المَلَكِ ولكِنْ لَعَلّهُ خَشِيَ أَلاّ تَحْتَمِلَ قُوَّتُهُ ثِقَلَ الوَحْيِ وأَعْباءَ الرِّسالَةِ. وإِنْ قِيلَ: ما مَعْنَى قَوْلِهِ صلّى اللهُ عليه وسلّم: «إِنَّهُ لَيُغانُ على قَلْبِي فَأَسْتَغْفِرُ اللهَ كَلَّ يَوْمٍ مائَةَ مَرَّةٍ»، والغَيْن هُوَ الغَيْمُ الرَّقِيقُ في الهَواءِ ولاَ يَمْنَعُ ضَوْءَ الشّمْسِ، والمُرادُ فَتَراتُ السَّهْوِ عَنْ مُداوَمَةِ ذِكْرِ اللهِ بِسَبَبِ ما يُزاوِلُهُ مِنْ مَهامٍّ ويَتَكَلّفُ به مِنْ أَعْباء، ولَوْ أَنّهُ في كُلِّ هذا مُطِيعٌ لِرَبِّهِ، ولكِنْ لَمَّا كانَ صلّى اللهُ عليه وسلّمَ أَرْفَعَ الخَلْقِ عِنْدَ اللهِ مَكانَةً وأَتَمَّهُمْ بِهِ مَعْرِفَةً، فإِنّهُ رأَى أَنّ انْشِغالَهُ بِما سِوَى اللهِ، ولَوْ كانَ عِبادةً، فَإِنَّهُ يَشْغَلُهُ عَنِ الإِقْبالِ بِكُلِّيَّتِهِ على مَوْلاَهُ فَيَسْتَغْفِرُ اللهَ مِنْ ذلكَ إِظْهاراً للعُبُودِيَّةِ؛ وبِما أَنَّ جُلَّ ما يَشْغَلُ بالَهُ صلّى اللهُ عليه وسلّمَ هُوَ أَمْرُ أُمَّتِهِ لِاهْتِمامِهِ بِهِمْ وشَفَقَتِهِ عَلَيْهِمْ، فَهُوَ يَسْتَغْفِرُ لَهُمْ، ويُعَلِّمُهُمْ كذلك الاسْتِغْفارَ بِإِعْطاءِ المِثالِ مِنْ نَفْسِهِ حَتّى لاَ يَغْتَرُّوا بالأَعْمالِ، مِثْلَما أَنّهُ قَدْ غَفَرَ اللهُ لَهُ ما تَقَدَّمَ وما تَأَخَّرَ وبَقِيَ مُلازِماً لِلْعِبادَةِ وقالَ: «أَفَلاَ أَكُونُ عَبْداً شَكُوراً». وإِنْ قُلْتَ ما مَعْنَى قَوْلِهْ تعالى لِمحمّدٍ صلّى اللهُ عليه وسلّم: ﴿ولَوْ شاءَ اللهُ لَجَمَعَهُمْ على الهُدَى فَلاَ تَكُونَنَّ مِنَ الجاهِلِينَ﴾ (الأنعام، 35)، وقَوْلِهِ لِنُوحٍ عليهِ السّلامُ: ﴿فَلاَ تَسْأَلْنِ ما لَيْسَ لَكَ بِهِ عِلْمٌ إِنِّي أَعِظُكَ أَن تَكُونَ مِنَ الْجاهِلِينَ﴾ (هود، 46)، فَإِنّهُ لاَ يَعْنِي الجَهْلَ بِصِفَةٍ مِنْ صفاتِ اللهِ لأَنَّ هذا لاَ يَجُوزُ على الأَنْبياءِ، لَكِنّهُ أَمْرٌ لِنَبِيِّنا صلّى اللهُ عليه وسلّم بالْتِزامِ الصَّبْرِ على تَكْذِيبِ قَوْمِهِ وعَدَمِ التَّحَسُّرِ حتّى لا يُقارِبَ حالَ الجاهِلِ، وهَذا في الوَقْتِ نَفْسِهِ تَنْبِيهٌ لأُمَّةِ محمّدٍ صلّى اللهُ عليه وسلّم فَلاَ

يَكُونُوا مِنَ الجاهِلِين؛ وفي الآيةِ الأُخرى نَهى اللهُ نُوحاً أَنْ يَسْأَلَ عَمّا لاَ يَعْلَمُهُ ثُمَّ وَعَظَهُ حَتّى لا يَتَشَبَّهَ بِسِمَةِ الجاهِلِين كذلك. وفي القُرْآنِ الكَرِيمِ آياتٌ كَثِيرَةٌ تَحْتَوي على أَمْرِ اللهِ لِأَنْبيائِهِ بِأُمُورٍ لِيَعْمَلُوها، وعلى نَهْيِهِمْ عَنْ أُمُورٍ لَمْ يَعْمَلُوها، وذلك بِحَسَبِ مَشِيئَتِهِ سُبْحانَهُ وحِكْمَتِهِ التي فيها الرَّحْمَةُ والتَّعْلِيمُ والتَّنْبيه، مِثْلَما قالَ تعالى: ﴿ولاَ تَطْرُدِ الذين يَدْعُونَ رَبَّهُمْ بِالغَداةِ والعَشِيِّ يُرِيدُونَ وَجْهَهُ ما عَلَيْكَ مِنْ حِسابِهِمْ مِنْ شَيْءٍ وما مِنْ حِسابِكَ عَلَيْهِم مِنْ شَيْءٍ فَتَطْرُدَهُمْ فَتَكُونَ مِنَ الظّالِمِينَ﴾ (الأنعام، 52)؛ وما كانَ طَرَدَهُمْ صلّى اللهُ عليه وسلّمَ ولاَ كانَ مِنَ الظّالِمِين.

2- العِصْمَةُ قَبْلَ النُّبُوَّة

الحَقِيقَةُ أَنَّ الأَنْبِياءَ قَبْلَ نُبُوَّتِهِمْ مَعْصُومُونَ مِنَ الجَهْلِ بِاللهِ وصِفاتِهِ والتَّشَكُّكِ في ذلك، فَقَدْ نَشَأُوا على الإِيمانِ والتَّوْحِيد، ولَمْ يُعْرَفْ عَنْ أَحَدٍ مِنْهُمْ كُفْرٌ ولاَ شِرْكٌ؛ ومِنَ الأَدِلَّةِ على ذلكَ قَوْلُهُ تَعالى: ﴿وَإِذْ أَخَذْنا مِنَ النَّبِيِّينَ مِيثاقَهُمْ ومِنْكَ﴾ (الأحزاب، 7)؛ وهُوَ المِيثاقُ الذي أَخَذَهُ اللهُ على الأَنْبياءِ قَبْلَ بِعْثَتِهِمْ لإقامَةِ الدِّينِ وتَبْلِيغِ رِسالاَتِ اللهِ، فَلاَ يَجُوزُ عَلَيْهِمُ الشِّرْكُ أَوْ غَيْرُهُ مِنَ الذُّنُوبِ؛ فَإِبْراهِيمُ عليه السّلامُ مَثَلاً حِينَما قَصَّ القُرْآنُ الكَرِيمُ قَولَهُ في الكَوْكَبِ والقَمَرِ والشَّمس: ﴿هذا رَبِّي﴾ (الأنعام، 76) لَمْ يَكُنْ مُشْرِكاً وإِنَّما على الأَصَحِّ أَنَّهُ كانَ يُوَبِّخُ قَوْمَهُ ساخِراً مِنْهُمْ، بِمَعْنَى: «هذا رَبِّي على حَدِّ قَوْلِكُمْ». كَما أَنَّ النَّبِيَّ صلّى اللهُ عليه وسلّمَ كانَ صَغِيرَ السِّنِّ عِنْدَما أَتاهُ جِبْرِيلُ وشَقَّ قَلْبَهُ وأَخْرَجَ مِنْهُ عَلَقَةً وقال: هذا حَظُّ الشَّيْطانِ مِنْكَ ثُمَّ غَسَلَهُ ومَلأَهُ حِكْمَةً وإِيماناً؛ فلاَ يُتَصَوَّرُ مِنْهُ ما يُخالِفُ ذلك. وإِنْ قُلْتَ: ما مَعْنى قَوْلِهِ تعالى: ﴿ووَجَدَكَ ضالاًّ فَهَدَى﴾

(الضحى، 7) فالضَّلالُ هُنا لَيْسَ كُفْراً أَوْ مَعْصِيَةً، لَكِنْ فُسِّرَ بِالتَّحَيُّرِ، إِذْ كانَ صلّى اللهُ عليه وسلّمَ يَخْلُو بِغارِ حِراءَ مُتَطَلِّعاً إلى ما يَتَوَجَّهُ بِهِ إِلى رَبِّهِ ويَتَشَرَّعُ بِهِ. وقَدْ رُوِيَ عَنْهُ قَوْلُهُ: «بُغِّضَتْ إِلَيَّ الأَصْنامُ»؛ وكذلك المَعْرُوفُ مِنْ سِيرَتِهِ صلّى اللهُ عليه وسلّم وتَوْفِيقِ اللهِ لَهُ أَنَّهُ كانَ قَبْلَ نُبُوَّتِهِ يُخالِفُ المُشْرِكِينَ في وُقُوفِهِمْ بِمُزْدَلِفَةَ في الحَجِّ فَكانَ يَقِفُ بِعَرَفَةَ لأَنَّهُ كانَ مَوْقِفَ إِبْراهِيمَ عليه السلامُ. والخِلافُ في تَعَبُّدِهِ صلّى اللهُ عليه وسلّم قَبْلَ الوَحْيِ والتَّشْرِيعِ يَنْبَغِي أَنْ يُرْجَعَ فيه إلى ما جاءَ في الأَخْبارِ الصَّحِيحَةِ، وهُوَ أَنَّهُ صلّى اللهُ عليه وسلّم لَمْ يَكُنْ مُتَّبِعاً لِشَرْعِ مَنْ قَبْلَهُ، لأَنَّهُ لَوْ كانَ ذلكَ لَنُقِلَ ولَمَا أَمْكَنَ كَتْمُهُ لأَهَمِّيَّتِهِ، ولَافْتَخَرَ بِهِ أَهْلُ ذلك الشَّرْعِ.

3- عِلْمُ الأَنْبِياءِ بِأُمُورِ الدُّنْيا

لَقَدِ احْتَوَتْ قُلُوبُ الأَنْبِياءِ مِنَ المَعْرِفَةِ بِأُمُورِ الدِّينِ والدُّنْيا ما لاَ شَيْءَ فَوْقَهُ، إِلاَّ أَنَّ أَحْوالَهُمْ في هذه المَعارِفِ تَخْتَلِفُ؛ فَأَمَّا أُمُورُ الدُّنْيا فَيَجُوزُ على الأَنْبِياءِ عَدَمُ مَعْرِفَةِ بَعْضِها، ولاَ عَيْبَ عَلَيْهِمْ في ذلك، إِذْ هِمَمُهُمْ مَتَعَلِّقَةٌ بالآخِرَةِ وأَنْبائِها والشَّرِيعَةِ وقَوانِينِها؛ ولَكِنْ لاَ يُقالُ إِنَّهُمْ لاَ يَعْلَمُونَ شَيْئاً مِنْ أَمْرِ الدُّنْيا فَإِنَّ ذلك يَعْنِي الغَفْلَةَ وهُمْ مُنَزَّهُونَ عنها لأَنَّهُمْ أُرْسِلُوا إِلى أَهْلِ الدُّنْيا لِهِدايَتِهِمْ والنَّظَرِ في مَصالِحِ دِينِهِمْ ودُنْياهُمْ.

وأَمَّا ما يَتَعَلَّقُ بِعِلْمِ النَّبِيِّ صلّى اللهُ عليه وسلّمَ بِأُمُورِ الدِّينِ فَعِلْمُهُ بِهِ إِمَّا بِوَحْيٍ مِنَ اللهِ فَلَيْسَ لَهُ شَكٌّ فِيه بَلْ لَهُ اليَقِينُ، وإِمّا بِاجْتِهادِهِ في ما لَمْ يَنْزِلْ عَلَيْهِ وَحْيٌ فِيهِ، وقد قالَ في هذا: «إِنِّي إِنَّما أَقْضِي بَيْنَكُم بِرَأْيِي في ما لَمْ يَنْزِلْ عَلَيَّ فِيهِ شَيْءٌ»، فَلاَ يَكُونُ أَيْضاً ما يَعْتَقِدُهُ ويَجْتَهِدُ فيه إِلاَّ حَقّاً

لِعِصْمَةِ النَّبيِّ صلّى اللهُ عليه وسلّم مِنَ الخَطَإِ في الاِجْتِهادِ في الشَّرْعِيَّات؛ أمَّا ما لَمْ يَعْتَقِدْهُ مِنْ أَحْكامِ الوَقائِعِ الشَّرْعِيَّةِ فقد كانَ يَنْتَظِرُ الوَحْيَ في كَثِيرٍ مِنْها، ولَكِنَّهُ لَمْ يَمُتْ حَتّى كَمُلَ جَمِيعُ عِلْمِها عِنْدَهُ صلّى اللهُ عليه وسلّم. وأمّا ما تَعَلَّقَ بِمَلَكُوتِ السَّمواتِ والأَرْضِ وخَلْقِ اللهِ وتَعْيِينِ أَسْمائِهِ الحُسْنَى وأُمُورِ الآخِرَةِ وعَلامَاتِ السّاعَةِ وعِلْمِ ما كانَ وما سَيَكُونُ مِمّا لَمْ يَعْلَمْهُ إلاَّ بِوَحْيٍ، فَهُوَ على غايَةِ اليَقِينِ بِهِ ومَعْصُومٌ فِيهِ مِنْ كُلِّ شَكٍّ، لَكِنَّهُ لاَ يُشْتَرَطُ لَهُ العِلْمُ بِجَمِيعِ تَفاصِيلِ ذلك وإِنْ كانَ عِنْدَهُ مِنَ العِلْمِ ما لَيْسَ عِنْدَ البَشَرِ؛ قَالَ تعالى: ﴿وَفَوْقَ كُلِّ ذِي عِلْمٍ عَلِيمٌ﴾ (يُوسُف، 76)، ومِنْ دُعائِهِ صلّى اللهُ عليه وسلّم: «أَسْأَلُكَ بِكُلِّ اسْمٍ هُوَ لَكَ سَمَّيْتَ بِهِ نَفْسَكَ أَوْ اسْتَأْثَرْتَ بِهِ في عِلْمِ الغَيْبِ عِنْدَكَ».

4- عِصْمَتُهُ صلّى اللهُ عليه وسلّمَ مِنَ الشَّيْطان

إِنَّ الأُمَّةَ مُجْمِعَةٌ على عِصْمَةِ النَّبِيِّ صلّى اللهُ عليه وسلّم مِنَ الشَّيْطانِ، لاَ في جِسْمِهِ بالأَذَى ولاَ في خاطِرِهِ بالوَسْواسِ؛ قالَ صلّى اللهُ عليه وسلّمَ: «مَا مِنْكُمْ مِنْ أَحَدٍ إلاَّ وُكِّلَ بِهِ قَرِينُهُ مِنَ الجِنِّ وقَرِينُهُ مِنَ الملائِكَةِ» [أَيْ: كَلَّفَهُما اللهُ بِهِ]، قالُوا: وإِيَّاكَ يا رَسُولَ اللهِ؟ قالَ: «وإِيَّايَ ولَكِنَّ اللهَ تعالى أَعانَنِي عَلَيْهِ فَأَسْلَمَ، فَلاَ يَأْمُرُنِي إلاَّ بِخَيْرٍ»؛ فَإِذا كانَ صلّى اللهُ عليه وسلّم قَدِ انْتَصَرَ على شَيْطانِهِ المُلازِمِ لَهُ فَكَيْفَ لاَ يَهْزِمُ سائرَ الشَّياطِينِ البَعِيدَةِ مِنْهُ؛ فَهُمْ بَعْدَ أَنْ يَئِسُوا مِنْ إِغْوائِهِ حاوَلَ بَعْضُهُمْ التَّعَرُّضَ لَهُ في صَلاَتِهِ، قالَ صلّى اللهُ عليه وسلّم: « إِنَّ عَدُوَّ اللهِ إِبْلِيسَ جاءَ بِشِهابٍ مِنْ نارٍ لِيَجْعَلَهُ في وَجْهِي فَقُلْتُ: أَعُوذُ باللهِ مِنْكَ، ثَلاَثَ مَرّاتٍ، ثُمَّ قُلْتُ: أَلْعَنُكَ بِلَعْنَةِ اللهِ التَّامَّةِ، ثَلاثَ مراتٍ، فَلَمْ يَسْتَأْخِرْ، ثُمَّ أَرَدْتُ أَخْذَهُ، واللهِ لَوْلاَ دَعْوَةُ أَخِينا

سُلَيْمانَ لَأَصْبَحَ مُوثَقاً [أَيْ: مُقَيَّداً] يَلْعَبُ بِهِ وِلْدانُ أَهْلِ المدينَةِ». ولَمَّا لَمْ يَقْدِرْ إِبْلِيسُ على أَذَاهُ تَوَسَّطَ بِأَعْدائِهِ مِنْ قُرَيْشٍ فَجاءَهُمْ في صُورَةِ شَيْخٍ نَجْدِيٍّ يَتآمَرُ مَعَهُمْ على قَتْلِ النَّبِيِّ صلّى اللهُ عليه وسلّم، وفي صُورَةٍ أُخْرَى يَوْمَ غَزْوَةِ بَدْرٍ، حَيْثُ قالَ تَعالى: ﴿وَإِذْ زَيَّنَ لَهُمُ الشَّيْطانُ أَعْمالَهُمْ﴾ (الأنفال، 48)، وفي غَيْرِ ذلك مِنَ المُناسَباتِ، وقَدْ عَصَمَهُ اللهُ فيها جَميعاً مِنْ شَرِّهِ. فَإِنْ قِيلَ: ما مَعْنَى قَوْلِهِ تَعالَى: ﴿وإِمَّا يَنزَغَنَّكَ مِنَ الشَّيْطانِ نَزْغٌ فاسْتَعِذْ بِاللهِ﴾ (الأعراف، 200)، فَذلك راجِعٌ إِلى قَوْلِهِ سُبْحانَهُ قَبْلَها: ﴿وأَعْرِضْ عَنِ الجاهِلِينَ﴾ (الأعْراف، 199)، فَيَنْزَغُكَ أَيْ: يُهَيِّجُ خاطِرَكَ بِوَسْوَسَتِهِ فَتَغْضَبُ وتَتْرُكُ الإعْراضَ عَنْهُمْ، فإذا اسْتَعاذَ بِاللهِ عَصَمَهُ مِنْه. وكَذلك لاَ يَتَصَوَّرَ الشَّيْطانُ في صُورَةِ المَلَكِ، فَلاَ يَشُكُّ النَّبِيُّ أَنَّ ما يَأْتِيهِ مِنَ اللهِ هُوَ مَلَكٌ. وما جاءَ في القُرآنِ عَنْ تَعَرُّضِ الشّيْطانِ لِبَعْضِ الأَنْبِياءِ بِوَساوِسَ ونَزْغٍ إِنَّما هُوَ بِشَغْلِ خَواطِرِهِمْ.

5- عِصْمَتُهُ صلّى اللهُ عليه وسلّم في أَقْوالِه

وأَمّا أَقْوالُهُ صلّى اللهُ عليه وسلّم فَهُوَ مَعْصُومٌ فِيها كذلك عَنِ الغَلَطِ والسَّهْوِ، لأَنَّهُ مُكَلَّفٌ بِتَبْلِيغِ الشَّرِيعَةِ وتَفْسِيرِها، فَلَوْ جازَ عَلَيْهِ الخَطَأُ لَما تَمَيَّزَ مِنَ الصّوابِ، وقَدْ قالَ فِيهِ الحَقُّ سُبْحانَه: ﴿وَما يَنطِقُ عَنِ الهَوَى إِنْ هُوَ إِلاَّ وَحْيٌ يُوحَى﴾ (النجم، 3-4)؛ وفِي حَدِيثِ عَبْدِ اللهِ بْنِ عُمَرَ: قُلْتُ يا رَسُولَ اللهِ أَأَكْتُبُ كُلَّ ما أَسْمَعُ مِنْكَ؟ قالَ: «نَعَم»، قُلْتُ: في الرِّضَا والغَضَبِ؟ قالَ: «نَعَمْ، فَإِنِّي لاَ أَقُولُ في ذلكَ كَلِّهِ إِلاَّ حَقّاً». وقَدْ طَرَحَ بَعْضُ المُلْحِدِينَ أَسْئِلَةً مِنْها ما تَعَلَّقَ بِما رُوِيَ مِنْ أَنَّ النَّبِيَّ صلّى اللهُ عليه وسلّم لَمَّا قَرأَ قَوْلَهُ تَعالى: ﴿أَفَرَأَيْتُمُ اللاَّتَ والعُزَّى ومَنَاةَ الثَّالِثَةَ الأُخْرَى﴾

(النجم، 19-20) قال: «تِلْكَ الغَرانِيقُ العُلَى وَإِنَّ شَفاعَتَها لَتُرْتَجَى»؛ فَلَمَّا خَتَمَ السُّورَةَ سَجَدَ وسَجَدَ مَعَهُ المُسْلِمُونَ والكُفّارُ عِنْدَما سَمِعُوهُ مَدحَ آلِهَتِهِمْ، وأَنَّ النَّبيَّ صلّى اللهُ عليه وسلّم كانَ يَتَمَنَّى أَنْ يَنْزِلَ عليهِ وَحْيٌ يُقارِبُ بَيْنَهُ وبَيْنَ قَوْمِهِ، وأَنَّهُ لَمَّا عَرَضَ السُّورَةَ على جِبْرِيلَ وبَلَغَ الكَلِمَتَيْنِ قالَ لَهُ: مَا جِئْتُكَ بِهاتَيْنِ، فَحَزِنَ لِذلك النَّبِيُّ صلّى اللهُ عليه وسلّمَ فَأَنْزَلَ اللهُ تَعالى تَسْلِيَةً لَهُ: ﴿وما أَرْسَلْنا مِنْ قَبْلِكَ مِنْ رَسُولٍ ولاَ نَبِيٍّ إلاَّ إذا تَمَنَّى أَلْقَى الشَّيْطانُ في أُمْنِيَّتِهِ فَيَنْسَخُ اللهُ ما يُلْقِي الشَّيْطانُ ثُمَّ يُحْكِمُ اللهُ آياتِهِ﴾ (الحج، 52)، وقَوْلَهُ: ﴿وَإِنْ كادُوا لَيَفْتِنُونَكَ عَنِ الذي أَوْحَيْنا إِلَيْكَ﴾ (الإسراء، 73). وفي الرَّدِّ على مُشْكِلِ هذا الحَدِيثِ مَأْخَذانِ: أَحَدُهُما في تَضْعِيفِ أَصْلِهِ؛ والثّاني: على تَقْدِيرِ وُقُوعِهِ.

فَأَمّا المَأْخَذُ الأَوَّلُ: فَيَكْفِي أَنَّ الحَدِيثَ لَمْ يُخْرِجْهُ أَحَدٌ مِنْ أَهْلِ الصِّحَّةِ ولاَ رَواهُ ثِقَةٌ بِسَنَدٍ سَلِيمٍ مُتَّصِلٍ، وإِنَّما تَداوَلَهُ بَعْضُ أَهْلِ الأَهْواءِ مِنَ المُفَسِّرِينَ والمُؤَرِّخِينَ المُولَعِينَ بِكُلِّ غَرِيبٍ والمُتَلَقِّفِينَ لِكُلِّ ما يَسْمَعُونَ، وتَعَلَّقَ بِذلك المُلْحِدُونَ، مَعَ اضْطِرابِ رِوايَتِهِ وانْقِطاعِ إِسْنادِهِ؛ وقَدْ أَجْمَعَتِ الأُمَّةُ على عِصْمَتِهِ صلّى اللهُ عليه وسلّم عَنْ مِثْلِ هذه النَّقِيصَةِ، سَواءٌ مِنْ تَمَنِّيهِ أَنْ يَنْزِلَ عَلَيْهِ مَدحُ آلِهَةٍ غَيْرِ اللهِ وهُوَ كُفْرٌ، أَوْ أَنْ يَتَسَلَّطَ عَلَيْهِ الشَّيْطانُ بِأَنْ يَعْتَقِدَ النَّبِيُّ صلّى اللهُ عليه وسلّمَ أَنَّ مِنَ القُرْآنِ ما لَيْسَ مِنْهُ حَتَّى يُنَبِّهَهُ جِبْرِيلُ عَلَيْهِ السَّلامُ؛ وهَذا كُلُّهُ لاَ يَجُوزُ في حَقِّ النَّبِيِّ صلّى اللهُ عليه وسلّم، لاَ عَمْداً وهُوَ كُفْرٌ ولاَ سَهْواً وهُوَ مَعْصُومٌ مِنْهُ؛ والذي مِنْهُ في الصَّحِيحِ: أَنَّ النَّبِيَّ صلّى اللهُ عليه وسلّمَ قَرَأَ سُورَةَ النَّجْمِ وهُوَ بِمَكَّةَ فَسَجَدَ مَعَهُ المُسْلِمُون والمُشْرِكُونَ والجِنُّ والإِنْسُ.

وأمّا المَأْخذُ الثاني: فَهُوَ أَنّنا لَوِ افْتَرَضْنا صِحَّةَ الحَديثِ لَكانَ تَفْسِيرُ وُقُوعِهِ - حَسَبَ العُلَماءِ المُحَقِّقِينَ - أَنَّ النَّبِيَّ صلّى اللهُ عليه وسلّمَ كانَ كَمَا أَمَرَهُ رَبُّهُ يُرَتِّلُ القُرْآنَ تَرْتِيلاً وَيَفْصِلُ بَيْنَ الآياتِ بِسَكَتاتٍ، فَيُمْكِنُ أَنْ يَسْتَغِلَّ الشَّيْطانُ تِلْكَ السَّكَتاتِ وَيَدُسَّ فِيها تِلْكَ الكَلِماتِ مُقَلِّداً صَوْتَ النَّبِيِّ صلّى اللهُ عليه وسلّمَ، بِحَيْثُ يَسْمَعُهُ مِنَ الكُفّارِ مَنْ كانَ قَرِيباً مِنْهُ، فَظَنُّوها مِنْ قَوْلِ النَّبِيِّ صلّى اللهُ عليه وسلّمَ وأَشاعُوها؛ أَمَّا المُسْلِمُونَ فَلَا يُؤَثِّرُ فِيهِمْ ذلك لأَنَّهُمْ يَحْفَظُونَ السُّورَةَ كما أُنْزِلَتْ وهُمْ مُتَحَقِّقُونَ مِنْ حالِ النَّبِيِّ صلّى اللهُ عليه في كُرْهِ الأَصْنامِ وذَمِّها؛ ويَكُونُ ما رُوِيَ مِنْ حُزْنِ النَّبِيِّ صلّى اللهُ عليه وسلّمَ بِسَبَبِ تِلْكَ الإشاعَةِ.

6- مَا لاَ يَتَعَلَّقُ بِالتَّبْلِيغِ مِنْ أَقْوَالِهِ صلّى اللهُ عليه وسلّم

أقوالُ النَّبِيِّ صلّى اللهُ عليه وسلّم في ما يَتَعَلَّقُ بِأُمُورِ الدُّنْيا وفي ما لَيْسَ فِيهِ تَبْلِيغٌ عَنِ اللهِ تَعالَى يَجِبُ تَنْزِيهُهُ كذلك عَنْ أَنْ يَقَعَ لَهُ فِيه سَهْوٌ أَوْ غَلَطٌ، وذلك في جَمِيعِ حالاَتِهِ، ونَحْنُ نَعْلَمُ مِنْ دِينِ الصَّحابَةِ وعادَتِهِمْ أَنَّهُمْ كانُوا يُبادِرُونَ إلى تَصْدِيقِ جَمِيعِ أَحْوالِهِ والثِّقَةِ بِجَمِيعِ أَخْبارِهِ عَنْ أَيِّ شَيْءٍ بِدُونِ تَرَدُّدٍ ولاَ تَشَكُّكٍ؛ كَما أَنَّ سِيرَتَهُ صلّى اللهُ عليه وسلّمَ وشَمائِلَهُ مَعْرُوفَةٌ بالتَّفْصِيلِ، فلَمْ يَرِدْ فِيها غَلَطٌ أَوْ وَهْمٌ في ما أَخْبَرَ بِهِ؛ ولَوْ كانَ شَيْءٌ مِنْ ذلك لَنُقِلَ إِلَيْنا كَما نُقِلَ رُجُوعُهُ صلّى اللهُ عليه وسلّم عَمَّا اقْتَرَحَهُ على الأَنْصارِ في تَلْقِيحِ النَّخْلِ، فَحِينَ لَمْ يُنْتِجْ قالَ لَهُمْ: «إِنَّما أَنَا بَشَرٌ، إذا أَمَرْتُكُمْ بِشَيْءٍ مِنْ أَمْرِ دِينِكُمْ فَخُذُوا بِهِ، وإذا أَمَرْتُكُمْ بِشَيْءٍ مِنْ رَأْيِي فَإِنَّما أَنَا بَشَرٌ»، وقَدْ كانَ ذلك الاقْتِراحُ رَأْياً لاَ خَبَراً؛ كما أَنَّهُ صلّى اللهُ عليه وسلّم قال: «إِنَّكُمْ تَخْتَصِمُونَ إِلَيَّ وإِنَّما أَنَا بَشَرٌ، ولَعَلَّ بَعْضَكُمْ

أَنْ يَكُونَ أَلْحَنَ [أَيْ: أَبْلَغَ] بِحُجَّتِهِ مِنْ بَعْضٍ، فَإِنْ قَضَيْتُ لأَحَدٍ مِنْكُمْ بِشَيْءٍ مِنْ حَقِّ أَخِيهِ فَإِنَّما أَقْطَعُ لَهُ مِنَ النَّارِ فَلاَ يَأْخُذْ مِنْهُ شَيْئاً». وإذا كانَ عُلَماءُ الحَدِيثِ قَدْ تَجَنَّبُوا الرِّوايَةَ عَمَّنْ عُرِفَ بالوَهْمِ وكَثْرَةِ الغَلَطِ، وكانَ الكَذِبُ فِي أُمُورِ الدُّنْيَا مَعْصِيَةً، فَبِالأَوْلَى أَنْ يُنَزَّهَ النَّبِيُّ عَنْ مِثْلِ تِلْكَ الأُمُورِ كُلِّها، لاَ بِقَصْدٍ ولاَ بِغَيْرِ قَصْدٍ، لأَنَّ عُمْدَةَ النُّبُوَّةِ التَّبْلِيغُ والتَّصْدِيقُ بِهِ، فَلاَ يَجُوزُ على الأَنْبِياءِ السَّهْوُ أَوِ الكَذِبُ في البَلاَغِ، كَما أَنَّهُمْ سَلِمُوا مِنْ ذلك قَبْلَ النُّبُوَّةِ في أَحْوالِ دُنْياهُمْ، لأَنَّه إنْ وَقَعَ لَهُمْ شَيْءٌ مِنْ ذلك يَكُونُ سَبَباً لِلشَّكِّ فِيهِمْ والنُّفُورِ مِنْهُمْ؛ وانْظُرْ كَيْفَ كانَ حالُ نَبِيِّنا صلّى الله عليه وسلّمَ قَبْلَ النُّبُوَّةِ مِنَ الأَمانَةِ والصِّدْقِ.

7- حُكْمُ السَّهْوِ مِنْهُ صلّى اللهُ عليه وسلّم

قال صلّى اللهُ عليه وسلّمَ: «إِنَّما أَنَا بَشَرٌ مِثْلُكُمْ أَنْسَى كَما تَنْسَوْنَ، فَإِذا نَسِيتُ فَذَكِّرُونِي»؛ فَتَقَرَّرَ عِنْدَ العُلَماءِ أَنَّ السَّهْوَ والنِّسْيانَ مِنْهُ صلّى اللهُ عليه وسلّمَ في الأَفْعالِ جائِزٌ، وقَدْ يَكُونُ ذلكَ لإِفادَةِ عِلْمٍ وتَقْرِيرِ شَرْعٍ؛ أَمّا الأَقْوالُ المُتَعَلِّقَةِ بالتَّبْلِيغ بِخِلاَفِ ذلك لأَنَّ المُعْجِزَةَ مَبْنِيَّةٌ على الصِّدْقِ في القَوْلِ. والأَحاديثُ الواردةُ في سَهْوِهِ صلّى اللهُ عليه وسلّم ثَلاثَةٌ، مِنْها حَدِيثُ أَبِي هُرَيْرَةَ أَنَّ النَّبِيَّ صَلّى اللهُ عليه وسلّمَ صَلّى العَصْرَ فَسَلَّمَ في الرَّكْعَةِ الثَّانِيَةِ، فَقالَ أَحَدُ الصَّحابَةِ: يَا رَسُولَ اللهِ أَقُصِرَتِ الصَّلاَةُ أَمْ نَسِيتَ؟ فقالَ رَسُولُ اللهِ صلّى اللهُ عليهِ وسلَّمَ: «مَا قُصِرَتِ الصَّلاَةُ ومَا نَسِيتُ»، فَأَخْبَرَ بِنَفْيِ الحالَتَيْنِ، وقَدْ وَقَعَتْ إِحْداهُما كَما قَالَ الصَّحابِيُّ: قَدْ كانَ بَعْضُ ذلكَ يا رَسُولَ اللهِ. ولِلعُلَماءِ في ذلك أَجْوِبَةٌ مُخْتَلِفَةٌ؛ والَّذِي أَقُولُ ويَظْهَرُ لِي أَنَّهُ أَقْرَبُ أَنَّ قَوْلَهُ صلّى اللهُ عليه وسلّمَ: «لَمْ أَنْسَ» إِنْكارٌ لِلَّفْظِ

الذي نَفاهُ عَنْ نَفسِهِ وأَنْكَرَهُ على غَيْرِهِ بِقَوْلِهِ: «بِئْسَمَا لِأَحَدِكُمْ أَنْ يَقُولَ نَسِيتُ آيَةَ كَذَا وكَذَا ولَكِنَّهُ نُسِّيَ»، وفي حَدِيثٍ آخَرَ: «لَسْتُ أَنْسَى ولَكِنْ أُنَسَّى»؛ فَقَوْلُهُ عَلَيْهِ الصَّلاةُ والسّلامُ: لَمْ أَنْسَ ولَمْ تُقْصَرْ صِدْقٌ وَحَقٌّ، فَلَمْ يَنْسَ حَقِيقَةً ولَكِنَّهُ نُسِّيَ حَتَّى يُبَيِّنَ سُنَّةَ سُجُودِ السَّهْوِ في الصَّلاةِ؛ ولِأَجْلِ هذه الحِكْمَةِ وَقَعَ ما في الحَدِيثِ الثاني الذي رُوِيَ فِيهِ أَنَّهُ صلّى اللهُ علي وسلّمَ قَامَ بَعْدَ الرَّكْعَةِ الثّانِيَةِ في صَلاةٍ ثُنائِيَّةٍ، وكذلك الحَدِيثِ الثّالِثِ عَنِ ابْنِ مَسْعُودٍ رَضِيَ اللهُ عنه وفِيهِ أَنَّ النَّبِيَّ صلّى اللهُ عليه وسلّمَ صَلّى الظُّهْرَ خَمْسَ رَكَعاتٍ؛ فَهُوَ صلّى اللهُ عليهِ وسلّمَ – كَما قالَ بَعْضُ المَشايِخِ – كانَ يَسْهُو ولاَ يَنْسَى، ولِذلكَ نَفَى عَنْ نَفْسِهِ النِّسْيَانَ، لِأَنَّ النِّسْيانَ غَفْلَةٌ، أَمَّا السَّهْوُ فَهُوَ إِنَّما هُوَ شُغْلٌ، فَكانَ النَّبِيُّ صلّى اللهُ عليه وسلّم يَسْهُو في صَلاتِهِ ولاَ يَغْفُلُ عَنْها؛ نَعَمْ، قَدْ يَسْهُو بِطَاعَةٍ عَنْ طاعَةٍ كَما تَرَكَ الصَّلاةَ في مَعْرَكَةِ الخَنْدَقِ حَتَّى خَرَجَ وَقْتُها وشُغِلَ بِالتَّحَرُّزِ مِنَ العَدُوِّ.

قَدْ ظَهَرَ ما هُوَ الحَقُّ مِنْ عِصْمَتِهِ صلّى اللهُ عليه وسلّم عَنِ الجَهْلِ بِاللهِ وصِفاتِهِ، واسْتِحالَةِ الكَذِبِ مِنْهُ قَصْداً أَوْ عَنْ غَيْرِ قَصْدٍ قَبْلَ النُّبُوَّةِ وبَعْدَها، وتَنْزِيهِهِ عَنِ الكَبائِرِ والصَّغائِرِ، وعَنِ دَوامِ السَّهْوِ والغَلَطِ في ما شَرَّعَهُ لِلأُمَّةِ؛ فَيَجِبُ تَقْدِيرُ ذلكَ حَقَّ قَدْرِهِ ومَعْرِفَةُ فائِدَتِهِ لِأَنَّ مَنْ يَجْهَلُ ما يَجِبُ لِلنَّبِيِّ صلّى اللهُ عليه وسلّم أَوْ يَجُوزُ أَوْ يَسْتَحِيلُ عَلَيْهِ، ولاَ يُنَزِّهُهُ عَمّا لاَ يَجِبُ أَنْ يُضافَ إِلَيْهِ يَهْلَكُ مِنْ حَيْثُ لاَ يَدْرِي ويَسْقُطُ في الدَّرْكِ الأَسْفَلِ مِنَ النّارِ؛ ولِهَذا احْتاطَ عَلَيْهِ الصَّلاةُ والسَّلامُ على الرَّجُلَيْنِ اللَّذَيْنِ رَأَيَاهُ مَعَ صَفِيَّةَ أُمِّ المُؤْمِنِينَ فقالَ لَهُما: «إِنَّها صَفِيَّةُ»، ثُمَّ قالَ لَهُما: «إِنَّ الشَّيْطانَ يَجْرِي مِنِ ابْنِ آدَمَ مَجْرَى الدَّمِ، وإِنِّي خَشِيتُ أَنْ يَقْذِفَ في قُلُوبِكُما شَيْئاً فَتَهْلَكَا».

ومِنْ فَوائِدِ مَعْرِفَةِ ما يَجِبُ وما لاَ يَجِبُ وما يَجُوزُ في حَقِّهِ صلّى الله عليه وسلّم ما يَتَرَتَّبُ على ذلكَ مِنَ الأَحْكامِ الفِقْهِيَّةِ وغَيْرِها؛ وكذلكَ ما يَحْتاجُ إِلَيْهِ الحاكِمُ والمُفْتِي في الحُكْمِ على مَنْ صَدَرَ مِنْهُ شَيْءٌ في حَقِّ النَّبِيِّ صلّى الله عليه وسلم.

8- عِصْمَةُ الأَنْبِياءِ مِنَ الكَبائِرِ والتَّقْصِيرِ في التَّبْلِيغ

لَقَدِ اتَّفَقَ المُسْلِمُونَ على عِصْمَةِ الأَنْبِياءِ مِنَ الفَواحِشِ والكَبائِرِ بِالإِجْماعِ ودَلِيلِ العَقْلِ، وكَذلك لاَ خِلاَفَ أَنَّهُمْ مَعْصُومُونَ مِنْ كِتْمانِ الرِّسالَةِ والتَّقْصِيرِ في التَّبْلِيغِ؛ وأَمَّا الصَّغائِرُ فَقَدْ وَقَعَ الاِخْتِلاَفُ في جَوازِها عَلَيْهِمْ، لَكِنَّ جَمِيعَ العُلَماءِ والفُقَهاءِ مُجْمِعُونَ على أَنَّ الأَنْبِياءَ مَعْصُومُونَ عَنْ تِكْرارِ الصَّغائِرِ وكَذلكَ عَنِ الصَّغِيرَةِ التي تُؤَدِّي إِلى إِزالَةِ الحِشْمَةِ والوَقارِ لأَنّها تَحُطُّ مِنْ مَنْصِبِ النُّبُوَّةِ؛ وقَدِ اسْتَدَلَّ جُمْهُورُ الفُقَهاءِ، مِنْ أَصْحابِ مَالِكٍ والشَّافِعِيِّ وأَبِي حَنِيفَةَ على عِصْمَةِ الأَنْبِياءِ مِنَ الصَّغائِرِ لأَنَّ النّاسَ يَتَّبِعُونَهُمْ، ولأَنَّنا لَوْ جَوَّزْنا عَلَيْهِمُ الصَّغائِرَ لَمْ يُمْكِنِ الاِقْتِداءُ بِأَفْعالِهِمْ، ولأَنَّهُ لاَ يَتَمَيَّزُ المَقْصُودُ مِنها إِنْ كانَتْ طاعَةً أَوْ مَعْصِيَةً. ثُمَّ إِنَّ الإِجْماعَ مُنْعَقِدٌ على أَنَّ النَّبِيَّ صَلّى الله عليه وسلّمَ لاَ يُقِرُّ أَحَداً على مُنْكَرٍ مِنْ قَوْلٍ أَوْ فِعْلٍ وأَنَّهُ مَتى رَأَى شَيْئاً فَسَكَتَ عَنْهُ دَلَّ على جَوازِهِ؛ فَإِذا كانَتْ هذه حَالُهُ مَعَ غَيْرِهِ فَكَيْفَ يَجُوزُ وُقُوعُ ذلك مِنْهُ، وعلى هذا تَجِبُ عِصْمَتُهُ مِنْ فِعْلِ المَكْرُوهِ؛ وأَيْضاً فَقَدْ عُلِمَ مِنْ دِينِ الصَّحابَةِ الاِقْتِداءُ بِأَفْعالِ النَّبِيِّ صلّى الله عليه وسلّمَ في جَمِيعِ الأُمُورِ. وأَمَّا المُباحاتُ فَجائِزٌ وُقُوعُها مِنَ الأَنْبِياءِ إِذْ لَيْسَ فِيها قَدْحٌ بَلْ هِيَ مَأْذُونٌ لَهُمْ فِيها كَما لِغَيْرِهِمْ، إِلاَّ أَنَّهُمْ بِمَا خَصَّهُمُ اللهُ بِهِ مِنْ رَفِيعِ المَنْزِلَةِ وشَرَحَ صُدُورَهُمْ لأَنْوارِ المَعْرِفَةِ

وعَلَّقَ قُلُوبَهُمْ بالدّارِ الآخِرَةِ لاَ يَأْخُذُونَ مِنَ المُباحاتِ إلاَّ الضَّرُوراتِ التِّي يَتقَوَّوْنَ بِها على صَلاَحِ دِينِهِمْ فَصارَتْ بِذلك طاعَةً للهِ تعالى.

9- الرَّدُّ على مَنْ أجازَ المَعاصِيَ الصَّغائِرَ على الأَنْبِياء

الذينَ جَوَّزُوا وُقُوعَ الأَنْبِياءِ في الذُّنُوبِ الصَّغِيرَةِ احْتَجُّوا بِظاهِرِ المَعْنَى في آيَاتٍ مِنَ القُرْآنِ وفي بَعْضِ الأَحاديثِ النَّبَوِيَّةِ؛ وإِذا هُمْ أَخَذُوا بِتلك الظَّواهِرِ فَإِنَّها تَنْتَهِي بِهِمْ إلى تَجْوِيزِ الكَبائِرِ على الأَنْبِياءِ والخُرُوجِ عَنِ إجْماعِ المُسلِمِين، خُصُوصاً أَنَّ أَقْوالَ السّلَفِ تُخالِفُ ما ذَهَبُوا إِلَيْه، وأَنَّ المُفَسِّرِينَ اخْتَلَفُوا في تَفْسِيرِ تلك الآياتِ والأَحاديثِ، لِذلكَ وجَبَ تَرْكُ حُجَجِ أُولَئِكَ المُجَوِّزِين للصَّغائِرِ على الأَنْبِياء.

فَأَمّا احْتِجاجُهُمْ بِقَولِهِ تَعالَى: ﴿لِيَغْفِرَ لَكَ اللهُ مَا تَقَدَّمَ مِنْ ذَنْبِكَ وما تَأَخَّرَ﴾ (الفتح، 2)، فَقَدِ اخْتَلَفَ فِيهِ المُفَسِّرُون، فَقِيلَ: مَا تَقَدَّمَ، أَيْ قَبْلَ النُّبُوَّةِ؛ وَمَا تَأَخَّرَ، أَيْ عِصْمَتُكَ بَعْدَها. وقِيلَ: مَا كانَ عَنْ سَهْوٍ وغَفْلَةٍ. وبِمِثْلِ هذا تَأْوِيلُ قَوْلِهِ تَعالَى: ﴿واسْتَغْفِرْ لِذَنْبِكَ ولِلْمُؤْمِنِينَ والمُؤْمِناتِ﴾ (محمد، 19).

وأَمّا قَوْلُهُ: ﴿ووَضَعْنَا عَنكَ وِزْرَكَ الذي أَنْقَضَ ظَهْرَكَ﴾ (الشرح، 2-3)، قِيلَ: عَصَمْناكَ مِنَ الذُّنُوبِ بِحَيْثُ لَوْ كانَتْ لأَنْقَضَتْ ظَهْرَكَ، وقِيلَ: مَا فَعَلَهُ باجْتِهادٍ مِنْهُ، وقِيلَ: ما أَثْقَلَ ظَهْرَكَ مِنْ أَعْباءِ الرِّسالَةِ.

وأَمّا قَوْلُهُ: ﴿عَفَا اللهُ عَنكَ لِمَ أَذِنتَ لَهُمْ﴾ (التوبة، 43)، فَلَيْسَ ﴿عَفَا﴾ هُنا بِمَعْنَى غَفَرَ، وإِنّمَا مِثْلُ: أَصْلَحَكَ اللهُ وأَعزَّكَ؛ ولَمْ يَكُنِ اللهُ قَدْ نَهَى نَبِيَّهُ صلّى اللهُ عليه وسلّمَ عَنْ هذا الأَمْرِ حَتَّى يُعاتِبَهُ، فَهُوَ كانَ مُخيَّراً في ما لَمْ يَنْزِلْ عَلَيهِ وَحْيٌ، وقَدْ قال اللهُ تعالى لَهُ: ﴿فَأْذَنْ لِمَنْ شِئْتَ مِنْهُمْ﴾ (النور،

62)، فَلَمَّا أَذِنَ لَهُمْ أَعْلَمَهُ اللهُ أَنَّهُ لَوْ لَمْ يَأْذَنْ لَهُمْ لَقَعَدُوا وأَنَّهُ لا حَرَجَ عليهِ في ما فَعَلَ.

وأَمَّا قَوْلُهُ في أَسْرَى بَدْرٍ: ﴿مَا كَانَ لِنَبِيٍّ أَنْ يَكُونَ لَهُ أَسْرَى﴾ (الأنفال، 67)، فَلَيْسَ فِيهِ ذَنْبٌ على النَّبِيِّ صلَّى اللهُ عليهِ وسلَّمَ، بَلْ فِيهِ بَيَانُ ما خُصَّ بِهِ مِنْ بَيْنِ سَائِرِ الأنبياءِ، فَكَأَنَّهُ قالَ: ما كانَ لِنَبِيٍّ غَيْرِكَ، كَما قالَ صلَّى اللهُ عليهِ وسلَّمَ: «أُحِلَّتْ لِيَ الغَنائِمُ ولم تَحِلَّ لِنَبِيٍّ قَبْلِي».

فإنْ قِيلَ: فَما مَعنى قَوْلِهِ تَعَالى: ﴿تُرِيدُونَ عَرَضَ الدُّنْيَا...﴾ (الأنفال، 67)، قِيلَ: الخِطَابُ لِلْمُسْلِمِينَ الذين أَرادُوا الغَنِيمَةَ وَحْدَها في غَزْوَةِ بَدْرٍ، ولَيْسَ المُرادُ بذلكَ النَّبِيُّ صلَّى اللهُ عليهِ وسلَّمَ.

ثُمَّ قالَ تَعَالى: ﴿لَوْلَا كِتَابٌ مِنَ اللهِ سَبَقَ لَمَسَّكُمْ فِيمَا أَخَذْتُمْ عَذَابٌ عَظِيمٌ﴾ (الأنفال، 68)؛ مِمَّا قِيلَ في تَفْسِيرِ مَعْنَاها: أَنَّهُ لَوْلَا أَنَّهُ سَبَقَ مِنِّي أَلَّا أُعَذِّبَ أَحَدًا إلَّا بَعْدَ النَّهيِ لَعَذَّبْتُكُمْ، فَهذا يَنْفِي أَنْ يَكونَ أَخْذُ أَسْرَى بَدْرٍ مَعْصِيَةً؛ وكذلكَ أَنَّهُ لَوْلَا أَنَّهُ سَبَقَ في اللَّوْحِ المَحْفُوظِ أَنَّ ذلكَ حَلَالٌ لَعُوقِبْتُمْ، فَهذا كُلُّهُ يَنْفِي الذَّنْبَ لأنَّ مَنْ فَعَلَ ما أُحِلَّ لَهُ لَمْ يَعْصِ.

وأَمَّا قَوْلُهُ تَعَالى: ﴿عَبَسَ وتَوَلَّى أَنْ جَاءَهُ الأَعْمَى﴾ (عبس، 1-2) فَلَيْسَ فِيهِ إِثْبَاتُ ذَنْبٍ لَهُ صلَّى اللهُ عليهِ وسلَّمَ، بَلْ إِعْلَامٌ لَهُ أَنَّ ذلكَ الكَافِرَ الذي اهْتَمَّ بِهِ لا يُؤْمِنُ ولا يَتَطَهَّرُ، وأَنَّ الصَّوَابَ – لَوْ عَلِمْتَ نِيَّةَ الرَّجُلَيْنِ – هُوَ الاهْتِمَامُ بِالأَعْمَى؛ وانْشِغَالُ النَّبِيِّ صلَّى اللهُ عليهِ وسلَّمَ بِدَعْوَةِ الكَافِرِ كانَ طاعَةً للهِ لا مَعْصِيَةً.

وأَمَّا قَوْلُهُ تَعَالى عَنْ آدَمَ عَلَيْهِ السَّلامُ وزَوْجِهِ: ﴿فَأَكَلَا مِنْهَا﴾ (طه، 121) وتَصْرِيحُهُ تَعَالى بِالمَعْصِيَةِ في قَوْلِهِ: ﴿وَعَصَى آدَمُ رَبَّهُ فَغَوَى﴾ (طه، 121)، أَيْ: جَهِلَ أَوْ أَخْطَأَ، فَإِنَّ اللهَ تَعَالى قَدْ أَخْبَرَ بِعُذْرِهِ آدَمَ في قَوْلِهِ:

﴿ولَقَدْ عَهِدْنا إلى آدَمَ مِنْ قَبْلُ فَنَسِيَ ولَمْ نَجِدْ لَهُ عَزْماً﴾ (طه، 115)، أَيْ قَصْداً لِلْمُخالَفَةِ، فَنَسِيَ عَداوَةَ إبْلِيسَ لَهُ وما عَهِدَ اللهُ إلَيْهِ بِقَوْلِهِ: ﴿إنَّ هذا عَدُوٌّ لَكَ ولِزَوْجِكَ﴾ (طه، 117)، فَإِذا كانَ ناسِياً لَمْ تَكُنْ مَعْصِيَة.

وأَمّا قِصَّةُ سَيِّدِنا يُونُسَ عَلَيْهِ السَّلامُ فَلَيْسَ فِيها نَصٌّ على ذَنْبٍ، وإنَّما فِيها: ﴿أَبَقَ﴾ (الصافات، 140)، ومَعناها: تَباعَدَ؛ و﴿ذَهَبَ مُغاضِباً﴾ (الأنبياء، 87)؛ وقِيلَ: عابَ اللهُ عَلَيْهِ تَرْكَهُ لِقَوْمِهِ فِراراً مِنَ العَذابِ. وأَمّا قَوْلُهُ: ﴿إنِّي كُنْتُ مِنَ الظَّالِمِينَ﴾ (الأنبياء، 87)، فالظُّلْمُ: وَضْعُ الشَّيْءِ في غَيْرِ مَوْضِعِهِ، وذلِكَ لِخُرُوجِهِ عَنْ قَوْمِهِ بِغَيْرِ إذْنِ رَبِّهِ أَوْ لِضَعْفِهِ عَمّا حُمِّلَ.

وأَمّا قِصَّةُ سَيِّدِنا داوُدَ عليه السَّلامُ فَلا يَجِبُ أَنْ يُصَدَّقَ فِيها أَخْبارُ اليَهُودِ والنَّصارى الَّذِينَ بَدَّلُوا وغَيَّرُوا ونَقَلَ ذلِكَ بَعْضُ المُفَسِّرِينَ، ولَمْ يَنُصَّ اللهُ على شَيْءٍ مِنْ ذلِكَ ولا وَرَدَ في حَدِيثٍ صَحِيحٍ؛ والَّذِي نَصَّ اللهُ تعالى عَلَيْهِ قَوْلُهُ: ﴿وظَنَّ داوُدُ أَنَّما فَتَنّاهُ فاسْتَغْفَرَ رَبَّهُ وخَرَّ راكِعاً وأَنابَ﴾ (ص، 24)، وقَوْلُهُ فِيهِ: ﴿أَوّابٌ﴾ (ص، 30)، فَمَعْنى فَتَنّاهُ: اخْتَبَرْناهُ؛ وأَوّابٌ: مُطِيعٌ؛ ومِنْ تَفْسِيرِ الفِتْنَةِ أَنَّ داوُدَ خَشِيَ على نَفْسِهِ وظَنَّ أَنَّهُ فُتِنَ بِما بَسَطَ اللهُ لَهُ مِنَ المُلْكِ والدُّنْيا؛ وقِيلَ إنَّ الرَّجُلَيْنِ اللَّذَيْنِ دَخَلا عَلَيْهِ مِنْ غَيْرِ البابِ إنَّما جاءا يَتَحاكَمانِ إلَيْهِ على غَنَمٍ، كَما في الآيةِ القُرْآنِيَة.

وأَمّا قِصَّةُ سَيِّدِنا يُوسُفَ عليه السلام وإخْوَتِهِ فَلَيْسَ على يُوسُفَ فِيها عِتابٌ، وأَمّا إخْوَتُهُ فَلَمْ تَثْبُتْ نُبُوَّتُهُمْ، وقَدْ قِيلَ إنَّهُمْ كانُوا حِينَ فَعَلُوا بِيُوسُفَ ما فَعَلُوا صِغارَ السِّنِّ، ولِهذا لَمْ يَعْرِفُوا يُوسُفَ حِينَ اجْتَمَعُوا بِهِ. وأَمّا قَوْلُ اللهِ تَعالى: ﴿ولَقَدْ هَمَّتْ بِهِ وهَمَّ بِها لَوْلا أَنْ رَأى بُرْهانَ رَبِّهِ﴾ (يوسف، 24)؛ فَعَلى مَذْهَبِ المُحَقِّقِينَ مِنَ الفُقَهاءِ والمُتَكَلِّمِينَ أَنَّ الهَمَّ إذا اسْتَقَرَّتْ عَلَيْهِ النَّفْسُ سَيِّئَةٌ، وإذا لَمْ تَسْتَقِرَّ عَلَيْهِ فَلَيْسَ سَيِّئَةً لِقَوْلِهِ صلى

اللهُ عليه وسلّم عَنْ رَبِّهِ: «إذا هَمَّ عَبْدِي بِسَيِّئَةٍ فَلَمْ يَعْمَلْها كُتِبَتْ لَهُ حَسَنَة»، فيَكُونُ هَمُّ يُوسُفَ مِنْ هذا؛ كَيْفَ وقَدْ قالَ اللهُ تعالى: ﴿وَغَلَّقَتِ الأَبْوابَ وقالَتْ هَيْتَ لَكَ قالَ مَعاذَ اللهِ إِنَّهُ رَبِّي أَحْسَنَ مَثْوايَ﴾ (يوسف، 23)؛ وقال تعالى عَنِ المَرْأَةِ: ﴿وَلَقَدْ راوَدْتُهُ عَنْ نَفْسِهِ فاسْتَعْصَم﴾ (يوسف، 32).

وأَمّا خَبَرُ مُوسَى عليه السلام مع الذي وَكَزَهُ فَمات، فَقَدْ نَصَّ اللهُ تعالى أَنَّهُ كانَ عَدُوّاً لَهُ على دينِ فِرْعَوْنَ؛ وكانَ ذلكَ قَبْلَ نُبُوَّةِ مُوسَى، ولَمْ يَتَعَمَّدْ قَتْلَهُ، فَلاَ مَعْصِيَةَ عَلَيْهِ في ذلك؛ ومَعَ ذلكَ قالَ: ﴿هذا مِنْ عَمَلِ الشَّيْطانِ﴾ (القصص، 15)، وقالَ: ﴿ظَلَمْتُ نَفْسِي فَاغْفِرْ لِي﴾ (القصص، 16)، لأَنَّهُ لاَ يَنْبَغِي لِنَبِيٍّ أَنْ يَقْتُلَ حَتَّى يُؤْمَرَ، ولَوْ أَنَّهُ لَمْ يَكُنْ يُرِيدُ إلاَّ دَفْعَ الظُّلْمِ. وقَوْلُهُ تعالى: ﴿وفَتَنَّاكَ فُتُوناً﴾ (طه، 40)، أَيْ: اِبْتَلَيْناكَ، بِإِلْقائِكَ في الماءِ وبِما جَرَى مَعَ فِرْعَوْنَ؛ وقِيلَ مَعْناهُ: أَخْلَصْناكَ إِخْلاَصاً.

وأَمَّا قِصَّةُ سُلَيْمانَ عليه السلامُ وما كانَ مِنْ ذَنْبِهِ في قَوْلِهِ تَعالَى: ﴿وَلَقَدْ فَتَنَّا سُلَيْمانَ﴾ (ص،34)، فَمَعْناهُ: ابْتَلَيْناهُ، وابْتِلاؤُهُ ما جاءَ عَنِ النَّبِيِّ صَلَّى اللهُ عليه وسلّم: «أَنَّهُ قالَ: لأَطُوفَنَّ اللَّيْلَةَ على مائَةِ امْرَأَةٍ أَوْ تِسْعٍ وتِسْعِينَ كُلُّهُنَّ يَأْتِينَ بِفارِسٍ يُجاهِدُ في سَبِيلِ اللهِ؛ فَقالَ لَهُ صاحِبُهُ: قُلْ إِنْ شاءَ اللهُ، فَلَمْ يَقُلْ، فَلَمْ تَحْمِلْ مِنْهُنَّ إِلاَّ واحِدَةٌ جاءَتْ بِشِقِّ رَجُلٍ»، أَيْ: نِصْفِ رَجُلٍ؛ قالَ النَّبِيُّ صلّى اللهُ عليه وسلّمَ: «والّذي نَفْسِي بِيَدِهِ لَوْ قالَ إِنْ شاءَ اللهُ لَجاهَدُوا في سَبِيلِ اللهِ». وقَدْ كانَ ذَنْبُهُ أَنَّهُ حَرِصَ على تِلْكَ الأُمْنِيَّةِ، وسَبَبُ عَدَمِ قَوْلِهِ «إِنْ شاءَ اللهُ» أَنَّهُ نَسِيَها وانْشَغَلَ عَنْ سَماعِ صاحِبِه لِيَقَعَ مُرادُ اللهِ.

وأَمَّا قِصَّةُ نُوحٍ عليه السلامُ فَعُذْرُهُ فيها ظاهِرٌ، لأَنَّهُ قَدْ يَكُونُ فَهِمَ مِنْ قَوْلِ اللهِ تَعالَى لَهُ: ﴿احْمِلْ فِيها مِنْ كُلٍّ زَوْجَيْنِ اثْنَيْنِ وأَهْلَكَ...﴾ (هود،

40) جَمِيعَ أَهْلِهِ، فعَاتَبَهُ اللهُ وَقَدْ أَعْلَمَهُ أَنَّهُ سَيُغْرِقُ الذينَ ظَلَمُوا؛ وبَيَّنَ اللهُ أَنَّ ابْنَهُ الكافِرَ لَيْسَ مِنْ أَهْلِهِ لِعَمَلِهِ غَيْرِ الصّالِحِ، فَخافَ نُوحٌ مِنْ إِقْدامِهِ على سُؤالِ رَبِّهِ ما لَيْسَ لَهُ إِذْنٌ فِيهِ، وكانَ لاَ يَعْلَمُ بِكُفْرِ ابْنِهِ.

ومَا جَاءَ في الحَدِيثِ الصَّحِيحِ مِنْ أَنَّ أَحَدَ الأَنْبِياءِ قَرَصَتْهُ نَمْلَةٌ فَأَحْرَقَ قَرْيَةَ النَّمْلِ فَأَوْحى اللهُ إِلَيْهِ: «أَنْ قَرَصَتْكَ نَمْلَةٌ أَحْرَقْتَ أُمَّةً مِنَ الأُمَمِ تُسَبِّحُ اللهَ»، فَلَيْسَ في هذا أَنَّهُ فَعَلَ مَعْصِيَةً، لأَنَّ النَّمْلَةَ آذَتْهُ فانْتَقَمَ لِنَفْسِهِ وأَبْعَدَ الضَّرَرَ المُتَوَقَّعَ مِنْ بَقِيَّةِ النَّمْلِ، ولَمْ يَكُنْ هُناكَ نَهْيٌ عَنْ ذلك، ولَكِنَّ اللهَ تَعالَى اسْتَحَبَّ مِنْهُ أَنْ يَصْبِرَ.

وفي خِتامِ هذه الأُمُورِ التي وَرَدَتْ في القُرآنِ والسُّنَّةِ يَنْبَغِي أَنْ نَعْلَمَ بِأَنَّ عُلُوَّ دَرَجَةِ الأَنْبِياءِ عَلَيْهِمُ السلامُ في المَعْرِفَةِ باللهِ وعَظِيمِ سُلْطانِهِ يَجْعَلُهُمْ شَدِيدِي الخَوْفِ مِنْهُ جَلَّ جَلالُهُ والحَذَرِ مِمَّا لاَ يَحْذَرُ مِنْهُ غَيْرُهُمْ، فَهُمْ حَتَّى في بَعْضِ الأُمُورِ الدُّنْيَوِيَّةِ المُباحَةِ قَدْ يُعاتَبُون على سَهْوٍ أَوْ تَصَرُّفٍ ذاتِيٍّ، لأَنَّها ذُنُوبٌ بِالنَّظَرِ إلى سُمُوِّ مَقامِهِمْ ومَعاصٍ بالنِّسْبَةِ إلى كَمالِ طَاعَتِهِمْ؛ وقَدْ قِيلَ: حَسَناتُ الأَبْرارِ سَيِّئاتُ المُقَرَّبِينَ؛ ومُؤَاخَذَةُ الأَنْبِياءِ في الدُّنْيا لِيَكُونَ ذلكَ زِيادَةً في دَرَجاتِهِمْ. ولَمّا كانَ الإِجْماعُ على وُقُوعِ غُفْرانِ الصَّغائِرِ بِاجْتِنابِ الكَبائِرِ مِنْ غَيْرِ الأَنْبِياءِ، فَحَتَّى على تَجْوِيزِ الصَّغائِرِ على الأَنْبِياءِ فَإِنَّها مَغْفُورَةٌ لَهُمْ لأَنَّهُمْ مَعصُومُونَ مِنَ الكَبائِرِ.

أَمّا كَثْرَةُ اسْتِغْفارِ النَّبِيِّ صلّى اللهُ عليه وسلّم وتَوْبَتُهُ وغَيْرِهِ مِنَ الأَنْبِياءِ فَلِمُلازَمَةِ الخُضُوعِ والعُبُودِيَّةِ والاعْتِرافِ بالتَّقْصِيرِ شُكْراً للهِ على نِعَمِهِ، كَما قالَ صلّى اللهُ عليه وسلّم وقَدْ غَفَرَ اللهُ لَهُ ما تَقَدَّمَ وما تَأَخَّرَ: «أَفَلاَ أَكُونُ عَبْداً شَكُوراً»؛ وقَدْ فَعَلَ الأَنْبِياءُ ذلكَ أَيْضاً لِتَقْتَدِيَ بِهِمْ أُمَمُهُمْ، كَما قالَ صلّى اللهُ عليه وسلّم: «لَوْ تَعْلَمُونَ ما أَعْلَمُ لَضَحِكْتُمْ قَلِيلاً ولَبَكَيْتُمْ

كَثِيراً»؛ وفي التَّوْبَةِ والاِسْتِغْفارِ مَعْنىً لَطِيفٌ أَيْضاً وهُوَ اسْتِدْعاءُ مَحَبَّةِ اللهِ تعالى، قال سُبْحانه: ﴿إِنَّ اللهَ يُحِبُّ التَّوَّابِينَ ويُحِبُّ المُتَطَهِّرِينَ﴾ (البقرة، 222).

10- عِصْمَةُ المَلائِكَة

أَجْمَعَ المُسْلِمُون على أَنَّ المَلائِكَةَ مُؤْمِنُونَ مَعْصُومُونَ عَنِ المَعاصِي، لِقَوْلِهِ تَعالَى: ﴿لاَ يَعْصُونَ اللهَ ما أَمَرَهُمْ ويَفْعَلُونَ ما يُؤْمَرُون﴾ (التحريم، 6)؛ ولِقَوْلِهِ: ﴿وَمَنْ عِنْدَهُ لاَ يَسْتَكْبِرُونَ عَنْ عِبادَتِهِ ولاَ يَسْتَحْسِرُونَ يُسَبِّحُونَ اللَّيْلَ والنَّهارَ لاَ يَفْتُرُون﴾ (الأنبياء، 19- 20)، وغَيْرِ ذلكَ مِنَ الآيات؛ فَعِصْمَتُهُمْ كَعِصْمَةِ الأَنْبِياء. وأَمَّا القَوْلُ بِعَدَمِ عِصْمَتِهِمْ جَمِيعاً بِسَبَبِ قِصَّةِ المَلَكَيْنِ هارُوتَ ومارُوت فَإِنَّهُ لَمْ يَصِحَّ فِيها شَيْءٌ عَنِ الرَّسُولِ صلّى اللهُ عليه وسلّم؛ وما جاءَ فِيها مِنْ أَخْبارٍ فَهِيَ مِنْ كُتُبِ اليَهُودِ وكَذِبِهِمْ كَما بَيَّنَهُ اللهُ في أَوَّلِ الآياتِ مِنِ افْتِرائِهِمْ على سُلَيْمانَ وتَكْفِيرِهِمْ إِيّاهُ؛ وأَكْثَرُ المُفَسِّرِينَ أَنَّ اللهَ تعالَى امْتَحَنَ النّاسَ بِالمَلَكَيْنِ لِتَعْلِيمِ السِّحْرِ وتَنْبِيهِهِمْ في الوَقْتِ نَفْسِهِ أَنَّ عَمَلَهُ كُفْرٌ، فَمَنْ تَعَلَّمَهُ كَفَرَ ومَنْ تَرَكَهُ آمَنَ، قالَ تعالى: ﴿إِنَّما نَحْنُ فِتْنَةٌ فَلاَ تَكْفُرْ﴾ (البقرة، 102)؛ فَعَلَى هذا فِعْلُ المَلَكَيْنِ طاعَةٌ وتَصَرُّفُهُما في مَا أُمِرا بِهِ لَيْسَ مَعْصِيَةً.

الباب الثاني
أَحْوالُ الأَنبياءِ الدُّنْيَوِيَّةُ
وما يَطْرَأُ عَلَيْهِمْ مِنَ الأَعْراضِ البَشَرِيَّة

1- أحوالُهُ صلّى اللهُ عليه وسلّم في أُمُورِ الدُّنْيا

تَقَدَّمَ أَنَّهُ صلّى اللهُ عليه وسلّمَ مَعْصُومٌ عَنِ الكَذِبِ في كُلِّ ما يُخْبِرُ بِهِ، لاَ في السَّهْوِ ولاَ في المَرَضِ ولاَ في الغَضَبِ ولاَ في غَيْرِ ذلك؛ فَأَمَّا في الأُمُورِ الدُّنْيَوِيَّةِ الطَّارِئَةِ التي يُوهِمُ ظاهِرُها بِخِلاَفِ بَاطِنِها فَجائِزٌ صُدُورُها مِنْهُ، لاَسِيَّما لِقَصْدِ المَصْلَحَةِ، كَإِخْفائِهِ وِجْهَةَ غَزْوَتِهِ وإِظْهارِ وِجْهَةٍ أُخْرَى حتّى لاَ يَأْخُذَ العَدُوُّ حِذْرَهُ، وكَمُمَازَحَةِ أَصْحابِهِ؛ وقَدْ قالَ صلّى اللهُ عليه وسلّمَ: «إِنِّي لأَمْزَحُ ولاَ أَقُولُ إِلاَّ حَقّاً»؛ وأَمَّا الأَمْرُ والنَّهْيُ في الأُمُورِ الدُّنْيَوِيَّةِ فَلاَ يَجُوزُ عَلَيْهِ أَنْ يَأْمُرَ بِشَيْءٍ أَوْ يَنْهَى عَنْهُ وَهُوَ يُبْطِنَ خِلاَفَهُ.

ويُمْكِنُ أَنْ يَظُنَّ النَّبِيُّ صلّى اللهُ عليه وسلّمَ شَيْئاً مِنْ أُمُورِ الدُّنْيا ويَظْهَرَ خِلاَفُهُ أَحْياناً؛ وقَدْ تَقَدَّمَتْ رِوايَةُ قُدُومِهِ صلّى اللهُ عليه وسلّمَ المَدِينَةَ وهُمْ يُلَقِّحُونَ النَّخْلَ فقالَ لَهُمْ: «لَعَلَّكُمْ لَوْ لَمْ تَفْعَلُوا كانَ خَيْراً»، فَتَرَكُوهُ فَنَقَصَ ثَمَرُها، فَأَعْلَمُوهُ فقالَ: «أَنْتُمْ أَعْلَمُ بِأُمُورِ دُنْياكُمْ»، وفي حَدِيثٍ آخَرَ: «إِنَّما ظَنَنْتُ ظَنّاً فَلاَ تُؤاخِذُونِي بالظَّنِّ»؛ وقالَ صلّى اللهُ عليه وسلّم أيضاً: «إِنَّما أَنا بَشَرٌ، فَما حَدَّثْتُكُمْ عَنِ اللهِ فَهُوَ حَقٌّ، ومَا قُلْتُ فِيهِ مِنْ قِبَلِ نَفْسِي فَإِنَّما أَنا بَشَرٌ أُخْطِئُ وأُصِيبُ».؛ فَلَيْسَ في كُلِّ هذا نَقِيصَةٌ ولاَ عَيْبٌ لأَنَّ النَّبِيَّ صلّى اللهُ عليه وسلّمَ مَشْحُونُ القَلْبِ بِمَعْرِفَةِ شُؤُونِ الرُّبُوبِيَّةِ وأَحكامِ

الشَّرِيعَةِ؛ ومَعَ ذلك فَقَدْ نُقِلَ عَنْهُ الكَثِيرُ مِنَ المَعْرِفَةِ بِأُمُورِ الدُّنْيا ودَقائِقِ مَصالِحِها وسِياسَةِ النّاسِ مَا لَيْسَ في طاقَةِ البَشَرِ؛ وقَدْ سَبَقَ قَوْلُهُ صلّى اللهُ عليه وسلّم: «إنَّ عَيْنَيَّ تَنامانِ ولاَ يَنامُ قَلْبِي»، وقالَ: «إِنِّي لَسْتُ كَهَيْئَتِكُمْ، أَبِيتُ يُطْعِمُنِي رَبِّي ويَسْقِينِي»؛ لِذلِكَ فَهُوَ صلّى اللهُ عليه وسلّم في جَمِيعِ أَحْوالِهِ مِنْ مَرَضٍ وتَعَبٍ وغَضَبٍ وسِحْرٍ وغَيْرِها لَمْ يَحْصُلْ لِباطِنِهِ ما يُخِلُّ بِهِ ولاَ صَدَرَ مِنْ لِسانِهِ وجَوارِحِهِ ما لاَ يَلِيقُ بِهِ كَغَيْرِهِ مِنَ النّاسِ.

2- قَضاؤُهُ صلّى الله عليه وسلّم وحَدِيثُ: «اِسْقِ يَا زُبَيْرُ حَتَّى يَبْلُغَ الجَدْرِ»

تَقَدَّمَ قَوْلُهُ صلّى اللهُ عليه وسلّمَ عَنْ أَحْكامِهِ القَضائِيَّةِ بَيْنَ الخُصُومِ: «إِنَّما أَنا بَشَرٌ، وإِنَّكُمْ تَخْتَصِمُونَ إِلَيَّ، ولَعَلَّ بَعْضَكُمْ أَنْ يَكُونَ أَلْحَنَ بِحُجَّتِهِ مِنْ بَعْضٍ فَأَقْضِي لَهُ على نَحْوِ ما أَسْمَعُ، فَمَنْ قَضَيْتُ لَهُ مِنْ حَقِّ أَخِيهِ بِشَيْءٍ فَلاَ يَأْخُذْ مِنْهُ شَيْئاً فَإِنَّما أَقْطَعُ لَهُ قِطْعَةً مِنَ النّارِ»؛ فَكانَتْ أَحْكامُهُ صلّى اللهُ عليه وسلّمَ تَجْرِي على الظّاهِرِ مِنَ القَضايا اسْتِناداً إلى الحُجَجِ وشَهادَةِ الشُّهُودِ والْحَلِفِ وغَيْرِ ذلك مِمَّا تَقْتَضِيهِ حِكْمَةُ اللهِ تعالى الذي لَوْ شاءَ لأَطْلَعَ نَبِيَّهُ على سَرائِرِ المُتَخاصِمِينَ فَحَكَمَ بَيْنَهُمْ دُونَ حاجَةٍ إلى اعْتِرافٍ أَوْ حُجَّةٍ، ولَكِنَّهُ سُبْحانَهُ أرادَ أَنْ يَجْعَلَهُ قُدْوَةً لِحُكّامِ أُمَّتِهِ في قَضائِهِمْ وتَنْزِيلِ أَحْكامِهِمْ حَتَّى يَنْضَبِطَ قانُونُ شَرِيعَتِهِ.

فَإِنْ قُلْتَ: فَما مَعْنَى قَوْلِ النَّبِيِّ صلّى اللهُ عليه وسلّمَ لِلزُّبَيْرِ: «اِسْقِ يَا زُبَيْرُ حَتّى يَبْلُغَ الكَعْبَيْنِ» (أَيْ: الماءُ) حِينَ تَخاصَمَ مَعَ الأَنْصارِيِّ على السَّقْيِ، فَقالَ الأَنْصارِيُّ: أَلِأَنَّهُ ابْنُ عَمَّتِكَ يا رَسُولَ اللهِ! فَتَلَوَّنَ وَجْهُ رَسُولِ اللهِ صلّى اللهُ عليه وسلّمَ ثُمَّ قالَ: «اِسْقِ يَا زُبَيْرُ ثُمَّ احْبِسْ حَتّى يَبْلُغَ الجَدْرَ»

(أَيْ: الحَائِط)؛ فالجَوابُ: أَنَّ النَّبِيَّ صلّى اللهُ عليه وسلّمَ مُنزَّهٌ عَنْ أَنْ يَشُكَّ فِيهِ مُسْلِمٌ في هذه القِصَّةِ، فَقَدْ دَعَا الزُّبَيْرَ أَوَّلاً إلى أَنْ يَتنازَلَ عَنْ بَعْضِ حَقِّهِ ويَكْتَفِيَ مِنَ الماءِ بِما يَبْلُغُ الكَعْبَيْنِ سَعْياً في الصُّلْحِ، ولكِنْ بَعْدَ قَوْلِ الأَنْصارِيِّ اسْتَوْفَى النَّبِيُّ صلّى اللهُ عليه وسلّمَ لِلزُّبَيْرِ حَقَّهُ كامِلاً، وكانَ غَضَبُهُ للهِ لا لِنَفْسِهِ، لأَنَّ هذا الحُكْمَ هُوَ العَدْلُ. وقَدِ اتَّخَذَ المُسْلِمُونَ هذا الحَديثَ أَصْلاً في القَضاءِ بِحَيْثُ إذا رَفَضَ الخَصْمُ الصُّلْحَ قُضِيَ بِأَصْلِ الحُكْمِ، اقْتِداءً بِرَسُولِ اللهِ صلّى اللهُ عليه وسلّم لأَنَّهُ مَعْصُومٌ في كُلِّ فِعْلِهِ حالَ الرِّضا والغَضَب.

3- أَمْرُهُ صلّى اللهُ عليه وسلَّم مَعَ زَيْد

فَإِنْ قِيلَ: فَما مَعْنَى قَوْلِهِ تَعالى لِنَبِيِّهِ في قِصَّةِ زَيْدٍ: ﴿وَإِذْ تَقُولُ لِلَّذِي أَنْعَمَ اللهُ عَلَيْهِ وأَنْعَمْتَ عَلَيْهِ أَمْسِكْ عَلَيْكَ زَوْجَكَ واتَّقِ اللهَ وتُخْفِي في نَفْسِكَ مَا اللهُ مُبْدِيهِ وتَخْشَى النَّاسَ واللهُ أَحَقُّ أَنْ تَخْشاهُ﴾ (الأحزاب، 37)؟ فَلاَ تَشُكَّنَّ في تَنْزِيهِ النَّبِيِّ صلّي اللهُ عليه وسلّمَ فَتَظُنَّ أَنَّهُ أَمَرَ زَيْداً بِإِمْساكِ زَوْجَتِهِ وهُوَ صلّى اللهُ عليه وسلّمَ يُحِبُّ أَنْ يُطَلِّقَها، كَما تَوَهَّمَ البَعْضُ، فهذا ما لاَ يَلِيقُ بِمَقامِ النُّبُوَّةِ مِنَ الطَّمَعِ في ما نُهِيَ عَنْهُ ومِنَ الحَسَدِ الذي لاَ يَتَّصِفُ بِهِ الأَتْقِياءُ، فَكَيْفَ بِسَيِّدِ الأَنْبِياءِ، مَعَ العِلْمِ أَنَّ زَيْنَبَ بِنْتُ عَمَّتِهِ صلّى اللهُ عليه وسلّمَ وهُوَ الّذِي زَوَّجَها لِزَيْدٍ. فالصَّحِيحُ في ذلك أَنَّ اللهَ تَعالى كانَ قَدْ أَعْلَمَ نَبِيَّهُ صلّى اللهُ عليه وسلّمَ أَنَّ زَيْنَبَ سَتَكُونُ زَوْجَتَهُ، فَلَمّا شَكَاها إِلَيْهِ زَيْدٌ قالَ لَهُ: ﴿أَمْسِكْ عَلَيْكَ زَوْجَكَ واتَّقِ اللهَ﴾، وأَخْفَى عَنْهُ ما أَعْلَمَهُ اللهُ بِهِ، لَكِنَّ اللهَ تَعالى أَبْداهُ بَعْدَ ذلكَ بِتَطْلِيقِ زَيْدٍ إِيَّاها وتَزْوِيجِها النَّبِيَّ صلّى اللهُ عليه وسلَّم؛ ويُؤَكِّدُ

هذا قَوْلُهُ تَعالى: ﴿وكانَ أَمْرُ اللهِ قَدَراً مَقْدُوراً﴾ (الأحزاب، 38). وقَدْ جَعَلَ اللهُ طَلاقَ زَيْدٍ لَها وزَواجَ النَّبِيِّ صلّى اللهُ عليه وسلّم بِها لإِزالَةِ حُرْمَةِ التَّبَنِّي، كَما قالَ تَعالى: ﴿ما كَنَ مُحَمَّدٌ أَبَا أَحَدٍ مِنْ رِجالِكُمْ﴾ (الأحزاب، 40)؛ ولَمَّا طَلَّقَها زَيْدٌ اسْتَحْيَى النَّبِيُّ صلّى اللهُ عليه وسلَّمَ مِنْ قَوْلِ النّاسِ أَنَّهُ تَزَوَّجَ امْرَأَةَ ابْنِهِ، فَأَمَرَهُ اللهُ بِزَواجِها لِيُباحَ مِثْلُ ذلكَ لِأُمَّتِهِ، كَما قالَ تَعالى: ﴿لِكَيْ لاَ يَكُونَ على المُؤْمِنِينَ حَرَجٌ في أَزْواجِ أَدْعِيائِهِمْ﴾ (الأحزاب، 37).

4- حَدِيثُ بَرِيرَةَ

فَإِنْ قِيلَ: فَمَا مَعْنَى ما جاءَ في حَدِيثِ الصّحابِيَّةِ بَرِيرَةَ مِنْ قَوْلِهِ صلّى اللهُ عليه وسلّمَ لِعائِشَةَ، وقَدْ أَخْبَرَتْهُ أَنَّ مَوالِيَ بَرِيرَةَ أَبَوْا بَيْعَها إِلاَّ أَنْ يَكُونَ لَهُمُ الوَلاَءُ (أَيْ: إِرثُها إذا ماتَتْ)، فَقالَ لَها عَلَيْهِ السَّلامُ: «اِشْتَرِيها واشْتَرِطِي لَهُمُ الوَلاءَ» فَفَعلَتْ، ثُمَّ قامَ يَخْطُبُ، فَقالَ: «ما بالُ أَقْوامٍ يَشْتَرِطُونَ شُرُوطاً لَيْسَتْ في كِتابِ اللهِ! كُلُّ شَرْطٍ لَيْسَ في كِتابِ اللهِ فَهُوَ باطِلٌ»؟! والنَّبِيُّ صلّى اللهُ عليه وسلّم قَدْ أَمرَها بِالشَّرْطِ لَهُمْ، وهُوَ قَدْ حَرَّمَ الغِشَّ والخَدِيعَةَ! فاعْلَمْ أَكْرَمَكَ اللهُ أَنَّ النَّبِيَّ مُنَزَّهٌ عَمَّا قَدْ يَقَعُ في بالِ الجاهِلِ؛ فَمَعَ أَنَّ قَوْلَهُ: «اِشْتَرِطِي لَهُمُ الوَلاَءَ» لَمْ تَرِدْ في أَكْثَرِ الرِّواياتِ، فَإِنَّها إِنْ وُجِدَتْ فَيَكُونُ لَفْظُ «لَهُمْ» بِمَعْنَى «عَلَيْهِمْ» كَما في قَوْلِهِ تَعالى: ﴿أُولَئِكَ لَهُمُ اللَّعْنَةُ﴾ (الرعد، 25)، أَيْ: عَلَيْهِمْ؛ فَعَلَى هذا يَكُونُ المَعْنَى: اِشْتَرِطِي عَلَيْهِمُ الوَلاَءَ لَكِ، وهذا ما يَتَّفِقُ مَعَ إِبْطالِ النَّبِيِّ صلّى اللهُ عليه وسلّمَ مَا اشْتَرَطُوهُ لِأَنْفُسِهِمْ، وهُوَ لاَ يَنْفَعُهُمْ لأَنهُ عَلَيْهِ السلامُ كانَ قَدْ بَيَّنَ أَنَّ الوَلاَءَ يَكُونُ لِمَنْ أَعْتَقَ لاَ لِمَنْ بَاعَ، لِذلكَ قَامَ مُوَبِّخاً على مُخالَفَةِ ما

تَقَدَّمَ تَبْيِينُهُ؛ ويَكُونُ قَوْلُهُ صلّى اللهُ عليه وسلّمَ: «اشْتَرِطِي لَهُمُ الوَلاءَ» على مَعْنَى التَّسْوِيَةِ لأَنَّهُ شَرْطٌ مُلْغىً سابِقاً بِما شَرَّعَهُ اللهُ.

ونَظِيرُ ذلكَ فِعْلُ يُوسُفَ عليهِ السّلامُ بِأَخِيهِ، إِذْ جَعَلَ السِّقايَةَ في رَحْلِهِ وأَخَذَهُ بِدَعْوَى سَرِقَتِها؛ وقَدْ كانَ ذلكَ عَنْ أَمْرِ اللهِ، لِقَوْلِهِ تعالى: ﴿كَذلكَ كِدْنا لِيُوسُفَ مَا كانَ لِيَأْخُذَ أَخاهُ في دِينِ المَلِكِ إِلاَّ أَنْ يَشاءَ اللهُ﴾ (يوسف، 76)

5- حَدِيثُ: «بِئْسَ ابْنُ العَشِيرَةِ»

لَقَدْ كانتْ أَفْعالُهُ صَلّى اللهُ عليه وسلّمَ الدُّنْيَوِيَّةُ كُلُّها على صَوابٍ تَجْرِي مَجْرَى العِباداتِ، لِاتِّقاءِ المَعاصِي والمَكْرُوهاتِ وفِعْلِ الخَيراتِ والمَكْرُماتِ، ونادِراً ما يَحْصُلُ مِنْهُ سَهْوٌ في الدُّنْيَوِيَّاتِ التّي لَمْ يَكُنْ يَأْخُذُ مِنْها إلاَّ الضَّرُورِيَّاتِ. وكانَ مَعَ النّاسِ بَيْنَ صُنْعٍ لِلبِرِّ والْمَعْرُوفِ أَوْ جَبْرٍ وتَأْليفٍ لِلْقُلُوبِ أَوْ مُداراةٍ لِلْحُسّادِ أَوْ صَبْرٍ على الأَشْرار، بَلْ كانَ يُكْرِمُهُمْ لِيُحَبِّبَ إِلَيْهِمْ دِينَ اللهِ؛ كَما كانَ يَقُومُ بِكَثِيرٍ مِنْ شُؤُونِ المَنْزِلِ مِثْلَما يَفْعَلُ الخادِمُ؛ وكانَ صَلّى اللهُ عليه وسلّمَ يَسْتَعْمِلُ لِكُلِّ حالَةٍ ما يُناسِبُها، في رُكُوبِهِ ولِباسِهِ وغَيْرِهِما، وكانَ يَفْعَلُ ما فِيهِ الخَيْرُ والمُساعَدَةُ لِغَيْرِهِ وإِنْ كانَ الأَمْرُ مُخالِفاً لاخْتِيارِهِ؛ وكانَ هذا تَصَرُّفُهُ أَيْضاً في الأُمُورِ الدِّينِيَّةِ كَخُرُوجِهِ مِنَ المَدِينَةِ لِغَزْوَةِ أُحُدٍ، وكانَ رَأْيُهُ التَّحَصُّنُ بِها؛ وكَتَرْكِهِ قَتْلَ المُنافِقِينَ كَراهَةَ أَنْ يَقُولَ النّاسُ إِنَّ مُحَمَّداً يَقْتُلُ أَصْحابَهُ، كَما في الحَدِيثِ؛ وكَتَرْكِهِ بِناءَ الكَعْبَةِ على قَواعِدِ إِبْراهِيمَ مُراعاةً لِقُلُوبِ قُرَيْشٍ، إلى غَيْرِ ذلك.

فَإِنْ قُلْتَ: فَما مَعْنَى قَوْلِهِ صلّى اللهُ عليه وسلّمَ لِعائِشَةَ رَضِيَ اللهُ عَنْها عَنِ الذي اسْتَأْذَنَ في الدُّخُولِ عَلَيْهِ: «بِئْسَ ابْنُ العَشِيرَةِ»، فَلَمّا دَخَلَ عَلَيْهِ

لَطَّفَ لَهُ الكَلامَ وضَحِكَ مَعَهُ، فَلَمّا سَأَلَتْهُ عَنْ ذلكَ قالَ: «إِنَّ مِنْ شَرِّ النّاسِ مَنِ اتَّقاهُ النّاسُ لِشَرِّهِ»؛ وكَيْفَ جازَ أَنْ يُظْهِرَ لَهُ خِلافَ ما يُبْطِنُ، ويَقُولَ في ظَهْرِهِ ما قالَ؟ فَالجَوابُ: أَنَّ فِعْلَهُ عَلَيْهِ السَّلامُ كانَ اسْتِئْلافاً لَهُ لِيَتَمَكَّنَ إِيمانُهُ ويَدْخُلَ في الإِسْلامِ أَتْباعُهُ بِسَبَبِهِ، وقَدْ كانَ صلّى اللهُ عليه وسلّمَ يَسْتَأْلِفُهُمْ بِالأَمْوالِ الكَثِيرَةِ، قَالَ صَفْوانُ: لَقَدْ أَعْطاني وهُوَ أَبْغَضُ النّاسِ إِلَيَّ، فَما زالَ يُعْطِيني حَتّى صارَ أَحَبَّ الخَلْقِ إِلَيَّ. وقَوْلُهُ عَلَيْهِ السّلامُ فِيهِ: «بِئْسَ ابْنُ العَشِيرَةِ» لَيْسَ غِيبَةً، بَلْ هُوَ تَعْرِيفُ ما عَلِمَهُ مِنْهُ حَتَّى لا يَكُونَ مَحلَّ ثِقَةٍ خُصُوصاً أَنّهُ كانَ مُطاعاً في قَوْمِهِ؛ ومِثْلُ هذا إِذَا كانَ لِدَفْعِ ضَرَرٍ لَا يَكُونُ غِيبَةً، بَلْ هُوَ جائِزٌ بَلْ واجِبٌ أَحْياناً كَعادَةِ المُحَدِّثِينَ في تَجْرِيحِ الرُّوَّاةِ وكالشُّهُودِ.

6- أَحادِيثُ مَنْ لَعَنَهُمُ النَّبِيُّ صلّى اللهُ عليه وسلّم أَوْ جَلَدَهُمْ

وإِنْ قِيلَ: فَمَاذَا عَنْ بَعْضِ أَحادِيثِ رَسُولِ اللهِ صلّى اللهُ عليه وسلّمَ، ومِنْها أَنَّ أَمَّ سُلَيْمٍ اشْتَكَتْ لَهُ قَوْلَهُ لِبِنْتٍ عِنْدَها: «لاَ كَبِرَ سِنُّكِ» فَقالَ لَها: «يا أُمَّ سُلَيْم، أَمَا تَعْلَمِينَ... أَنِّي اشْتَرَطْتُ على رَبِّي فَقُلْتُ: إِنَّما أَنا بَشَرٌ، وأَغْضَبُ كَما يَغْضَبُ البَشَرُ، فَأَيُّما أَحَدٍ دَعَوْتُ عَلَيْهِ مِنْ أُمَّتِي بِدَعْوَةٍ لَيْسَ لَها بِأَهْلٍ أَنْ تَجْعَلَها لَهُ طَهُوراً وزَكاةً وقُرْبَةً يُقَرِّبُهُ بِها مِنْهُ يَوْمَ القِيامَةِ»؛ فَكَيْفَ يَصِحُّ أَنْ يَلْعَنَ النَّبِيُّ صلّى اللهُ عليه وسلّمَ أَوْ يَجْلِدَ مَنْ لاَ يَسْتَحِقُّ اللَّعْنَ أَوِ الجَلْدَ، وهُوَ مَعْصُومٌ مِنْ هذا؟! فَاعْلَمْ شَرَحَ اللهُ صَدْرَكَ أَنَّ قَوْلَهُ صَلَّى اللهُ عليه وسلّمَ أَوَّلاً: «لَيْسَ لَها بِأَهْلٍ»، أَيْ: عِنْدَكَ يا رَبِّ في حَقِيقَةِ أَمْرِهِ، لأَنَّهُ صلّى اللهُ عليه وسلّمَ يَحْكُمُ على ظَاهِرِ النّاسِ الذِي قَدْ يَسْتَدْعِي اللَّعْنَ أَوِ الجَلْدَ؛ وَمَعَ ذلك فَلِحَذَرِهِ صلّى اللهُ عليه وسلّمَ مِنَ

الظُّلْم وشَفقَتِهِ على أُمَّتِهِ أَنْ يُصادِفَ ذلك اسْتِجابَةً، فَإِنّهُ جَعَلَ كُلَّ دُعائِهِ وفِعْلَهِ بِهِمْ رَحْمَةً. ولاَ يُفْهَمُ مِنْ قَوْلِهِ صلّى اللهُ عليه وسلَّمَ: «أَغْضَبُ كما يَغْضَبُ البَشَرُ» أَنَّهُ يَسْتَفِزُّهُ الغضَبُ لِنَفْسِهِ، كَيْفَ وقَدْ وَرَدَ أَنَّهُ «لَمْ يَكُنْ سَبّاباً ولاَ فاحِشاً ولاَ لَعّاناً»، بَلْ يَجُوز أَنْ يَكُونَ الغَضَبُ للهِ جَعَلَهُ يُعاقِبُ بَعْضَ الأَشْخاصِ مَعَ إِمْكانِ العَفْوِ عَنْهُمْ، وذلك لِلتَّأْدِيبِ والتَّحْذِيرِ وأَنْ تَكُونَ العُقُوبَةُ كَفَّارَةً لَهُمْ، كَما أَنَّ بَعْضَ دَعَواتِهِ كانَ مِمَّا جَرَتْ بِهِ عادَةُ العَرَبِ، كَقَوْلِهِ صلّى اللهُ عليه وسلّمَ: «تَرِبَتْ يَمِينُكَ» أَوْ «تَرِبَ جَبِينُهُ» أَو «لاَ أَشْبَعَ اللهُ بَطْنَكَ».

7- حَدِيثُ وَصِيَّتِهِ صلّى اللهُ عليه وسلّم

وإِنْ قِيلَ: ما مَعْنَى الحَدِيثِ المَرْوِيِّ عَنِ ابْنِ عَبّاسٍ رَضِيَ اللهُ عَنْهُما أَنَّهُ: لَمَّا احْتُضِرَ رَسُولُ اللهِ صلّى اللهُ عليه وسلّمَ وفي البَيْتِ رِجالٌ، قالَ النَّبِيُّ صلّى اللهُ عليه وسلّم: «هَلُمُّوا أَكْتُبْ لَكُمْ كِتاباً لَنْ تَضِلُّوا بَعْدَهُ»، فقالَ عُمَرُ: إِنَّ رَسُولَ اللهِ صلّى اللهُ عليه وسلّمَ قَدِ اشْتَدَّ بِهِ الوَجَعُ، وعِنْدَنا كِتابُ اللهِ حَسْبُنا، وكَثُرَ اللَّغَطُ فقالَ: «قُومُوا عَنِّي». قالَ الأَئِمَّةُ في الحَدِيثِ: إِنَّ النَّبِيَّ صلّى اللهُ عليه وسلّمَ غَيْرُ مَعْصُومٍ مِنَ الأَمْراضِ ومِمَّا يَطْرَأُ على جِسْمِهِ مِنْ أَعْراضِها، ولَكِنَّهُ مَعْصُومٌ مِنْ أَنْ يَقُولَ أَثْناءَ ذلكَ ما يَطْعَنُ في مُعْجِزَتِهِ أَوْ شَرِيعَتِهِ. وقَدِ اخْتَلَفَ العُلَماءُ في مَعْنَى هذا الحَدِيثِ، فَفَهِمَهُ بَعْضُهُمْ أَنَّهُ تَرَكَ الأَمْرَ لِاخْتِيارِهِمْ فاخْتَلَفُوا، ويَكُون امْتِناعُ عُمَرَ إِمَّا إِشْفاقاً على النَّبِيِّ صلّى اللهُ عليه وسلّم مِنْ تَكْلِيفِهِ في تِلْكَ الحالِ إِمْلاءَ الكِتابِ، أَوْ خَشْيَةً مِنْ أَنْ يَقَعَ المُسْلِمُونَ في الحَرَجِ إِنْ خالَفُوا ما في الكِتابِ، ورَغْبَةً في الاجْتِهادِ في العَمَلِ بالقُرْآنِ، كَما قَدْ يَكُونُ خَشِيَ مِنْ تَقَوُّلِ

المُنافِقِينَ؛ وقالَتْ طَائِفَةٌ بِأَنَّ بَعْضَ الصَّحابَةِ هُمُ الذين كانُوا قَدْ طَلَبُوا مِنَ النَّبِيِّ صلّى اللهُ عليه وسلّمَ الكِتابَةَ في أَمْرِ الخِلَافَةِ بَعْدَهُ.

8- الحِكْمَةُ في شِدَّةِ ابْتِلائِهِ صلّى اللهُ عليه وسلّمَ وسَائِرَ الأَنْبِياء

إِنّ الأَنْبِياءَ مِثْلُ سائِرِ البَشَرِ، تَجُوزُ عَلَيْهِمُ الأَمْراضُ والآلامُ التي كَتَبَها اللهُ على أَهْلِ الدُّنْيا جَمِيعاً؛ وقَدْ بَلَغَ الأَمْرُ بِهِمْ أَنْ قُتِلَ بَعْضُهُمْ ورُمِيَ بَعْضُهُمْ في النّارِ؛ وذلك كُلُّهُ مِنْ تَمامِ حِكْمَةِ اللهِ تعالى، فإِنَّ أَفْعالَهُ كُلَّها عَدْلٌ، يَبْتَلِي عِبادَهُ كَما قالَ: ﴿لِيَبْلُوَكُمْ أَيُّكُمْ أَحْسَنُ عَمَلاً﴾ (هود، 7)، وقال: ﴿وَلَنَبْلُوَنَّكُمْ حَتَّى نَعْلَمَ المُجاهِدِينَ مِنكُمْ والصّابِرِينَ ونَبْلُوَ أَخْبارَكُمْ﴾ (محمد، 31)؛ فامْتِحانُ الأَنْبِياءِ رَفْعٌ لِدَرَجاتِهِمْ وسَبَبٌ لِاسْتِخْراجِ الصَّبْرِ والرِّضَا والشُّكْرِ والدُّعاءِ والتَّضَرُّعِ مِنْهُمْ، ولِيُشْفِقُوا على غَيْرِهِمْ مِنَ المُمْتَحَنِينَ، ولِيَعِظُوا سِواهُمْ فَيَقْتَدُوا بِهِمْ فَيَكُونَ أَجْرُهُمْ أَعْظَمَ ويَلْقَوْا رَبَّهُمْ طَيِّبِينَ. رُوِيَ عَنْ لُقْمانَ أَنَّهُ قالَ: يا بُنَيّ، الذَّهَبُ والفِضَّةُ يُخْتَبَرانِ بِالنّارِ والمُؤْمِنُ يُخْتَبَرُ بِالبَلاءِ. وتِلْكَ الأَمْراضُ والطَّوارِئُ إِنّما تُصِيبُ أَجْسامَهُمْ وأَمّا بَواطِنُهُمْ فَمُنَزَّهَةٌ عَنْ ذلكَ لأَنَّها مُتَعَلِّقَةٌ باللهِ تعالى لِتَلَقِّي الوَحْيِ. ومِنَ الحِكْمَةِ أَيْضاً في ابْتِلاءِ الأَنْبِياءِ أَنْ لاَ يَضِلَّ بَعْضُ النّاسِ بِما يَظْهَرُ عَلَيْهِمْ مِنَ المُعْجِزاتِ فَيُؤَلِّهُوهُمْ. وقَدْ تَقَدَّمَ أَنَّ النَّبِيَّ صلّى اللهُ عليه وسلَّم مَرِضَ وأَصابَهُ الحَرُّ والبَرْدُ والجُوعُ والعَطَشُ، وسَقَطَ فَخُدِشَ جَنْبُهُ، وجَرَحَهُ الكُفّارُ يَوْمَ أُحُدٍ، وسُحِرَ وسُقِيَ السُّمَّ، وتَداوَى؛ وما رُوِيَ مِنْ سِحْرِهِ صلّى اللهُ عليه وسلّم فَهُوَ مَرَضٌ مِنَ الأَمْراضِ تَسَلَّطَ على ظاهِرِ جَوارِحِهِ لاَ على قَلْبِهِ وعَقْلِهِ، فَذلكَ لاَ يَنْقُصُ شَيْئاً مِنْ نُبُوَّتِهِ. قَالَتْ عائِشَةُ رَضِيَ اللهُ عَنْها: مَا رَأَيْتُ الوَجَعَ على أَحَدٍ أَشَدَّ مِنْهُ على رَسُولِ

اللهِ صلّى اللهُ عليه وسلّم؛ وعَنْ عَبْدِ اللهِ بْنِ مَسْعُودٍ: رَأَيْتُ النَّبِيَّ صلّى اللهُ عليه وسلّمَ في مَرَضِهِ يُوعَكُ وَعْكاً شَدِيداً، فَقُلْتُ: إِنَّكَ لَتُوعَكُ وَعْكاً شَدِيداً! قالَ: «أَجَلْ، إِنِّي أُوعَكُ كَما يُوعَكُ رَجُلاَنِ مِنْكُمْ»، قُلْتُ: ذلكَ أَنَّ لَكَ الأَجْرَ مَرَّتَيْنِ؟ قالَ: «أَجَلْ، ذلكَ كَذلكَ». قالَ سَعْدُ بْنُ أَبِي وَقَّاصٍ رَضِيَ اللهُ عَنْهُ: قُلْتُ يا رَسُولَ اللهِ أَيُّ النّاسِ أَشَدُّ بَلاَءً؟ قالَ: «الأَنْبِياءُ ثُمَّ الأَمْثَلُ فالأَمْثَلُ، يُبْتَلَى الرَّجُلُ على حَسَبِ دِينِهِ، فَما يَبْرَحُ البَلاَءُ بِالعَبْدِ حَتَّى يَتْرُكَهُ يَمْشِي على الأَرْضِ وما عَلَيْهِ خَطِيئَةٌ»؛ وعَنْ أَنَسٍ رَضِيَ اللهُ عَنْهُ: قالَ رَسُولُ اللهِ صلّى اللهُ عليه وسلّمَ: «إِذا أَرادَ اللهُ بِعَبْدِهِ الخَيْرَ عَجَّلَ لَهُ العُقُوبَةَ في الدُّنْيا، وإِذا أَرادَ اللهُ بِعَبْدِهِ الشَّرَّ أَمْسَكَ عَنْهُ بِذَنْبِهِ حَتَّى يُوافَى بِهِ يَوْمَ القِيامَةِ»؛ وقالَ: «إِنَّ عِظَمَ الجَزاءِ مَعَ عِظَمِ البَلاَءِ، وإِنَّ اللهَ إِذا أَحَبَّ قَوْماً اِبْتَلاَهُمْ، فَمَنْ رَضِيَ فَلَهُ الرِّضَا ومَنْ سَخِطَ فَلَهُ السَّخَطُ»؛ وقالَ في رِوايَةِ عَائِشَةَ رَضِيَ اللهُ عَنْها: «مَا مِنْ مُصِيبَةٍ تُصِيبُ المُسْلِمَ إِلاَّ يُكَفِّرُ اللهُ بِها عَنْهُ حَتَّى الشَّوْكَةِ يُشاكُها». ومِنْ حِكْمَةِ اللهِ تَعالى في الأَمْراضِ الجِسْمِيَّةِ لِلأَنْبِياءِ والمُؤْمِنِينَ أَنْ لاَ يَصْعُبَ عَلَيْهِمْ مَرَضُ المَوْتِ لِتَعَوُّدِهِمْ على الآلامِ، ويُؤَدِّيَ اشْتِدادُها عِنْدَ مَماتِهِمْ إِلى ضُعْفِ قُواهُمْ فَيَسْهُلَ خُرُوجُ أَرْواحِهِمْ وتَخفِيفُ سَكَراتِ المَوْتِ عَلَيْهِمْ؛ والكافِرُ بِخِلاَفِ هذا، مُعافًى في غالِبِ حالِهِ مُمَتَّعٌ بِصِحَّةِ جِسْمِهِ، حَتَّى إِذا أَرادَ اللهُ هَلاَكَهُ قَصَمَهُ لِحِينِهِ فَجْأَةً، فَكانَ مَوْتُهُ أَعْظَمَ عَلَيْهِ حَسْرَةً ومُقاساةُ نَزْعِهِ مَعَ صِحَّةِ جِسْمِهِ أَشَدَّ عَذاباً. ومِنَ الحِكْمَةِ الإِلهِيَّةِ كَذلكَ أَنَّ الأَمْراضَ نَذِيرُ المَماتِ، وبِقَدْرِ شِدَّتِها شِدَّةُ الخَوْفِ مِنَ المَوْتِ، فَلاَ يَغْتَرُّ المُؤْمِنُ بِزُخْرُفِ الدُّنْيا بَلْ هَوَ غالِباً مُسْتَعِدٌّ لِلِقاءِ رَبِّهِ، فَيُؤَدِّي الحُقُوقَ إِلى أَهْلِها ويَنْظُرُ في ما يَحْتاجُهُ مِنْ وَصِيَّةٍ أَو غَيْرِها. وهذا نَبِيُّنا عَلَيْهِ السَّلاَمُ في مَرَضِهِ قَدْ أَمْكَنَ كُلَّ مَنْ

كانَ لَهُ حَقٌّ في مالِهِ أَوْ جِسْمِهِ أَنْ يَأْخُذَهُ. وهَكَذا سِيرَةُ عِبادِ اللهِ المُؤْمِنِينَ وأَوْلِيائِهِ المُتَّقِينَ. أَمّا الكُفّارُ فَيُحْرَمُونَ ذلكَ؛ قالَ تَعالى: ﴿مَا يَنْظُرُونَ إِلاَّ صَيْحَةً واحِدَةً تَأْخُذُهُمْ وَهُمْ يَخِصِّمُونَ، فَلاَ يَسْتَطِيعُونَ تَوْصِيَةً ولاَ إلى أَهْلِهِمْ يَرْجِعُونَ﴾ (يس، 49-50)، وقالَ: ﴿بَلْ تَأْتِيهِمْ بَغْتَةً فَتَبْهَتُهُمْ فَلاَ يَسْتَطِيعُونَ رَدَّها ولاَ هُمْ يُنْظَرُونَ﴾ (الأنبياء، 40)؛ إِذْ فِراقُ الدُّنْيا هُوَ أَفْظَعُ شَيْءٍ يَصْدِمُهُمْ. قالَ صلّى اللهُ عليه وسلّمَ: «مَنْ أَحَبَّ لِقاءَ اللهِ أَحَبَّ اللهُ لِقاءَهُ، ومَنْ كَرِهَ لِقاءَ اللهِ كَرِهَ اللهُ لِقاءَهُ».

القسم الرابع

حُكْمُ مَنْ انْتَقَصَ مِنْ قَدْرِهِ أَوْ سَبَّهُ صلّى اللهُ عليه وسلّم

تَقدَّمَ لَنا الكَلامُ عمّا يَجبُ مِنَ الحُقُوقِ للنَّبيِّ صلّى اللهُ عليه وسلّمَ، اسْتِناداً إلى الكِتابِ والسُّنَّةِ وإِجْماعِ الأُمَّةِ، وما يَلْزَمُ لَهُ مِنْ تَعْظِيمٍ وإِكْرامٍ؛ وَبِحَسَبِ هذا حَرَّمَ اللهُ تَعالَى أَذاهُ في كِتابِهِ وأَجْمَعَتِ الأُمَّةُ على قَتْلِ مَنِ اسْتهانَ بِهِ أَوْ سَبَّهُ مِنَ المُسْلِمِينَ؛ قالَ تَعالى: ﴿والّذِينَ يُؤْذُونَ رَسُولَ اللهِ لَهُمْ عَذابٌ أَلِيمٌ﴾ (التوبة، 61)، وقالَ تَعالى: ﴿وَمَا كَانَ لَكُمْ أَنْ تُؤْذُوا رَسُولَ اللهِ وَلاَ أَنْ تَنْكِحُوا أَزْوَاجَهُ مِنْ بَعْدِهِ أَبَداً، إِنَّ ذَلِكُمْ كَانَ عِنْدَ اللهِ عَظِيماً﴾ (الأحزاب، 53). وقالَ تَعالى في تَحْرِيمِ التَّلْوِيحِ لَهُ بِمَا يَسُوؤُهُ: ﴿يَا أَيُّهَا الَّذِينَ آمَنُوا لَا تَقُولُوا رَاعِنَا وَقُولُوا انظُرْنَا وَاسْمَعُوا وَلِلْكَافِرِينَ عَذَابٌ أَلِيمٌ﴾ (البقرة، 104)؛ وذلكَ أَنَّ اليَهُودَ كَانُوا يَقُولُونَ: رَاعِنَا يَا مَحَمَّد، أَيْ: أَرعِنا سَمْعَكَ واسْمَعْ مِنَّا، ويُلَوِّحُونَ بِها إلى الرُّعُونَةِ، فَنَهى اللهُ المُؤْمِنِينَ عَنِ التَّشَبُّهِ بِهِمْ حَتّى لاَ يَتَوصَّلَ بِها الكافِرُ والمُنافِقُ إلى سَبِّهِ صلّى اللهُ عليه وسلّمَ والاِسْتِهْزاءِ بِهِ، ولِمَا فِيها مِنْ قِلَّةِ الأَدَبِ، لأَنَّها في لُغَةِ الأَنْصارِ بِمَعْنَى: اِرْعَنا نَرْعَكَ، أَيْ: لاَ يَرْعَوْنَهُ إلاَّ إِذا رَعاهُمْ، وهُوَ عَلَيْهِ السَّلاَمُ واجِبُ الرِّعايَةِ والتَّوْقِيرِ؛ وها هُوَ قَدْ نَهى عَنِ التَّكَنِّي بِكُنْيَتِهِ فَقالَ: «تَسَمَّوْا بِاسْمِي ولاَ تَكَنَّوْا بِكُنْيَتِي»، حِمايَةً لِنَفْسِهِ مِمَّنْ آذاهُ إِذْ كانَ صلّى اللهُ عليه وسلَّمَ اسْتَجابَ لِرَجُلٍ نادَى: يا أَبا القاسِم، فالْتَفَتَ إِلَيْهِ، فقالَ:

لَمْ أَعْنِكَ إِنَّما عَنَيْتُ فُلاَناً، اِسْتِخْفافاً بِهِ. وقَدْ رَوَى أَنَسٌ عَنْهُ عَلَيْهِ السّلاَمُ قَوْلَهُ: «تُسَمُّونَ أَوْلاَدَكُمْ مَحَمَّداً ثُمَّ تَلْعَنُونَهُمْ!» وهَذا يَدُلُّ على كَراهَةِ التّسَمِّي بِاسْمِهِ إذا لَمْ يُوَقَّرْ،؛ وقَدْ سَمَّى النَّبِيُّ صلّى اللهُ عليه وسلّم أَبْناءَ بَعْضِ الصَّحابَةِ بِاسْمِهِ، كَما سَمَّى بَعْضُهُمْ أَوْلاَدَهُمْ مَحَمَّداً وكَنَّوْهُمْ بِأَبِي القاسِمِ. وقالَ صلّى اللهُ عليه وسلّمَ: «مَا ضَرَّ أَحَدَكُمْ أَنْ يَكُونَ في بَيْتِهِ مُحَمَّدٌ ومُحَمَّدانِ وثَلاَثَةٌ».

الباب الأول
مَا هُوَ فِي حَقِّهِ، عَلَيْهِ السَّلَامُ، سَبٌّ أَوْ تَنْقِيصٌ تَلْوِيحاً أَوْ تَصْرِيحاً

إنَّ جَمِيعَ مَنْ سَبَّ النَّبِيَّ صلى الله عليه وسلم أَوْ عَابَهُ أَوْ أَلْحَقَ بِهِ نَقْصاً فِي نَفْسِهِ أَوْ نَسَبِهِ أَوْ دِينِهِ أَوْ خَصْلَةٍ مِنْ خِصَالِهِ أَوْ شَبَّهَهُ بِشَيْءٍ اسْتِهْزَاءً بِهِ أَوْ تَصْغِيراً لِشَأْنِهِ، وَكَذَلِكَ مَنْ لَعَنَهُ أَوْ دَعَا عَلَيْهِ أَوْ تَمَنَّى مَضَرَّةً لَهُ أَوْ نَسَبَ إِلَيْهِ مَا لَا يُنَاسِبُ مَقَامَهُ الْعَظِيمَ بِقَبِيحٍ مِنَ الْكَلَامِ أَوْ زُورٍ مِنَ الْقَوْلِ أَوْ عَيَّرَهُ بِشَيْءٍ مِمَّا وَقَعَ لَهُ مِنَ الْمِحَنِ أَوِ الْأَعْرَاضِ الْجِسْمِيَّةِ؛ فَالْحُكْمُ فِيهِ الْقَتْلُ، وَلَا نَشُكُّ فِي ذَلِكَ تَصْرِيحاً كَانَ أَوْ تَلْوِيحاً؛ وَهَذَا إِجْمَاعٌ مِنَ الْعُلَمَاءِ وَأَئِمَّةِ الْفَتْوَى مُنْذُ الصَّحَابَةِ إِلَى الْيَوْمَ؛ وَمِمَّنْ قَالَ بِذَلِكَ: مَالِكٌ وَالشَّافِعِيُّ وَأَحْمَدُ وَاللَّيْثُ وَابْنُ رَاهَوَيْهِ وَأَبُو حَنِيفَةَ وَالْأَوْزَاعِيُّ وَغَيْرُهُمْ؛ وَهُوَ مُقْتَضَى قَوْلِ أَبِي بَكْرٍ الصِّدِّيقِ رَضِيَ اللهُ عَنْهُ؛ وَلَا تُقْبَلُ تَوْبَتُهُ عِنْدَ هَؤُلَاءِ.

1- الْحُجَّةُ فِي وُجُوبِ قَتْلِ مَنْ سَبَّهُ صلى الله عليه وسلم أَوْ عَابَهُ

فَفِي الْقُرْآنِ الْكَرِيمِ نَجِدُ أَنَّ اللهَ تَعَالَى لَعَنَ مَنْ يُؤْذِيهِ فِي الدُّنْيَا وَالْآخِرَةِ، وَقَدْ قَرَنَ تَعَالَى أَذَاهُ بِأَذَى نَبِيِّهِ عَلَيْهِ السَّلَامُ، وَلَا خِلَافَ فِي قَتْلِ مَنْ سَبَّ اللهَ، وَأَنَّ اللَّعْنَ يَسْتَوْجِبُهُ الْكَافِرُ، وَحُكْمُ الْكَافِرِ الْقَتْلُ؛ قَالَ تَعَالَى: ﴿إِنَّ

الَّذينَ يُؤْذُونَ اللهَ ورَسُولَهُ لَعَنَهُمُ اللهُ في الدُّنْيَا والآخِرَةِ وأَعَدَّ لَهُمْ عَذاباً مُهيناً﴾ (الأحزاب، 57)؛ وقالَ تعالَى في مَنْ يَقْتُلُ المُؤْمِنينَ كَذلكَ: ﴿مَلْعُونينَ أَيْنَما ثُقِفُوا أُخِذُوا وقُتِّلُوا تَقْتِيلاً﴾(الأحزاب، 61)؛ وقَدْ يَكُونُ القَتْلُ بِمَعْنَى اللَّعْنِ، قالَ تَعالَى: ﴿قُتِلَ الخَرَّاصُونَ﴾ (الذاريات، 10)، أَيْ: لَعَنَ اللهُ الكَذَّابِينَ. وقالَ تَعالَى: ﴿فَلاَ وَرَبِّكَ لاَ يُؤْمِنُونَ حَتَّى يُحَكِّمُوكَ فِيما شَجَرَ بَيْنَهُمْ ثُمَّ لاَ يَجِدُوا في أَنْفُسِهِمْ حَرَجاً مِمَّا قَضَيْتَ ويُسَلِّمُوا تَسْليماً﴾(النساء، 65)، فَسَلَبَ اسْمَ الإِيمانِ عَنِ الّذينَ لاَ يُسَلِّمُونَ بِقَضائِهِ؛ وقالَ تَعالَى: ﴿يا أَيُّها الذينَ آمَنُوا لاَ تَرْفَعُوا أَصْواتَكُمْ فَوْقَ صَوْتِ النَّبيِّ ولاَ تَجْهَرُوا لَهُ بِالقَوْلِ كَجَهْرِ بَعْضِكُمْ لِبَعْضٍ أَنْ تَحْبَطَ أَعْمالُكُمْ وأَنْتُمْ لاَ تَشْعُرُونَ﴾ (الحُجُرات، 2)، ولاَ يُحْبِطُ العَمَلَ إِلاَّ الكُفْرُ، والكَافِرُ يُقْتَلُ. وقالَ تَعالَى: ﴿وإذا جاءُوكَ حَيَّوْكَ بِما لَمْ يُحَيِّكَ بِهِ اللهُ﴾، ثُمَّ قالَ: ﴿حَسْبُهُمْ جَهَنَّمُ يَصْلَوْنَها فَبِئْسَ المَصِيرُ﴾ (المجادلة، 8). وقالَ تعالَى: ﴿ومِنْهُمُ الّذينَ يُؤْذُونَ النَّبيَّ ويَقُولُونَ هُوَ أُذُنٌ﴾(أَيْ: يُصَدِّقُ كُلَّ ما يُقالُ لَهُ)، ثُمَّ قالَ تَعالَى: ﴿والّذينَ يُؤْذُونَ رَسُولَ اللهِ لَهُمْ عَذابٌ أَليمٌ﴾ (التوبة، 61). وقالَ تَعالَى: ﴿ولَئِنْ سَأَلْتَهُمْ لَيَقُولُنَّ إِنَّما كُنَّا نَخُوضُ ونَلْعَبُ، قُلْ أَبِاللهِ وآيَاتِهِ ورَسُولِهِ كُنْتُمْ تَسْتَهْزِئُونَ؛ لاَ تَعْتَذِرُوا قَدْ كَفَرْتُمْ بَعْدَ إِيمانِكُمْ﴾ (التوبة، 65-66)؛ قالَ أَهْلُ التَّفْسيرِ: ﴿كَفَرْتُمْ﴾ بِقَوْلِكُمْ في رَسُولِ اللهِ صلّى اللهُ عليه وسلّم.

وبَعْدَ أَنْ ذَكَرْنا الإِجْماعَ، نَذْكُرُ بَعْضَ الآثارِ، ومِنْها:

- عَنْ عَلِيِّ بْنِ أَبِي طالِبٍ رَضِيَ اللهُ عَنْهُ أَنَّ رَسُولَ اللهِ صلّى اللهُ عليه وسلّمَ قالَ: «مَنْ سَبَّ نَبِياً فَاقْتُلُوهُ، ومَنْ سَبَّ أَصْحابي فاضْرِبُوهُ»؛

- أَمَرَ النَّبِيُّ صلّى اللهُ عليه وسلّمَ بِقَتْلِ ابْنِ الأَشْرَفِ، إِذْ قالَ: «مَنْ

لِكَعْبِ بْنِ الأَشْرَفِ؟ فَإِنَّهُ يُؤْذِي اللهَ ورَسُولَهُ»، وَوَجَّهَ إِلَيْهِ مَنْ قَتَلَهُ دُونَ دَعْوَةٍ، بِخِلافِ غَيْرِهِ مِنَ المُشْرِكِينَ، فَدَلَّ ذلكَ أَنَّ قَتْلَهُ كانَ لِغَيْرِ الإِشْراكِ بَلْ لِلأَذَى؛

- وكذلكَ كانَ قَتْلُ أَبِي رَافِعٍ الذي كانَ يُؤْذِي رَسُولَ اللهِ صلّى اللهُ عليه وسلّمَ ويُعِينُ عَلَيْهِ؛

- وأَمَرَ صَلَّى اللهُ عليه وسلّمَ يَوْمَ فَتْحِ مَكَّةَ بِقَتْلِ ابْنِ خَطَلٍ وجارِيَتَيْهِ اللَّتَيْنِ كانَتا تُغَنِّيَانِ بِسَبِّهِ عَلَيْهِ السَّلامُ؛

- وعَنِ ابْنِ عَبّاسٍ أَنَّ عُقْبَةَ بْنَ أَبِي مُعَيْطٍ نَادَى: يا مَعْشَرَ قُرَيْش، مالِي أُقْتَلُ مِنْ بَيْنِكُمْ صَبْراً؟! (أَيْ: دُونَ مَعْرَكَةٍ)، فَقالَ لَهُ صلّى اللهُ عليه وسلّمَ: «بِكُفْرِكَ وافْتِرائِكَ على رَسُولِ اللهِ صلّى اللهُ عليه وسلّم»؛

- ورُوِيَ أَنَّ النَّبِيَّ صلّى اللهُ عليه وسلّمَ سَبَّهُ رَجُلٌ، فقالَ: «مَنْ يَكْفِينِي عَدُوِّي؟» فقال الزُّبَيْرُ: أنا، فَبارَزَهُ فَقَتَلَهُ الزُّبَيْرُ؛

- وفي عَهْدِ أَبِي بَكْرٍ رَضِيَ اللهُ عنه أَنَّ امْرَأَةً كانَتْ في اليَمَنِ تُغَنِّي بِسَبِّ رَسُولِ اللهِ صَلّى اللهُ عليه وسلّمَ فَقَطَعَ الأَمِيرُ يَدَها ونَزَعَ إِحْدَى أَسْنانِها، فَلَمّا عَلِمَ أَبُو بَكْرٍ بِذلكَ قالَ لَهُ: لَوْلاَ ما فَعَلْتَ لأَمَرْتُكَ بِقَتْلِها، لأَنَّ حَدَّ الأَنْبِياءِ لَيْسَ يُشْبِهُ الحُدُودَ؛

- وفي حَدِيثِ أَبِي بَرْزَةَ أَنَّهُ كانَ عِنْدَ أَبِي بَكْرٍ الصِّدِيقِ رَضِيَ اللهُ عنه فَغَضِبَ على رَجُلٍ فَسَبَّ أَبا بَكْرٍ، فَقالَ أَبُو بَرْزَةَ: يا خَلِيفَةَ رَسُولِ اللهِ، دَعْنِي أَضْرِبْ عُنُقَهُ، فقالَ: اِجْلِسْ، فَلَيْسَ ذلكَ لأَحَدٍ إِلاَّ لِرَسُولِ اللهِ صلّى اللهُ عليه وسلّم؛ فَدَلَّ هذا الحَدِيثُ على أَنَّ حُكْمَ مَنْ أَغْضَبَ النَّبِيَّ صلّى اللهُ عليه وسلّمَ القَتْلُ؛

- وذَكَرَ هارُونُ الرَّشِيدُ لِلإمامِ مَالِكٍ أنَّ رَجُلاً شَتَمَ النَّبيَّ صلّى اللهُ عليه وسلّم فَأَفْتى بَعْضُ الفُقَهاءِ بِجَلْدِهِ، فَغَضِبَ الإمامُ وقالَ: يا أَمِيرَ المُؤْمِنِينَ، مَا بَقاءُ الأُمَّةِ بَعْدَ شَتْمِ نَبِيِّها؟! مَنْ شَتَمَ الأَنْبِياءَ قُتِلَ، ومَنْ شَتَمَ أَصْحابَ النَّبيِّ صلّى اللهُ عليه وسلّمَ يُجْلَدُ.

وحُكْمُ القَتْلِ مِنْ جِهَةِ النَّظَرِ والاِعْتِبارِ أَنَّ مَنْ تَنَقَّصَهُ عَلَيْهِ السَّلامُ أَوْ سَبَّهُ فَقَدْ ظَهَرَتْ عَلامَةُ مَرَضِ قَلْبِهِ وكُفْرِ باطِنِهِ، ولِهَذا حَكَمَ عليه كَثِيرٌ مِنَ العُلَماءِ بِالرِّدَّةِ، كَما أَنَّ التَّكْذِيبَ أَوْ الاِسْتِهْزاءَ دَلِيلٌ على الكُفْرِ، فَاعْتِرافُهُ بِذلكَ وعَدَمُ تَوْبَتِهِ يَسْتَوْجِبانِ القَتْلَ، قالَ تَعالى: ﴿يَحْلِفُونَ بِاللهِ ما قالُوا ولَقَدْ قالُوا كَلِمَةَ الكُفْرِ وكَفَرُوا بَعْدَ إِسْلامِهِمْ﴾ (التوبة، 74)؛ قالَ بَعْضُ المُفَسِّرِينَ: هِيَ قَوْلُ بَعْضِ المُنافِقِينَ: ما مَثَلُنا ومَثَلُ مَحَمَّدٍ إلاَّ كَقَوْلِ القائِلِ: سَمِّنْ كَلْبَكَ يَأْكُلْكَ وأَجِعْهُ يَتْبَعْكَ، ولَئِنْ رَجَعْنا إلى المَدِينَةِ لَيُخْرِجَنَّ الأَعَزُّ مِنْها الأَذَلَّ. وقَدْ قِيلَ: إِنَّ قائِلَ مِثْلِ هذا، إِنْ كانَ مُسْتَتِراً بِهِ فَحُكْمُهُ حُكْمُ الزِّنْدِيقِ يُقْتَلُ، ولأَنَّهُ قَدْ غَيَّرَ دِينَهُ، وقَدْ قالَ عَليهِ السّلامُ: «مَنْ غَيَّرَ دِينَهُ فاضْرِبُوا عُنُقَهُ».

2- عَفْوُهُ صلّى اللهُ عليه وسلّم عَنْ بَعْضِ مَنْ آذاه

فَإِنْ قُلْتَ: فَلِمَ لَمْ يَقْتُلِ النَّبيُّ صلّى اللهُ عليه وسلّمَ اليَهُودِيَّ الّذي قالَ لَهُ: السَّامُ عَلَيْكُمْ (أَيْ: المَوْتُ)، وهذا دُعاءٌ عَلَيْه؛ ولاَ قَتَلَ الآخَرَ الذي قالَ لَهُ: إِنَّ هذه قِسْمَةٌ مَا أُرِيدَ بِها وَجْهُ اللهِ، وقَدْ تَأَذَّى النَّبِيُّ صلّى اللهُ عليه وسلّمَ مِنْ ذلكَ، وقالَ: «قَدْ أُوذِيَ مُوسَى بِأَكْثَرَ مِنْ هذا فَصَبَرَ»؛ ولاَ قَتَلَ المُنافِقِينَ الذينَ كانُوا يُؤْذُونَهُ في أَكْثَرِ الأَحْيانِ؟

فَاعْلَمْ، وفَّقَنا اللهُ وإِيَّاكَ، أَنَّ النَّبِيَّ صلّى اللهُ عليه وسلّمَ كانَ في بِدايَةِ الإِسْلامِ يُمَيِّلُ قُلُوبَ النّاسِ إِلَيْهِ ويُحَبِّبُ إِلَيْهِمُ الإِيمانَ، ويَقُولُ

لأَصْحابِهِ: «إِنَّما بُعِثْتُمْ مُيَسِّرِينَ ولَمْ تُبْعَثُوا مُنَفِّرِينَ»، ويَقُولُ: «لاَ يَتَحَدَّثُ النّاسُ أَنَّ مَحَمَّداً يَقْتُلُ أَصْحابَهُ»؛ وكانَ صلّى اللهُ عليه وسلّمَ يُغْمِضُ عَيْنَهُ عَنِ الكُفّارِ والمُنافِقِينَ ويَصْبِرُ على عَداوَتِهِمْ، بَلْ كانَ يُعْطِيهِمْ ويُحْسِنُ مُعامَلَتَهُمْ، وبِذلكَ أَمَرَهُ اللهُ تَعالَى بِقَوْلِهِ: ﴿وَلاَ تَزالُ تَطَّلِعُ عَلَى خائِنَةٍ مِنْهُمْ إِلاَّ قَلِيلاً مِنْهُمْ فَاعْفُ عَنْهُمْ واصْفَحْ إِنَّ اللهَ يُحِبُّ المُحْسِنِينَ﴾ (المائدة، 13)، وقالَ تَعالى: ﴿اِدْفَعْ بِالَّتِي هِيَ أَحْسَنُ فَإِذا الذي بَيْنَكَ وبَيْنَهُ عَداوَةٌ كَأَنَّهُ وَلِيٌّ حَمِيمٌ﴾ (فُصِّلَت، 34)، وذلكَ لِحاجَةِ النّاسِ إلى التّآلُفِ وجَمْعِ الكَلِمَةِ؛ فَرَجَعَ كَثِيرٌ مِنْهُمْ إلى الحَقِّ باطِناً كَما رَجَعَ ظاهِراً وأَصْبَحُوا لِلإِسْلامِ أَنْصاراً؛ فَلَمّا أَظْهَرَ اللهُ الدِّينَ فَإِنَّ النَّبِيَّ صلّى اللهُ عليه وسلّم قَتَلَ مَنْ أَقْدَرَهُ اللهُ عَلَيْهِمْ مِنَ الكُفّارِ المُجاهِرِينَ بالعَداوَةِ والمُنافِقِينَ الّذِينَ ظَهَرَ أَذاهُمْ وثَبَتَ؛ وكَذلكَ أَباحَ صلّى اللهُ عليه وسلّمَ دَمَ بَعْضِهِمْ كالشّاعِرِ كَعْبِ بنِ زُهَيْرٍ الذي كانَ قَدْ ذَمَّهُ ثُمَّ جاءَهُ مُسْلِماً ومادِحاً لَهُ صلّى اللهُ عليه وسلّمَ بِقَصِيدَتِهِ التي سُمِّيَتِ «البُرْدَةَ» لأَنَّهُ عَلَيْهِ السَّلاَمُ أَلْبَسَهُ بُرْدَتَهُ حِينَ أَنْشَدَ قَصِيدَتَهُ. أَمّا المُنافِقُون الّذِينَ نُقِلَ إِلَيْهِ صلّى اللهُ عليه وسلّمَ إِساءَتُهُمْ وأَنْكَرُوها ولَمْ تَثْبُتْ عَلَيْهِمْ فَقَدْ تَرَكَهُمْ لأَنَّهُ عليه السَّلامُ كانَ يَحْكُمُ على الظّاهِرِ، مَعَ أَنَّهُ كانَ يَعْلَمُ نِفاقَهُمْ؛ فَلَوْ قَتَلَهُمْ صلّى اللهُ عليه وسلّمَ لِنِفاقِهِمْ وعِلْمِهِ بِما أَخْفَوْا في أَنْفُسِهِمْ لَقالَ أَعْداءُ الإِسْلامِ حِينَذاكَ إِنَّ القَتْلَ إِنَّما كانَ لِعَداوَةٍ شَخْصِيَّةٍ ولَخافَ الكَثِيرُ مِنَ الدُّخُولِ في دِينِ اللهِ، ولِهَذا قالَ صلّى اللهُ عليه وسلّمَ: «لاَ يَتَحَدَّثُ النّاسُ أَنَّ مَحَمَّداً يَقْتُلُ أَصْحابَه». وقِيلَ في تَفْسِيرِ قَولِهِ تَعالى: ﴿لَّئِن لَّمْ يَنتَهِ الْمُنَافِقُونَ وَالَّذِينَ فِي قُلُوبِهِم مَّرَضٌ وَالْمُرْجِفُونَ فِي الْمَدِينَةِ لَنُغْرِيَنَّكَ بِهِمْ ثُمَّ لَا يُجَاوِرُونَكَ فِيهَا إِلَّا قَلِيلًا مَّلْعُونِينَ أَيْنَمَا ثُقِفُوا أُخِذُوا وَقُتِّلُوا تَقْتِيلًا سُنَّةَ اللَّهِ فِي الَّذِينَ خَلَوْا

مِن قَبْلُ وَلَن تَجِدَ لِسُنَّةِ اللَّهِ تَبْدِيلًا﴾ (الأحزاب، 60-62) إنَّ مَعْناهُ: إذا أَظْهَرُوا النِّفاقَ. وقَدْ صَبَرَ لَهُمْ صلّى اللهُ عليه وسلّمَ على سِحْرِهِ وتَسْمِيمِهِ وهَوَ أَعْظَمُ مِنْ سَبِّهِ، إلى أَنْ نَصَرَه اللهُ عَلَيْهِمْ وأَذِنَ لَهُ في قَتْلِ مَنْ أَرادَ اللهُ هَلاكَهُ، وإِنْزَالِهِمْ مِنْ حُصُونِهِمْ وتَخْرِيبِ بُيُوتِهُمْ بِأَيْدِيهِمْ وأَيْدِي المُؤْمِنِينَ، وأَوْرَثَهُمْ أَرْضَهُمْ وأَمْوالَهُمْ، لِتَكُونَ كَلِمَةُ اللهِ هِيَ العُلْيا.

وإِنْ قُلْتَ: فَفِي الحَدِيثِ الصَّحِيحِ عَنْ عائِشَةَ رَضِيَ اللهُ عَنْها: أَنَّهُ عَلَيْهِ السَّلاَمُ ما انْتَقَمَ لِنَفْسِهِ في شَيْءٍ يُؤْتَى إِلَيْهِ قَطُّ، إلاَّ أَنْ تُنْتَهَكَ حُرْمَةُ اللهِ فَيَنْتَقِمَ للهِ؛ فَاعْلَمْ أَنَّ هذا لاَ يَعْنِي أَنَّهُ لَمْ يَنْتَقِمْ مِمَّنْ سَبَّهُ أَو آذاهُ، فَإِنَّ هَذِهِ مِنْ حُرُماتِ اللهِ التي انْتَقَمَ لَها؛ وإِنَّما الّذي لَمْ يَنْتَقِمْ مِنْ فاعِلِهِ هُوَ ما تَعَلَّقَ بِسُوءِ أَدَبٍ في القَوْلِ أَوِ المُعامَلَةِ مِنْ غَيْرِ قَصْدٍ لِلأَذَى، وكانَ راجِعاً إِلَى الغَفْلَةِ أَوِ غِلْظَةِ الطَّبْعِ، كَجَبْذِ الأَعْرابِيِّ إِزارَهُ صلّى اللهُ عليه وسلّمَ حَتّى أَثَّرَ في عُنُقِهِ، وكَرَفْعِ الصَّوْتِ عِنْدَهُ، وأَشْباهِ ذلكَ مِمّا يَحْسُنُ الصَّفْحُ عَنْهُ، أَوْ يَكُونُ ذلكَ الأَذَى مِنْ كافِرٍ رَجا صلّى اللهُ عليه وسلّم أَنْ يُسْلِمَ بَعْدَ ذلكَ، كَعَفْوِهِ عَنِ اليَهُودِيِّ الذي سَمَّمَهُ وعَنِ الأَعْرابِيِّ الذي أَرادَ قَتْلَهُ.

وقَدْ قالَ العُلَماءُ: إِنَّ إِيذاءَ النَّبِيِّ صلّى اللهُ عليه وسلّمَ حَرامٌ لاَ يَجُوزُ بِفِعْلٍ مُباحٍ ولاَ غَيْرِهِ، واحْتَجُّوا بِعُمُومِ قَوْلِهِ تَعالَى: ﴿إِنَّ الّذِينَ يُؤْذُونَ اللهَ ورَسُولَهُ لَعَنَهُمُ اللهُ في الدُّنْيا والآخِرَةِ﴾ (الأحزاب، 57).

3- حُكْمُ القاصِدِ لِذَمِّ النَّبِيِّ صلّى اللهُ عليه وسلّمَ وحُكْمُ غَيْرِ القاصِدِ

إذا قَصَدَ المُتَكَلِّمُ تَكْذِيبَ الرَّسُولِ صلّى اللهُ عليه وسلّمَ في ما أَتَى بِهِ أَوْ نَفْيَ نُبُوَّتِهِ أَوْ وُجُودَهُ، فَهُوَ كافِرٌ يَجِبُ قَتْلُهُ، سَواءٌ كانَ مُصَرِّحاً بِذلكَ (وهُوَ المُرْتَدُّ) أَوْ كانَ مُسْتَتِراً (وَهُوَ الزِّنْدِيقُ أَوِ المُنافِقُ)، وسَواءٌ اِنْتَقَلَ إِلى

دِينٍ آخَرَ أَمْ لاَ؛ ولاَ تُسقِطُ تَوْبَتُهُ القَتْلَ لِحَقِّ النَّبِيِّ صلّى اللهُ عليه وسلّمَ إِنْ كانَ ذِكَرَهُ بِنَقِيصَةٍ. وقالَ بَعْضُ الأَئِمَّةِ إِنَّ مَنْ كَفرَ بِرَسُولِ اللهِ صلّى الله عليه وسلّمَ مِنَ المُسْلِمِينَ ثُمَّ رَجَعَ، دُونَ تَنْقِيصٍ مِنْهُ عَلَيْهِ السَّلامُ، فَحُكْمُهُ كالمُرْتَدِّ تُقْبَلُ تَوْبَتُهُ.

وكَذلكَ مَنْ تَنَبَّأَ وزَعَمَ أَنَّهُ يُوحَى إِلَيْهِ فَهُوَ كالمُرْتَدِّ لأَنَّهُ كَفَرَ بِكِتابِ اللهِ مَعَ الكَذِبِ على اللهِ تعالى؛ أَوْ قالَ: بَعْدَ نَبِيِّكُمْ نَبِيٌّ، وذلكَ لأَنَّهُ مُكَذِّبٌ لِقَوْلِ النَّبِيِّ صلّى اللهُ عليه وسلّمَ: «لاَ نَبِيَّ بَعْدِي» وللهِ سُبْحانَهُ. كَما أَنَّ مَنْ قَصَدَ وَصْفَ النَّبِيِّ صلّى اللهُ عليه وسلّم بِغَيْرِ صِفَتِهِ أَوْ تَبْدِيلَ شَيْءٍ مِمّا وَرَدَ في سِيرَتِهِ، فَإِنْ أَظْهَرَ ذلكَ كانَ كافِراً وتُقْبَلُ تَوْبَتُهُ، وإِنْ أَسَرَّهُ فَهُوَ زِنْدِيقٌ يُقْتَلُ ولاَ تُقْبَلُ لَهُ تَوْبَةٌ.

أَمَّا إِذا لَمْ يَكُنِ المُتَكَلِّمُ عَنِ النَّبِيِّ صلّى اللهُ عليه وسلّمَ قاصِداً لِلسَّبِّ ولاَ مُعْتَقِداً لَهُ ولَكِنَّهُ تَكَلَّمَ بِكَلِمَةِ الكُفْرِ كَلَعْنِهِ أَو شَتْمِهِ أَوْ تَكْذِيبِهِ أَو وَصْفِهِ بِما لاَ يَجُوزُ لَهُ أَو نَفْيِ ما يَجِبُ لَهُ، كَأَنْ يَنْسُبَ إِلَيْهِ فِعْلَ شَيْءٍ مِنَ الكَبائِرِ أَوْ تَقْصِيراً في تَبْلِيغِ الرِّسالَةِ أَوْ ظُلْماً في الحُكْمِ بَيْنَ النّاسِ، أَوْ يَحْتَقِرَ مَرْتَبَتَهُ أَوْ نَسَبَهُ أَوْ عِلْمَهُ، أَوْ يُكَذِّبَ ما أَخْبَرَ بِهِ أَوِ اشْتَهَرَ عَنْهُ؛ وظَهَرَ أَنَّ شَيْئاً مِنْ ذلكَ صَدَرَ مِنْهُ لِجَهالَةٍ أَوْ ضَجَرٍ أَوْ سُكْرٍ أَوْ تَهَوُّرٍ أَوْ عَجْرَفَةٍ، فَحُكْمُهُ كَحُكْمِ القاصِدِ وهُوَ القَتْلُ، إِذْ لاَ يُعْذَرُ أَحَدٌ في الكُفْرِ بِالجَهالَةِ ولاَ بادِّعاءِ خَطَإِ اللِّسانِ، إِلاَّ مَنْ أُكْرِهَ وقَلْبُهُ مُطْمَئِنٌّ بالإيمانِ.

4- حُكْمُ القَائِلِ لِمَا يَحْتَمِلُ السَّبَّ وغَيْرَهُ

اِخْتَلَفَ المُجْتَهِدُونَ مِنَ العُلَماءِ في حُكْمِ مَنْ نَطَقَ بِقَوْلٍ عامٍّ يَحْتَمِلُ سَبَّ النَّبِيِّ صلّى اللهُ عليه وسلّمَ، كَما يَحْتَمِلُ قَصْداً آخَرَ يَدَّعِيهِ القائِلُ؛ فَمِنَ

العُلَماءِ مَنْ غَلَّبَ حُرْمَةَ النَّبِيِّ صلّى اللهُ عليه وسلّمَ وصانَ شَرَفَهُ فحَكَمَ بِقَتْلِهِ، ومِنْهُمْ مَنْ عَظَّمَ حُرْمَةَ الدَّمِ فَتَجَنَّبَ القَتْلَ بِسَبَبِ شُبْهَةِ الِاحْتِمالِ؛ ومِثْلُ ذلكَ اختِلافُهُمْ في رَجُلَيْنِ تَخاصَما فقالَ أَحَدُهُما لِلآخَرِ: صَلِّ على النَّبِيِّ مُحَمَّدٍ، فقالَ الثّاني غاضِباً: لا صَلَّى اللهُ على مَنْ صَلَّى عَلَيْهِ. فَسُئِلَ بَعْضُ العُلَماءِ: هَلْ هُوَ كَمَنْ شَتَمَ النَّبِيَّ صلّى اللهُ عليه وسلّمَ أَوْ شَتَمَ المَلائِكَةَ الّذينَ يُصَلُّونَ عَلَيْهِ؟ فأَجابَ سَحْنُونُ وعُلَماءُ آخَرُونَ بِالنَّفْيِ، لأَنَّ القائِلَ كانَ غاضِباً ولَمْ يُضْمِرْ شَتْمَ النَّبِيِّ صلّى اللهُ عليه وسلّم ولا المَلائِكَةِ، ولَيْسَ هُناكَ حَجَّةٌ على إِثْباتِ ذلك، وإِنّما شَتَمَ النّاسَ، فلا يُقْتَلُ. وَحَكَمَ غَيْرُهُمْ بالقَتْلِ.

ومِنْ ذلكَ أَنَّهُ قِيلَ لِمُحمدِ بْنِ أَبِي زَيْدٍ القَيْرَوانِيِّ إِنَّ رَجُلاً قالَ: لَعَنَ اللهُ العَرَبَ، ولَعَنَ اللهُ بَنِي إِسْرائيلَ، ولَعَنَ اللهُ بَنِي آدَمَ، ثُمَّ قالَ: إِنَّني لَمْ أُرِدْ لَعْنَ الأَنْبِياءِ، وإِنَّما أَرَدْتُ الظّالِمِينَ مِنْ أُولَئِكَ النّاسِ؛ فَأَفْتَى القَيْرَوانِيُّ بِأَنْ يُعاقَبُ ذلكَ الرَّجُلُ حَسَبَ ما يَراهُ الحاكِمُ؛ وكَذلكَ أَفْتَى في مَنْ قالَ: لَعَنَ اللهُ مَنْ حَرَّمَ المُسْكِرَ، ثُمَّ قالَ: لَمْ أَعْلَمْ مَنْ حَرَّمَهُ.

وقَدِ اخْتَلَفَ شُيُوخُنا في رَجُلٍ قالَ لِشاهِدٍ شَهِدَ عَلَيْهِ بِشَيْءٍ: أَتَتَّهِمُنِي؟! فقالَ لَهُ الشّاهِدُ: الأَنْبِياءُ يُتَّهَمُونَ، فَكَيْفَ أَنْتَ؟! فكانَ شَيْخُنا أَبُو إِسْحاقَ بْنُ جَعْفَرٍ يَرَى أَنْ يُقْتَلَ، لِبَشاعَةِ ظاهِرِ اللَّفْظِ؛ ولَكِنَّ القاضِيَ أَبَا مُحَمَّدٍ بْنَ مَنْصُورٍ تَوَقَّفَ عَنِ القَتْلِ لِاحْتِمالِ ذلكَ اللَّفْظِ أَنْ يَكُونَ خَبَراً عَنِ الكُفّارِ الّذِينَ اتَّهَمُوا الأَنْبِياءَ، واكْتَفَى بِتَقْيِيدِهِ وسَجْنِهِ؛ وأَفْتَى قاضِي قُرْطُبَةَ ابْنُ الحاجِّ بِمِثْلِ ذلكَ، وبَعْدَ أَنْ أَقْسَمَ القائِلُ على كَذِبِ ما شُهِدَ بِهِ عَلَيْهِ، ووُجِدَ ضُعْفٌ في شَهادَةِ بَعْضِ الشُّهُودِ، أَطْلَقَهُ القاضِي أَبُو مَحَمَّدٍ.

وسَبَّ شَخْصٌ رَجُلاً اسْمُهُ مُحَمَّدٌ ثُمَّ ذَهَبَ الشَّخْصُ إِلى كَلْبٍ فَضَرَبَهُ بِرِجْلِهِ قائِلاً لَهُ: قُمْ يا مُحَمَّدُ! فَأُتِيَ بِهذا الشَّخْصِ إِلى القاضِي وشَهِدَ عَلَيْهِ النَّاسُ فَأَمَرَ بِسِجْنِهِ، ثُمَّ بَحَثَ هَلْ يَصْحَبُ مَنْ يَشُكُّ فِي عَقِيدَتِهِ، ولَمَّا لَمْ يَجِدْ شَيْئاً مِنْ ذلِكَ ضَرَبَهُ بِالسَّوْطِ وأَطْلَقَهُ.

5- حُكْمُ مَنْ لَحِقَهُ نَقْصٌ فَتَمَثَّلَ بِالنَّبِيِّ صلّى الله عليه وسلّم أَوْ نَبِيٍّ آخَرَ

وقَدْ لا يَقْصِدُ القائِلُ سَبَّاً ولكِنَّهُ يُرِيدُ أَنْ يَضْرِبَ المَثَلَ بِبَعْضِ أَحْوالِهِ صلّى الله عليه وسلّم الجائِزَةِ عَلَيْهِ فِي الدُّنْيا، مُسْتَشْهِداً بِها عَلى ما أَصابَهُ مِنْ سُوءٍ ومُعَظِّماً لِنَفْسِهِ أَوْ قاصِداً الهَزْلَ، كَقَوْلِهِ: إِنْ قِيلَ فِي السُّوءُ فَقَدْ قِيلَ فِي النَّبِيِّ، أَوْ إِنْ أَذْنَبْتُ فَقَدْ أَذْنَبَ الأَنْبِياءُ، أَوْ صَبَرْتُ كَصَبْرِ أَيُّوبَ، أَوْ كَقَوْلِ المُتَنَبِّي:

أَنَا فِي أُمَّةٍ تَدارَكَها اللَّـهُ   غَرِيبٌ كَصالِحٍ فِي ثَمُودِ

أَوْ كَقَوْلِ المَعَرِّي فِي مَمْدُوحِهِ وزَوْجَتِهِ:

كُنْتَ مُوسى وافَتْهُ بِنْتُ شُعَيْبٍ   غَيْرَ أَنْ لَيْسَ فِيكُما مِنْ فَقِيرِ

وهذا داخِلٌ فِي تَحْقِيرِ نَبِيِّ اللهِ عَلَيْهِ السَّلامُ وتَفْضِيلِ غَيْرِهِ عَلَيْهِ؛ وقَدْ قالَ أَيْضاً فِي مَدْحِ شَخْصٍ اسْمُهُ مُحَمَّد:

لَوْلا انْقِطاعُ الوَحْي بَعْدَ مُحَمَّدٍ   قُلْنا: مُحَمَّدٌ مِنْ أَبِيهِ بَدِيلُ
هُوَ مِثْلُهُ فِي الفَضْلِ إِلاَّ أَنَّهُ   لَمْ يَأْتِهِ بِرِسالَةٍ جِبْرِيلُ

إِلى أَمْثالِ هذا مِنْ أَشْعارِ المُتَعَجْرِفِينَ فِي القَوْلِ، والمُتَكَلِّمِينَ بِما لَيْسَ لَهُمْ عِلْمٌ بِفَداحَتِهِ، خُصُوصاً مِنْهُمُ الشُّعَراءُ الَّذِينَ خَرَجَ كَثِيرٌ مِنْ

كَلامَ بَعْضِهِمْ إلى حَدِّ الاسْتِخْفافِ وصَرِيحِ الكُفْرِ. غَيْرَ أَنَّ عُمُومَ الأَقْوالِ، وإِنْ لَمْ يَكُنْ فِيها عَيْبٌ ولاَ تَحْقِيرٌ في حَقِّ المَلائِكَةِ والأَنْبِياءِ كَما في قَوْلِ المَعرِّيِّ، إلاَّ أَنَّ قائِلَها لَمْ يُوقِّرِ النُّبُوَّةَ ولاَ عَظَّمَ حُرْمَةَ مَنْ شَرَّفَ اللهُ قَدْرَهُ ونَهَى حَتَّى عَنْ رَفْعِ الصَّوْتِ عِنْدَهُ صلّى اللهُ عليه وسلّم؛ فَحَقُّ هَذا – وإِنْ نَجَا مِنَ القَتْلِ- أَنْ يُسْجَنَ ويُؤَدَّبَ بِحَسَبِ شَناعَةِ قَوْلِهِ أَوْ نَدامَتِهِ على ما صَدَرَ مِنْهُ. وعلى هذا المَنْهَجِ جاءَتْ فُتْيا إِمامِ مَذْهَبِنا مالِكِ بْنِ أَنَسٍ رَحِمَهُ اللهُ وأَصْحابِهِ. ومِثْلُ ذلكَ أَنَّ رَجُلاً عَيَّرَ رَجُلاً آخَرَ بِالفَقْرِ، فقالَ: تُعَيِّرُنِي بِالفَقْرِ وقَدْ رعَى النَّبيُّ صلّى اللهُ عليه وسلّمَ الغَنَمَ!. فَقالَ مالِكٌ: قَدْ عَرَّضَ بِذِكْرِ النَّبيِّ صلّى اللهُ عليه وسلّمَ في غَيْرِ مَوْضِعِهِ، أَرَى أَنْ يُؤَدَّبَ. وقالَ شابٌّ مَعْرُوفٌ بِالخَيْرِ لِرَجُلٍ شَيْئاً، فقالَ لَهُ الرَّجُلُ: اُسْكُتْ فَإِنَّكَ أُمِّيٌّ. فقالَ الشّابُّ: أَلَيْسَ كانَ النَّبِيُّ صلّى اللهُ عليه وسلّمَ أُمِّيّاً! فَشَنَّعَ عليهِ النّاسُ قَوْلَهُ وكَفَّرُوه، فَخافَ الشّابُّ ونَدِمَ؛ فقالَ أَبُو الحَسَنِ القابِسِيُّ: أَمّا إِطْلاقُ الكُفْرِ عليهِ فَخطَأٌ، لَكِنَّهُ مَخْطِئٌ في اسْتِشْهادِهِ بِصِفَةِ النَّبِيِّ صلّى اللهُ عليه وسلّم، فَكَوْنُ النَّبيِّ أُمِّيّاً آيَةٌ لَهُ، وكَوْنُ هذا أُمِّيّاً نَقِيصَةٌ فيهِ.

6- حُكْمُ الحاكِي لِمِثْلِ ذلكَ الكَلامِ عَنْ غَيْرِه

إِذا حَكَى شَخْصٌ قَوْلاً عَنْ غَيْرِهِ فِيهِ سَبٌّ أَوْ نَقِيصَةٌ في حَقِّ النَّبِيِّ صلّى اللهُ عليه وسلّمَ فَإِنَّ حُكْمَهُ يَخْتَلِفُ على أَرْبَعَةِ وُجُوهٍ: الوُجُوبُ والاِسْتِحْبابُ والكَراهَةُ والتَّحْرِيمُ؛ فَإِنْ أَخْبَرَ بِذلكَ لِلإِعْلامِ بِقائِلِهِ والإِنْكارِ عَلَيْهِ والتَّنْفِيرِ مِنْهُ والرَّدِّ عَلَيْهِ، فَهذا ما يُحْمَدُ فاعِلُهُ؛ ومِنْهُ ما يَجِبُ وما يُسْتَحَبُّ، بِحَسَبِ حالاَتِ الحاكِي والمَحْكِيِّ عَنْهُ؛ فَإِنْ كانَ القائِلُ مِمَّنْ يُقْتَدَى بِهِ أَوْ يَعِظُ النّاسَ أَوْ يُعَلِّمُ الصِّبْيانَ، وَجَبَ على سامِعِهِ إِشْهارُ

ما سَمِعَ مِنْهُ والشَّهادَةُ عَلَيْهِ وبَيانُ فَسادِ قَوْلِهِ لِقَطْعِ ضَرَرِهِ عَنِ المُسْلِمِينَ وقِياماً بِحَقِّ سَيِّدِ المُرْسَلِينَ صلّى اللهُ عليه وسلّم. وإنْ لَمْ يَكُنِ القائِلُ مِنْ أُولَئِكَ وَجَبَ على المُسْلِمِينَ القِيامُ بِحَقِّ النَّبِيِّ صلّى اللهُ عليه وسلّم وحِمايَةُ عِرْضِهِ وصِيانَتُهُ عَنِ الأَذَى حَيّاً ومَيِّتاً، لَكِنْ إذا قامَ بِهذا مَنْ لَهُ الحَقُّ في الحُكْمِ والتَّنْفيذِ فَإِنَّ ذلكَ الواجِبَ يَسْقُطُ عَنِ الباقِينَ ويَبْقَى الاِسْتِحْبابُ في تَكْثِيرِ الشَّهاداتِ على القائِلِ. وأَمّا الإِباحَةُ لِحِكايَةٍ دُونَ وُجُوبٍ أَوِ اسْتِحْبابٍ فَلاَ مُبَرِّرَ لَها، إذْ لاَ يُباحُ ذِكْرُهُ صلّى اللهُ عليه وسلّمَ بِسُوءٍ ولاَ حِكايَةُ ذلكَ لِغَيْرِ غَرَضٍ شَرْعِيٍّ. وقَدْ أَجْمَعَ السَّلَفُ والخَلَفُ مِنَ الأَئِمَّةِ على حِكايَةِ مَقالاَتِ الكَفَرَةِ والمُلْحِدِينَ بِقَصْدِ تَبْيِينِها للنّاسِ ونَقْضِها، فَأَمّا ذِكْرُها على سَبِيلِ التَّنَدُّرِ والخَوْضِ في قِيلَ وقالَ فذلكَ مَمْنُوعٌ. كَما أَنَّ المُسْلِمِينَ مُجْمِعُونَ على تَحْرِيمِ رِوايَةِ ما هُجِيَ بِهِ صلّى اللهُ عليه وسلّم وكِتابَتِهِ وقِراءَتِهِ وتَرْكِهِ مَكْتُوباً؛ ورَحِمَ اللهُ أَسْلاَفَنا المُتَّقِينَ فَقَدْ أَسْقَطُوا ذلكَ مِنْ أَحادِيثِ المَغازِي والسِّيَرِ.

7- حِكايَةُ ما يَجُوزُ على النَّبِيِّ صلّى اللهُ عليه وسلّمَ مِنَ الأَعْراضِ البَشَرِيَّة

وذلكَ أَنْ يُذْكَرَ ما يَجُوزُ عَلَيْهِ صلّى اللهُ عليه وسلّمَ مِنَ الأُمُورِ البَشَرِيَّةِ، مِثْلُ ما قاساهُ مِنْ أَعْدائِهِ وعاناهُ في عِيشَتِهِ وبُؤْسِ زَمَنِهِ، وصَبْرِهِ على ذلكَ كُلِّهِ في سَبِيلِ اللهِ؛ وأَنْ يَكُونَ ذِكْرُ هذه الأُمُورِ على طَرِيقِ الرِّوايَةِ ومُدارَسَةِ العِلْمِ ومَعْرِفَةِ ما صَحَّتْ مِنْهُ العِصْمَةُ لِلأَنْبياءِ وما يَجُوزُ عليهِمْ، فَهذا جائِزٌ إذْ لَيْسَ فِيهِ نَقْصٌ ولاَ اسْتِخْفافٌ؛ فَقَدْ قالَ صلّى اللهُ عليه وسلّمَ مُخْبِراً عَنْ نَفْسِهِ بِرِعايَةِ الغَنَمِ في بِدايَةِ عُمُرِهِ فقالَ: «ما مِنْ نَبِيٍّ إلاَّ وَقَدْ رَعَى الغَنَمَ»،

كَما أَخْبَرَ اللهُ تَعالَى بِذلكَ عَنْ مُوسَى عليه السَّلامُ، وهذا لاَ عَيْبَ فِيهِ لِمَنْ رَواهُ مِنْ أَجْلِ التَّعْلِيمِ، بِخِلاَفِ مَنْ قَصدَ بِهِ التَّحْقِيرَ. وقَدْ كانَ في تِلْكَ الرِّعايَةِ لِلأَنْبِياءِ حِكْمَةٌ إِلَهِيَّةٌ وتَدْرِيجٌ لَهُمْ إلى سِياسَةِ أُمَمِهِمْ. وإِذا ذَكَرَ المُتَحَدِّثُ ما وصَفَ بِهِ اللهُ عَزَّ وجَلَّ النَّبِيَّ صلّى اللهُ عليه وسلّمَ مِنْ يُتْمٍ وفَقْرٍ، ثُمَّ ما أَكْرَمَهُ بِهِ مِنْ نِعَمٍ مَعْنَوِيَّةٍ، فَلَيْسَ في ذلكَ نَقْصٌ، بَلْ فِيهِ دَلاَلَةٌ على نُبُوَّتِهِ وصِحَّةِ دَعْوَتِهِ، إِذْ نَصرَهُ اللهُ تعالى على كُبَراءِ العَرَبِ وعُظَماءِ المُلُوكِ، وأَمَدَّهُ بالمَلائِكَةِ وأَلَّفَ بِهِ بَيْنَ القُلُوبِ؛ ولَوْ كانَ ابْنَ مَلِكٍ لَظَنَّ النّاسُ أَنَّهُ قامَ يَطْلُبُ مُلْكَ أَبِيهِ، كَما قالَ هِرَقْلُ عَظِيمُ الرُّومِ. وكَذلكَ إِذا وَصَفَهُ اللهُ تَعالى بِأَنَّهُ أُمِّيٌّ فَهُوَ مَدْحٌ لَهُ وفَضِيلَةٌ فِيهِ ومُعْجِزَةٌ لَهُ، إِذْ أَنَّ وُجُودَ القُرْآنِ الذي هُوَ مُعْجِزَتُهُ العُظْمَى بِتِلْكَ البَلاَغَةِ الفائِقَةِ والعُلُومِ الدَّقِيقَةِ مِنْ رَجُلٍ لَمْ يَقْرَأْ ولَمْ يَكْتُبْ ولَمْ يَدْرُسْ لَهُوَ مُنْتَهَى العَجَبِ؛ ولَيْسَ في ذلكَ عَيْبٌ، إِذْ أَنَّ الكِتابَةَ والقِراءَةَ مِنْ جُمْلَةِ آلاَتِ المَعرِفَةِ الظاهِرِيَّةِ، فَإِذا حَصلَتِ المَعْرِفَةُ الشّامِلَةُ أَمْكَنَ الِاسْتِغْناءُ عَنِ الآلاتِ؛ غَيْرَ أَنَّ الأُمِّيَّةَ في غَيْرِهِ صلّى اللهُ عليه وسلّمَ نَقِيصَةٌ؛ فَسُبْحانَ مَنْ خالَفَ أَمْرَهُ صلّى اللهُ عليه وسلّمَ عَنْ أَمْرِ غَيْرِهِ. هَذا إلى سائِرِ أَحْوالِهِ في تَقَلُّلِهِ مِنَ الدُّنْيا في مَلْبَسِهِ ومَطْعَمِهِ زُهْداً، وفي خِدْمَتِهِ لِنَفْسِهِ ولِبَيْتِهِ تَواضُعاً؛ فَمَنْ أَوْرَدَ شَيْئاً مِنْها بِقَصْدِ تَبْيِينِ فَضائِلِهِ ومَكارِمِهِ كانَ مُحْسِناً، ومَنْ أَوْرَدَها بِغَيْرِ هذا القَصْدِ وعُلِمَ مِنْهُ ذلكَ لَحِقَ بِما تَقَدَّمَ مِنَ الأَحْكامِ.

ولاَ يَجُوزُ كَذلكَ التَّحَدُّثُ إِلاَّ بالصَّحِيحِ مِنْ أَخْبارِهِ صلّى اللهُ عليه وسلّمَ وأَخْبارِ سائِرِ الأَنْبِياءِ عَلَيْهِمُ السّلاَمُ، ويَنْبَغِي تَرْكُ تِلْكَ الأَخْبارِ التي تَحْتَوِي على أُمُورٍ لاَ تَلِيقُ بِهِمْ؛ ورَحِمَ اللهُ مالِكاً فَقَدْ كَرِهَ التَّحَدُّثَ بالأَحادِيثِ التي تُوهِمُ تَشْبِيهَ الخالِقِ تعالى بالمَخْلُوقِ والتي تُسَوِّي

الأَنْبِيَاءَ بِغَيْرِهِمْ وَالَّتِي يُشْكِلُ مَعْنَاهَا، وَقَدْ كَانَ السَّلَفُ عُمُوماً يَكْرَهُونَ الكَلاَمَ فِي مَا لاَ يَتَعَلَّقُ بِالعَمَلِ. فَأَحَادِيثُ النَّبِيِّ صلى الله عليه وسلّم كَانَتْ بِكَلاَمٍ يَفْهَمُهُ العَرَبُ عَلَى وَجْهِهِ مِنْ حَقِيقَةٍ أَوْ مَجَازٍ أَوْ إِطَالَةٍ أَوْ إِيجَازٍ، ثُمَّ جَاءَتْ بَعْدَهُمْ أَجْيَالٌ غَلَبَتْ عَلَيْهِمُ العُجْمَةُ وَالأُمِّيَّةُ فَلَمْ يَعُودُوا يَفْهَمُونَ إِلاَّ المَعَانِي الظَّاهِرَةَ الصَّرِيحَةَ لِبَعْضِ الأَحَادِيثِ، أَمَّا البَعْضُ الآخَرُ فَقَدِ اخْتَلَفُوا فِي مَعَانِيهِ.

8- الأَدَبُ اللاَّزِمُ عِنْدَ ذِكْرِ أَخْبَارِهِ صلى الله عليه وسلّم

وَمِمَّا يَجِبُ عَلَى المُتَكَلِّمِ فِي مَا يَجُوزُ وَمَا لاَ يَجُوزُ عَلَيْهِ صلى الله عليه وسلّم مِنَ الأَحْوَالِ أَنْ يَلْتَزِمَ، أَثْنَاءَ المُذَاكَرَةِ أَوِ التَّعْلِيمِ، مَا يَجِبُ مِنَ الأَدَبِ وَالتَّعْظِيمِ، فَإِذَا ذَكَرَ مَا قَاسَاهُ صلى الله عليه وسلّم مِنَ الشَّدَائِدِ ظَهَرَ عَلَيْهِ الإِشْفَاقُ وَالغَيْظُ عَلَى عَدُوِّهِ، وَمَحَبَّةُ نُصْرَتِهِ وَفِدَائِهِ صلى الله عليه وسلّم لَوْ أَمْكَنَهُ ذَلِكَ؛ وَإِذَا تَحَدَّثَ عَنْ عِصْمَتِهِ وَأَعْمَالِهِ وَأَقْوَالِهِ صلى الله عليه وسلّم رَاقَبَ لِسَانَهُ فَاخْتَارَ أَحْسَنَ الأَلْفَاظِ وَالعِبَارَاتِ، وَاجْتَنَبَ البَشِيعَ مِنْهَا كَلَفْظِ الكَذِبِ وَالجَهْلِ وَالمَعْصِيَةِ؛ فَإِذَا تَكَلَّمَ فِي أَقْوَالِهِ صلى الله عليه وسلّم قَالَ: هَلْ يَجُوزُ عَلَيْهِ الخُلْفُ فِي القَوْلِ وَالإِخْبَارِ؟ وَيَتَجَنَّبُ لَفْظَةَ الكَذِبِ؛ وَإِذَا تَكَلَّمَ عَلَى عِلْمِهِ صلى الله عليه وسلّم قَالَ: هَلْ يَجُوزُ أَنْ لاَ يَعْلَمَ إِلاَّ مَا عُلِّمَ؟ وَلاَ يُعَبِّرُ بِلَفْظِ الجَهْلِ؛ وَإِذَا تَكَلَّمَ فِي أَفْعَالِهِ صلى الله عليه وسلّم قَالَ: هَلْ يَجُوزُ مِنْهُ المُخَالَفَةُ فِي بَعْضِ الأَوَامِرِ وَالنَّوَاهِي، فَهُوَ أَحْسَنُ تَأَدُّباً مِنْ قَوْلِهِ: هَلْ يَجُوزُ أَنْ يَعْصِيَ أَوْ يُذْنِبَ. فَهَذَا مِنْ حَقِّ تَوْقِيرِهِ صلى الله عليه وسلّم، وَإِذَا كَانَ مِثْلُهُ مُسْتَعْمَلاً بَيْنَ النَّاسِ فِي حُسْنِ مُعَاشَرَتِهِمْ فَاسْتِعْمَالُهُ فِي حَقِّ النَّبِيِّ صلى الله عليه وسلّم أَوْجَبُ، فَجَوْدَةُ

العِبارَةِ تُحَسِّنُ الشَّيْءَ أَوْ تُقَبِّحُهُ، وقَدْ قالَ صلّى اللهُ عليه وسلّمَ: «إِنَّ مِنَ البَيَانِ لَسِحْراً». أَمّا ما يَأْتِي بِهِ المُتَكَلِّمُ بِقَصْدِ التَّنْزِيهِ ونَفْيِ النَّقْصِ فَلاَ مانِعَ مِنْ تَوْسِيعِ العِبارَةِ والتَّصْرِيحِ فِيها، فَيَقُولُ: لاَ يَجُوزُ عليه صلّى اللهُ عليه وسلّمَ الكَذِبُ ولاَ فِعْلُ الكَبائِرِ ولاَ الظُّلْمُ في الحُكْمِ. ولَكِنْ مَعَ هَذا يَجِبُ ظُهُورُ تَعْظِيمِهِ صلّى اللهُ عليه وسلّمَ عِنْدَ مُجَرَّدِ ذِكْرِهِ، فَكَيْفَ عِنْدَ ذِكْرِ مِثْلِ هَذا.

الباب الثاني

عُقُوبَةُ مَنْ سَبَّ النَّبِيَّ صلّى اللهُ عليه وسلّمَ أَوْ آذاهُ

قَدْ قَدَّمْنا ما هُوَ سَبٌّ وأَذىً في حَقِّهِ صلّى اللهُ عليه وسلّم، وذَكَرْنا إِجْماعَ العُلَماءِ على قَتْلِ فاعِلِ ذلكَ وقائِلِهِ. ومَشْهُورُ مَذْهَبِ مالِكٍ وأَصْحابِهِ وقَوْلِ السَّلَفِ وجُمْهُورِ العُلَماءِ قَتْلُهُ حَدّاً (أَيْ: عُقُوبَةً)، لاَ بِسَبَبِ الكُفْرِ إِنْ أَظهَرَ التَّوْبَةَ مِنْهُ، ولاَ تُقبَلُ عِنْدَهُمْ تَوْبَتُهُ، وحُكْمُهُ حُكْمُ الزِّنْديقِ ومُضْمِرِ الكُفْرِ. قالَ القابِسِيُّ: إذا أَقَرَّ بالسَّبِّ وتابَ مِنْهُ وأَظْهَرَ التَّوْبَةَ قُتِلَ بِسَبَبِ السَّبِّ لأَنَّهُ هُوَ حَدُّهُ. وأمّا ما بَيْنَهُ وبَيْنَ اللهِ فَتَوْبَتُهُ تَنْفَعُهُ؛ وهَكَذا نُقِلَ عَنْ جَماعَةٍ مِنَ العُلَماءِ. وقال بَعْضُهُمْ: إِنَّ مِثْلَ ذلكَ يكُونُ رِدَّةً لِصاحِبِهِ، فَيُسْتَتَابَ (أَيْ: يُطالَبُ بالتَّوْبَةِ) مِنْ ذلكَ، فَإِنْ تَابَ عُوقِبَ، وإِنْ رَفَضَ قُتِلَ، فَحُكْمُهُ حُكْمُ المُرْتَدِّ. وإنْ قِيلَ: فَكَيْفَ تُثْبِتُون عَلَيْهِ الكُفْرَ ولاَ تَحْكُمُونَ عَلَيْهِ بِحُكْمِهِ، وهُوَ أَمْرُهُ بالتَّوْبَةِ وانتِظارُها مِنْهُ؟ قُلْنا: نَحْنُ وإِنْ أَثْبَتْنا لَهُ حُكْمَ الكافِرِ في القَتْلِ، فَلاَ نَجْزِمُ بِذلكَ لأَنَّهُ يُقِرُّ بالتَّوحِيدِ والنُّبُوَّةِ، ويُنْكِرُ ما اتُّهِمَ بِهِ، ويَزْعُمُ أَنَّ ذلكَ كانَ مِنْهُ غَلَطاً ومَعْصِيَّةً، وأَنَّهُ نادِمٌ عليهِ تائِبٌ مِنْهُ. وأَمّا مَنْ سَبَّهُ، صلّى اللهُ عليه وسلّمَ في نَفْسِهِ أَوْ عُلِمَ مِنْهُ ذلكَ، مُعْتَقِداً أَنَّهُ يَحِلُّ لَهُ فَلاَ شَكَّ في كُفْرِهِ ويُقْتَلُ، وإِنْ تابَ مِنْهُ يُقْتَلُ حَدّاً لِقَوْلِهِ ومُتَقَدِّمِ كُفْرِهِ، وأَمْرُهُ بَعْدَ ذلكَ إلى اللهِ المُطَّلِعِ على سَرِيرَتِهِ. وكذلكَ مَنْ لَمْ يُظْهِرِ التَّوْبَةَ واعْتَرَفَ بِما شُهِدَ عَلَيْهِ بِهِ وصَمَّمَ على ذلكَ فَهُوَ كافِرٌ بِقَوْلِهِ

واسْتِحْلالِهِ هَتْكَ حُرْمَةِ اللهِ وحُرْمَةَ نَبِيِّهِ صلّى اللهُ عليه وسلّم، يُقْتَلُ كافِراً بِلاَ خِلاَفٍ.

1- تَوْبَةُ المُرْتَدّ

اِخْتَلَفَ السَّلَفُ في وُجُوبِ اسْتِتابَةِ المُرْتَدِّ وكَيْفِيَّتِها ومُدَّتِها، فَذَهَبَ جُمْهُورُ أَهْلِ العِلْمِ إلى أنَّ المُرْتَدَّ يُسْتَتابُ، وحَكَى ابْنُ القَصّارِ أَنَّهُ إجْماعٌ مِنَ الصَّحابَةِ على قَوْلِ عُمَرَ، وهُمْ: عُثْمانُ وعَلِيٌّ وابْنُ مَسْعُودٍ، وكذلكَ سائِرُ أَئِمَّةِ المَذاهِبِ السُّنِّيَّةِ، وذَهَبَ الّذِينَ يَتَّبِعُونَ ظاهِرَ النُّصُوصِ إلى عَدَمِ الاِسْتِتابَةِ لِقَوْلِهِ صلّى اللهُ عليه وسلّم: «مَنْ بَدَّلَ دِينَهُ فَاقْتُلُوه». وأَمَّا مُدَّتُها، فَذَهَبَ الجُمْهُورُ إلى أَنَّهُ يُسْتَتابُ ثَلاَثَةَ أَيّامٍ. قالَ مالِكٌ رَحِمَهُ اللهُ: الّذِي آخُذُ بِهِ في المُرْتَدِّ قَوْلُ عُمَرَ: يُحْبَسُ ثَلاَثَةَ أَيّامٍ ويُعْرَضُ عَلَيْهِ كُلَّ يَوْمٍ (طَلَبُ التَّوْبَةِ)، فَإِنْ تابَ وَإِلاَّ قُتِلَ. وقِيلَ: هَلْ يُهَدَّدُ أَوْ يُشَدَّدُ عَلَيْهِ أَيّامَ الاِسْتِتابَةِ أَمْ لاَ؟، فَقالَ مالِكٌ: ما عَلِمْتُ في الاِسْتِتابَةِ تَجْوِيعاً ولاَ تَعْطِيشاً، ويُعْطَى مِنَ الطَّعامِ بِمَا لاَ يَضُرُّهُ. وقِيلَ: يُوعَظُ في تِلْكَ الأَيّامِ ويُذَكَّرُ بالجَنَّةِ والنّارِ.

فَأَمّا مَنْ لَمْ تَتِمَّ الشَّهادَةُ عَلَيْهِ إِنَّما شَهِدَ عَلَيْهِ الوَاحِدُ أَوِ اللَّفِيفُ مِنَ النّاسِ (أَيْ: الجَماعَةُ المُخْتَلِفَةُ)، أَوْ ثَبَتَ قَوْلُهُ لَكِنَّهُ غيْرُ صَرِيحٍ ويَحْتَمِلُ أَكْثَرَ مِنْ مَعْنىً، فَهَذا يُدْفَعُ عَنْهُ القَتْلُ ويُرْجَعُ أَمْرُهُ إلى الإِمامِ الذي يَجْتَهِدُ في عِقَابِهِ بِحَسَبِ حالِهِ وقُوَّةِ الشَّهادَةِ عليهِ وضُعْفِها.

2- الذِّمِّيُّ الّذي يَسُبُّ النَّبِيَّ صلّى اللهُ عليه وسلّم أَوْ يَسْتَهْزِئُ بِهِ

كُلُّ مَا تَقَدَّمَ مِنْ أَحْكامٍ فَإِنَّها تَخُصُّ المُسْلِمَ، فَأَمّا الذِّمِّيُّ (وهَوَ غيْرُ المُسْلِمِ الّذي أُعْطِيَ عَهْداً يَأْمَنُ بِهِ على مَالِهِ وعِرْضِهِ ودِينِهِ) إذا صَرَّحَ بِسَبِّ

النَّبِيِّ صلى الله عليه وسلم أَوْ لَوَّحَ بِذَلِكَ أَوْ كَذَّبَهُ أَوِ اسْتَخَفَّ بِقَدْرِهِ أَوْ عَيَّرَهُ بِوَصْفٍ شَخْصِيٍّ (غَيْرِ الْكُفْرِ بِهِ، فَلَا شَيْءَ عَلَيْهِ كَأَنْ يَقُولَ مَثَلَاً: إِنَّ مُحَمَّداً لَمْ يُرْسَلْ إِلَيْنَا إِنَّمَا أُرْسِلَ إِلَيْكُمْ)، فَلَا خِلَافَ عِنْدَنَا فِي قَتْلِهِ لِأَنَّنَا لَمْ نُعْطِهِ العَهْدَ عَلَى ذَلِكَ، لِقَوْلِهِ تَعَالَى: ﴿وَإِنْ نَكَثُوا أَيْمَانَهُمْ مِنْ بَعْدِ عَهْدِهِمْ وَطَعَنُوا فِي دِينِكُمْ فَقَاتِلُوا أَئِمَّةَ الْكُفْرِ﴾ (التوبة، 12)، وَهُوَ قَوْلُ عَامَّةِ الْعُلَمَاءِ، إِلَّا أَبَا حَنِيفَةَ وَالثَّوْرِيَّ وَأَتْبَاعَهُمَا، فَإِنَّهُمْ قَالُوا: لَا يُقْتَلُ، لِأَنَّ مَا هُوَ عَلَيْهِ مِنَ الشِّرْكِ أَعْظَمُ، وَلَكِنْ يُؤَدَّبُ. وَمِنَ الدَّلِيلِ عَلَى حُكْمِ القَتْلِ أَمْرُ النَّبِيِّ صلى الله عليه وسلم بِقَتْلِ ابْنِ الأَشْرَفِ وَأَشْبَاهِهِ لِأَنَّهُمْ فَعَلُوا مَا لَمْ يُعْطُوا عَلَيْهِ العَهْدَ فَنَقَضُوا ذِمَّتَهُمْ وَصَارُوا كُفَّاراً أَهْلَ حَرْبٍ يُقْتَلُونَ لِكُفْرِهِمْ؛ كَمَا أَنَّ ذِمَّتَهُمْ لَا تُعْفِيهِمْ مِنَ العُقُوبَاتِ فِي الشَّرِيعَةِ الإِسْلَامِيَّةِ. وَاخْتَلَفَ العُلَمَاءُ فِي الذِّمِّيِّ الَّذِي وَقَعَ مِنْهُ السَّبُّ إِذَا أَسْلَمَ بَعْدَ ذَلِكَ، فَقِيلَ: لَا يُقْتَلُ، وَقِيلَ: يُقْتَلُ لِأَنَّهُ حَقٌّ لِلنَّبِيِّ صلى الله عليه وسلم وَجَبَ عَلَيْهِ لِانْتِهَاكِهِ حُرْمَتَهُ، كَمَا وَجَبَ عَلَيْهِ مِنْ حُقُوقِ المُسْلِمِينَ قَبْلَ إِسْلَامِهِ، وَإِذَا كُنَّا لَا نَقْبَلُ تَوْبَةَ المُسْلِمِ السَّابِّ فَأَوْلَى أَلَّا نَقْبَلَ تَوْبَةَ الكَافِرِ. وَقَالَ مَالِكٌ وَابْنُ القَاسِمِ وَابْنُ المَاجِشُونِ وَابْنُ عَبْدِ الحَكَمِ وَأَصْبَغُ رَحِمَهُمُ اللهُ، فِي كُلِّ ذِمِّيٍّ شَتَمَ نَبِيَّنَا صلى الله عليه وسلم أَوْ أَحَداً مِنَ الأَنْبِيَاءِ عَلَيْهِمُ السَّلَامُ: يُقْتَلُ إِلَّا أَنْ يُسْلِمَ، فَلَا يُقْتَلُ. وَقَالَ ابْنُ سَحْنُونَ وَغَيْرُهُ: وَحَدُّ القَذْفِ وَشِبْهِهِ مِنْ حُقُوقِ العِبَادِ لَا يُسْقِطُهُ عَنِ الذِّمِّيِّ إِسْلَامُهُ، فَأَوْجَبَ عَلَى الذِّمِّيِّ إِذَا قَذَفَ النَّبِيَّ صلى الله عليه وسلم حَدَّ القَذْفِ.

3- مِيرَاثُ مَنْ قُتِلَ بِسَبِّ النَّبِيِّ صلى الله عليه وسلم وَغَسْلُهُ وَالصَّلَاةُ عَلَيْهِ

اِخْتَلَفَ العُلَمَاءُ فِي مِيرَاثِ مَنْ قُتِلَ بِسَبِّ النَّبِيِّ صلى الله عليه وسلم، فَقَالَ سَحْنُونٌ بِأَنَّهُ يَعُودُ لِجَمَاعَةِ المُسْلِمِينَ (بَيْتِ المَالِ)، لِأَنَّ شَتْمَ النَّبِيِّ

صلّى اللهُ عليهِ وسلّمَ كُفرٌ يُشبِهُ كُفرَ الزِّنْديقِ. وفَصَّلَ أَصْبَغُ فقالَ: مِيراثُهُ لِوَرَثَتِهِ مِنَ المُسْلِمينَ إنْ كانَ مُسْتَتِراً بِذلكَ السَّبِّ، وإنْ كانَ مُظْهِراً لَهُ فَمِيراثُهُ لِجَماعَةِ المُسلِمين. وقالَ أَبُو الحَسَنِ القابِسِيُّ وجَماعَةٌ مِنْ أَصْحابِ مالِكٍ: إنْ قُتِلَ وهُوَ مُنْكِرٌ لِلشَّهادَةِ عَلَيْهِ، فَالحُكْمُ في ما تَرَكَ، حَسَبَ ما أَظهَرَ، لِوَرَثَتِهِ، والقَتْلُ حَدٌّ ثَبَتَ عَلَيْهِ لاَ عَلاقَةَ لَهُ بالمِيراثِ، وكَذلكَ لَوْ أَقَرَّ بالسَّبِّ وأَظْهَرَ التَّوْبَةَ؛ أَمّا إذا أَقَرَّ بالسَّبِّ وأَصَرَّ عليهِ ورَفَضَ التَّوْبَةَ مِنْهُ فَقُتِلَ على ذلكَ كانَ كافِراً ومِيراثُهُ لِلمُسْلِمِينَ، ولاَ يُغَسَّلُ ولاَ يُصَلَّى عليه ولاَ يُكَفَّنُ، وتُسْتَرُ عَوْرَتُهُ ويُدْفَنُ كَما يُفعَلُ بالكُفّارِ. واتَّفَقَ مالِكٌ والشَّافِعِيُّ وأَبُو ثَوْرٍ وغَيْرُهُمْ في أَنَّ مِيراثَ المُرْتَدِّ لِجَماعَةِ المُسلِمِينَ ولاَ يَرِثُهُ ورَثَتُهُ؛ وكذلكَ اتَّفقَ العُلَماءُ على أَنَّ مَنْ تَظاهَرَ بالإسْلامِ وأَسَرَّ الكُفْرَ فَما تَرَكَهُ لِوَرَثَتِهِ مِنَ المُسْلِمين.

الباب الثالث

حُكْمُ مَنْ سَبَّ اللهَ تَعَالَى أَوْ مَلَائِكَتَهُ أَوْ أَنْبِيَاءَهُ أَوْ كُتُبَهُ أَوْ آلَ النَّبِيِّ صلى الله عليه وسلّم أَوْ أَزْوَاجَهُ أَوْ صَحْبَهُ

لَا خِلَافَ أَنَّ مَنْ سَبَّ اللهَ تَعَالَى مِنَ المُسْلِمِينَ كَافِرٌ وَدَمُهُ حَلَالٌ، وَاخْتُلِفَ فِي اسْتِتَابَتِهِ؛ فَقَالَ مَالِكٌ وَغَيْرُهُ: مَنْ سَبَّ اللهَ تَعَالَى مِنَ المُسْلِمِينَ قُتِلَ وَلَمْ يُسْتَتَبْ، إِلَّا إِذَا ارْتَدَّ إِلَى دِينٍ آخَرَ وَادَّعَى أَنَّ هَذَا الدِّينَ يُبِيحُ سَبَّ اللهِ تَعَالَى، وَأَظْهَرَ ذَلِكَ الدِّينَ فَيُسْتَتَابُ، وَإِنْ لَمْ يُظْهِرْهُ لَمْ يُسْتَتَبْ. وَكَذَلِكَ اليَهُودِيُّ وَالنَّصْرَانِيُّ إِنْ تَابَا قُبِلَ مِنْهُمَا، وَإِنْ لَمْ يَتُوبَا بَعْدَ الاسْتِتَابَةِ قُتِلَا، كَمَا هُوَ الحَالُ فِي الرِّدَّةِ. وَاخْتَلَفَ فُقَهَاءُ قُرْطُبَةَ فِي رَجُلٍ قَالَ بَعْدَ شِفَائِهِ مِنْ مَرَضِهِ: لَقِيتُ فِي مَرَضِي هَذَا مَا لَوْ قَتَلْتُ أَبَا بَكْرٍ وَعُمَرَ لَمْ أَسْتَحِقَّ هَذَا كُلَّهُ، وَشُهِدَ عَلَيْهِ بِذَلِكَ، فَأَفْتَى بَعْضُهُمْ بِقَتْلِهِ، لِأَنَّ قَوْلَهُ يَتَضَمَّنُ نِسْبَةَ الظُّلْمِ إِلَى اللهِ تَعَالَى، وَالتَّلْوِيحُ فِي هَذَا كَالتَّصْرِيحِ؛ وَأَفْتَى آخَرُونَ بِسَجْنِهِ وَتَأْدِيبِهِ بِشِدَّةٍ لِكَوْنِ كَلَامِهِ قَدْ يَحْتَمِلُ مُجَرَّدَ التَّشَكِّي.

1- حُكْمُ مَنْ أَضَافَ إِلَى اللهِ تَعَالَى مَا لَا يَلِيقُ بِهِ عَنْ طَرِيقِ الِاجْتِهَادِ وَالتَّأْوِيلِ

اِخْتَلَفَ السَّلَفُ وَالخَلَفُ فِي مَنْ أَضَافَ إِلَى اللهِ تَعَالَى مَا لَا يَلِيقُ بِهِ مِنْ صِفَةٍ أَوْ فِعْلٍ أَوْ تَشْبِيهٍ، أَوْ نَفَى عَنْهُ سُبْحَانَهُ شَيْئًا مِنْ صِفَاتِ الكَمَالِ،

بِناءً على رأيِهِ الخاصِّ أَوِ اجْتِهادِهِ أَوْ هَواهُ المُؤَدِّي إلى الخطَإِ والبِدْعَة، اِخْتَلَفُوا في تَكْفيرِ قائِلِ ذلك ومُعْتَقِدِهِ. ومِمَّنْ رُوِيَ عَنْهُ القَوْلُ بِعَدَمِ التَّكْفيرِ: عَلِيُّ بْنُ أَبِي طالِبٍ وابْنُ عُمَرَ والحَسَنُ البَصْرِيُّ؛ وكَذلكَ أَكْثَرُ الفُقَهاءِ والمُتَكَلِّمينَ. ولَمْ يَخْتَلِفْ مالِكٌ وأَصْحابُهُ على أنَّ المُرْتَكِبِينَ لِذلكَ إذا كَوَّنُوا فِئَةً تُخالِفُ مُعْتَقَداتِ الجماعَةِ (كالخَوارِجِ، والقَدَرِيَّةِ - وهُمُ المُعْتَزِلَةُ- وغَيْرِهِما) فَإِنَّهُمْ يُحارَبُونَ ويُسْتَتابُونَ، فَإِنْ تابُوا فَذاكَ وإِلاَّ قُتِلُوا؛ وإِنَّما الاِخْتِلافُ في مَنِ انْفَرَدَ بِذلكَ الفِعْلِ. وقالَ عامَّةُ العُلَماءِ بِأَنَّ الكُفْرَ صِفَةٌ واحِدَةٌ، وهِيَ الجَهْلُ بِوُجُودِ اللهِ تَعالَى، فَمَنِ اعْتَقَدَ أَنَّ اللهَ جِسْمٌ أَوْ هُوَ المَسيحُ فَهُوَ كافِرٌ، وقالَ المُحَقِّقُونَ مِنْهُمْ إِنَّ إِدْخالَ كافِرٍ في المِلَّةِ الإِسْلامِيَّةِ أَوْ إِخْراجَ مُسْلِمٍ عَنْها أَمْرٌ عَظِيمٌ في الدِّينِ، فَيَجِبُ الاِحْتِياطُ مِنَ التَّكْفيرِ في أَهْلِ البِدَعِ، فَإِنَّ اسْتِباحَةَ دِماءِ المُوَحِّدينَ المُصَلِّينَ خَطَرٌ، والخَطَأُ في تَرْكِ أَلْفِ كافِرٍ أَهْوَنُ مِنَ الخَطَإِ في سَفْكِ قَطْرَةِ دَمِ مُسْلِمٍ واحِدٍ، وَقَدْ قالَ صلّى اللهُ عليه وسلّم: «فَإِذا قالُوها [أَيْ: الشَّهادَةَ] عَصَمُوا مِنِّي دِماءَهُمْ وأَمْوالَهُمْ إِلاَّ بِحَقِّها وحِسابُهُمْ على اللهِ»، فَمَنْ نَطَقَ بالشَّهادَتَيْنِ لاَ يَجُوزُ تَكْفِيرُهُ ولاَ قَتْلُهُ إلاَّ بِأَمْرٍ شَرْعِيٍّ قاطِعٍ؛ وأَلْفاظُ الأَحاديثِ الوارِدَةِ في تَكْفيرِ القَدَرِيَّةِ ووَصْفِ الرَّوافِضِ (وهُمْ فِرْقَةٌ مِنَ الشِّيعَةِ يَطْعَنُونَ في الصَّحابَةِ) بالشِّرْكِ ولَعْنِ الخَوارِجِ وغَيْرِهِمْ قابِلَةٌ لِلتَّأْوِيلِ، فَقَدْ يَحْتَجُّ بِها مَنْ يَقُولُ بِالتَّكْفيرِ، وقَدْ يُجِيبُ الآخَرُونَ بِأَنَّ هَذه الأَلْفاظَ جاءَتْ في غَيْرِ هَؤُلاءِ مِنَ العُصاةِ لِلتَّخْويفِ، كَوَصْفِ بَعْضِ المَعاصِي بالكُفرِ مِثْلِ الرِّياءِ والاِنْتِسابِ لِغَيْرِ الأَبِ وقَتْلِ المُسْلِمِ وغَيْرِ ذلكَ؛ وإذا كانَ اللَّفْظُ مُحْتَمِلاً لأَمْرَيْنِ فَلاَ يُعْمَلُ بِأَحَدِهِما إلاَّ بِدَليلٍ قاطِعٍ. فَقَوْلُهُ صلّى اللهُ عليه وسلّم في الخَوارِجِ: «يَخْرُجُ في هَذهِ الأُمَّةِ قَوْمٌ تَحْقِرُونَ صَلاتَكُمْ مَعَ صَلاتِهِمْ

يَقْرَؤُونَ القُرْآنَ لاَ يُجاوِزُ حَناجِرَهُمْ، يَمْرُقُونَ [أَيْ: يَخْرُجُونَ] مِنَ الدِّينِ مُرُوقَ السَّهْمِ مِنَ الرَّمِيَّةِ...»، وقَوْلُهُ: «هُمْ مِنْ شَرِّ البَرِيَّةِ»، وقَوْلُهُ أَيْضاً: «فَإِذا وَجَدْتُمُوهُمْ فاقْتُلُوهُمْ قَتْلَ عادٍ»، وظاهِرُ هذه الأَحاديثِ التَّكْفِيرُ، وقَدْ يَكُونُ ذلكَ لِخُرُوجِهِمْ على المُسْلِمِينَ، بِدَلِيلِ ما في الحَديثِ نَفْسِهِ: «يَقْتُلُونَ أَهْلَ الإِسْلامِ» فَقَتْلُهُمْ هاهُنا حَدٌّ (أَيْ: عُقُوبَةٌ) لاَ كُفْرٌ، فَلَيْسَ كُلُّ مَنْ حُكِمَ بِقَتْلِهِ يُحْكَمُ بِكُفْرِهِ، وقَدْ قالَ صلّى اللهُ عليه وسلّمَ لِخالِدٍ حِينَ قالَ لَهُ: دَعْنِي أَضْرِبْ عُنُقَهُ يا رَسُولَ اللهِ: «لَعَلَّهُ يُصَلِّي».

2- بَيانُ ما هُوَ كُفْرٌ مِنَ الأَقْوالِ وما لَيْسَ كُفراً وما يُخْتَلَفُ فِيه

إِنَّ مَعْرِفَةَ الحَقِيقَةِ في هَذا المَوْضُوعِ مَصْدَرُها الشَّرْعُ، ولاَ مَجالَ لِلْعَقْلِ فِيه؛ والظّاهِرُ مِنْ هذا أَنَّ كُلَّ قَوْلٍ فِيهِ تَصْرِيحٌ بِنَفْيِ الرُّبُوبِيَّةِ أَوِ الوَحْدانِيَّةِ أَوْ عِبادَةِ شَيْءٍ غَيْرِ اللهِ أَوْ مَعَ اللهِ فَهُوَ كُفْرٌ؛ كَما في أَقْوالِ اليَهُودِ والنَّصارَى والمَجُوسِ (وهُمْ عَبَدَةُ النار) والدَّهْرِيِّينَ (وهُمُ المُلْحِدُونَ الذينَ لاَ يُؤْمِنُونَ باللهِ ولاَ بالآخِرَةِ) والصّابِئِينَ (مِنْهُمْ مَنْ يَعْبُدُ المَلائِكَةَ ومِنْهُم مَنْ يَعْبُدُ الكَواكِبَ) وعَبَدَةِ الأَصْنامِ وأَصْحابِ الحُلُولِ (وهُمُ القائلُونَ بِأَنَّ اللهَ يَحُلُّ في العالَمِ) والمُعْتَقِدِينَ بِالتَّناسُخِ (وهُمُ القائلُونَ بِأَنَّ رُوحَ المَيِّت تَحُلُّ في إِنْسانٍ أَوْ حَيَوانٍ حَيٍّ)، وغَيْرِهِمْ مِنَ الفِرَقِ المُشْرِكَةِ التي لَيْسَ لَها كِتابٌ سَماوِيٌّ. ويُحْكَمُ بِالكُفْرِ كَذلكَ على مَنْ قالَ بِأَنَّ العالَمَ لاَ أَوَّلَ لَهُ ولاَ آخِرَ، ولَوْ شَكَّ في ذَلكَ حَسَبَ بَعْضِ الفَلاَسِفَةِ؛ وكَذلكَ مَن اعْتَرَفَ بِوُجُودِ اللهِ ووَحْدانِيَّتِهِ، ولَكِنَّهُ اعْتَقَدَ أَنَّهُ غَيْرُ قَدِيمٍ أَوْ لَهُ وَلَدٌ أَوْ والِدٌ أَوْ أَنَّ هُناكَ صانِعاً ومُدَبِّراً لِلْعالَمِ غَيْرَهُ، أَوْ أَنَّهُ يَحُلُّ في شَخْصٍ أَوْ شَيْءٍ، أَوْ أَنَّهُ لَمْ يُرْسِلِ الرُّسُلَ، أَوْ لَمْ يُرْسِلْ نَبِيَّنا مُحَمَّداً صلّى اللهُ عليه وسلّم (كَدَعْوَى

اليَهودِ والنَّصارَى)، فَكُلُّ ذلكَ كُفرٌ بِإجْماعِ المُسْلِمينَ. كَما يُكَفَّرُ مَنِ ادّعَى نُبُوَّةَ أَحَدٍ بَعْدَ نَبيِّنا صلّى اللهُ عليه وسلّم أو مُشارَكَتَهُ فِيها، أوْ أَنَّهُ عليه الصّلاةُ والسّلامُ لَمْ يُرْسَلْ إلاَّ إلى العَرَبِ. وكَذلكَ مَنِ ادَّعَى النُّبُوَّةَ لِنَفْسِهِ أَوْ جَوَّزَ اكْتِسابَها بِتَصْفِيَةِ القَلْبِ فَقَطُّ كَبَعْضِ الفَلاَسِفَةِ؛ أَوْ مَنِ ادَّعى أَنَّهُ يُوحَى إِلَيْهِ، وإِنْ لَمْ يَدَّعِ النُّبُوَّةَ. ويُكَفَّرُ كَذلكَ المُغالُونَ مِنَ الشِّيعَةِ الّذِينَ يَقُولُونَ: إِنَّ الأَئِمَّةَ أَفْضَلُ مِنَ الأَنْبِياءِ عَلَيْهِمُ السّلام.

وكَذلكَ مَنِ اعْتَقَدُوا بِوَحْدانِيَّةِ اللهِ وصِحَّةِ النُّبُوَّةِ، ونُبُوَّةِ نَبِيِّنا عَلَيْهِ السّلامُ، ولَكِنْ جَوَّزُوا على الأَنْبِياءِ الكَذِبَ في ما أَتَوْا بِهِ بِزَعْمِ أَنَّهُ لِعامَّةِ النّاسِ الذينَ لاَ يَسْتَطِيعُونَ فَهْمَ الحَقائِقِ الغَيْبِيَّةِ، ومِنْ هَؤُلاَءِ كَثِيرٌ مِنَ المُتَفَلْسِفِينَ وبَعْضُ الباطِنِيَّةِ (وهُمْ فِرْقَةٌ شِيعِيَّةٌ تَعْتَقِدُ أَنَّ لِلشَّرِيعَةِ ولِلْقُرآنِ ظاهِراً وباطِناً، وأَنَّ الباطِنَ هُوَ المَقْصُودُ كَما يُفَسِّرُونَهُ)، وأَصْحابُ الإِباحَةِ (الّذينَ يُبِيحُونَ المُحَرَّماتِ)، فَإِنَّ هَؤُلاَءِ زَعَمُوا أَنَّ ظَواهِرَ الشَّرْعِ وأَكْثَرَ ما جاءَتْ بِهِ الرُّسُلُ مِنَ الأُمُورِ الغَيْبِيَّةِ كالآخِرَةِ والبَعْثِ والجَنَّةِ والنّارِ وغَيْرِها لَيْسَ مِنْها شَيْءٌ مِمّا يُفْهَمُ مِنْ أَلْفاظِها، وأَنَّهُمْ لَمْ يُمْكِنْهُمُ التَّصْرِيحُ بِها لِضُعْفِ أَفْهامِ النّاسِ، فخاطَبُوهُمْ بِها مِنْ أَجْلِ المَصْلَحَةِ؛ وهَذا كُفْرٌ لأَنَّ مَضْمُونَهُ إِبْطالٌ لِلشَّرائِعِ وتَعْطِيلٌ لِلأَوامِرِ والنَّواهِي وتَكْذِيبٌ لِلرُّسُلِ.

ونُكَفِّرُ أَيْضاً مَنْ قالَ بِأَنَّ في كُلِّ جِنْسٍ مِنَ الحَيَواناتِ والحَشَراتِ نَبِيّاً، وهُوَ يَحْتَجُّ بِقَوْلِهِ تَعالى: ﴿وإِنْ مِنْ أُمَّةٍ إِلاَّ خَلاَ فِيها نَذِيرٌ﴾ (فاطر، 24)، فَفِي هَذا احْتِقارٌ لِمَقامِ النُّبُوّةِ، والمُسْلِمُونَ مُجْمِعُونَ على تَكْذِيبِ قائِلِهِ.

وكَذلكَ نَقْطَعُ بِتَكْفِيرِ كُلِّ مَنْ قالَ قَوْلاً يُقْصَدُ بِهِ ضَلالُ الأُمَّةِ وتَكْفِيرُ الصَّحابَةِ، كَقَولِ الكُمَيْلِيَّةِ (وهُمْ مِنْ مُتَطَرِّفِي الشِّيعَةِ أَصْحابِ أَبِي كامِلٍ) بِتَكْفِيرِ جَمِيعِ الأُمَّةِ لأَنَّها لَمْ تُقَدِّمْ عَلِيّاً، وكَفَّرَتْ عَلِيّاً لأَنَّهُ لَمْ يَطْلُبْ حَقَّهُ.

ونُكَفِّرُ كذلكَ مَنْ أَنْكَرَ قاعِدةً مِنْ قَواعِدِ الشَّرْعِ اليَقينيَّةِ كالصَّلَواتِ الخَمْسِ أَوْ عَدَدَ رَكَعاتِها بِدَعْوَى أنَّها غَيْرُ مُفَصَّلَةٍ في القُرْآنِ؛ وكَذلك مَنْ أَحَلَّ مُحَرَّماً بَعْدَ عِلْمِهِ بِتَحْرِيمِ اللهِ لَهُ. وقَدْ أَجْمَعَ المُسلِمُونَ على تكْفِيرِ مَنْ قالَ مِنَ الخَوارِجِ: إِنَّ الصَّلاةَ مَرَّتانِ فَقَطْ، صَباحاً ومَساءً؛ وكَذلكَ مَنْ قالَ مِنْ مُدَّعِي التَّصَوُّفِ أَنَّ النُّفُوسَ إذا صَفَتْ بِالمُجاهَدَةِ أَدَّتْ إِلى تَرْكِ التَّكاليفِ الشَّرْعِيَّةِ وإِباحَةِ كُلِّ شَيْءٍ.

وكَذلكَ نُكَفِّرُ مَنْ قامَ بِفِعْلٍ أَجْمَعَ المُسْلِمُونَ أَنَّهُ لاَ يَصْدُرُ إِلاَّ مِنْ كافِرٍ، وإِنْ كانَ صاحِبُهُ مُصَرِّحاً بالإِسْلامِ وهُوَ يفعَلُ ذلكَ، كالسُّجُودِ لِلصَّنَمِ أَوْ لِلشَّمْسِ أَوْ القَمَرِ أَوِ النّارِ أَوِ الصَّليبِ..

وكَذلكَ وقَعَ الإِجْماعُ على تكْفيرِ كُلِّ مَنْ حَرَّفَ مَعْنىً صَريحاً ظاهِراً في القُرْآنِ الكَريمِ، أو أَنْكَرَ حَرْفاً مِنْهُ أَوْ غَيَّرَ شَيْئاً مِنْهُ أَوْ زادَ فِيهِ كَفِعْلِ الباطِنِيَّةِ؛ أَوْ مَنْ زَعَمَ أَنَّ القُرْآنَ لَيْسَ حُجَّةً لِلنَّبِيِّ صلّى اللهُ عليه وسلّمَ أَوْ لَيْسَ مُعْجِزَةً؛ كَماَ يُكَفَّرُ مَنْ خالَفَ حَدِيثاً نَبوِيّاً صَحِيحاً مُجْمَعاً على أَخْذِهِ على ظاهِرِهِ.

وقَدْ أَجْمَعَتِ الأُمَّةُ على الأَخْذِ بِظاهِرِ الأَقْوالِ السابِقَةِ وأَمثالِها دُونَ تَأْوِيلٍ، ودُونَ شَكٍّ في كُفْرِ أَصْحابِها.

أَمَّا مَنْ أَنْكَرَ ما عُرِفَ بالتَّواتُرِ مِنَ الأَخْبارِ والسِّيَرِ والبِلاَدِ، مِمّا لَيْسَ فِيهِ إِبْطالُ قاعِدَةٍ مِنَ الدِّينِ، كَإِنْكارِ بَعْضِ الغَزَواتِ أَوِ وُجُودِ بَعْضِ الصَّحابَةِ أَوِ الوَقائِعِ المَشْهُورَةِ عَنْهُمْ، فَلاَ سَبِيلَ إِلى تَكْفِيرِهِ؛ وأَمّا مَنْ شَكَّكَ في النّاقِلِينَ لِتِلْكَ الأَخْبارِ، وَنَسَبَ التَّوَهُّمَ إِلى جَمِيعِ المُسْلِمِينَ فَنُكَفِّرُهُ لأَنَّ أَقْوالَهُ تَسْرِي إِلى إِبْطالِ الشَّرِيعَةِ.

وقالَ أَكْثَرُ الفُقَهاءِ بِتَكْفِيرِ كُلِّ مَنْ خالَفَ الإِجْماعَ الصَّحِيحَ بِشُرُوطِهِ المُتَّفَقَ علَيْهِ عُمُوماً؛ وحُجَّتُهُمْ قَوْلُهُ تَعالى: ﴿وَمَن يُشَاقِقِ الرَّسُولَ مِن بَعْدِ مَا تَبَيَّنَ لَهُ الْهُدَى وَيَتَّبِعْ غَيْرَ سَبِيلِ الْمُؤْمِنِينَ نُوَلِّهِ مَا تَوَلَّى وَنُصْلِهِ جَهَنَّمَ وَسَاءَتْ مَصِيرًا﴾ (النساء، 115)؛ وقَوْلُهُ صلّى اللهُ عليه وسلّمَ: «مَنْ خالَفَ الجَماعَةَ قِيدَ شِبْرٍ فَقَدْ خلَعَ رِبْقَةَ الإِسْلامِ مِنْ عُنُقِهِ». وذَهَبَ آخَرُونَ إلى الوُقُوفِ عَنِ القَطْعِ بِتَكْفِيرِ مَنْ خالَفَ الإجْماعَ الّذي يَخْتَصُّ بِهِ العُلَماءُ. ومِمَّا قالَهُ أَبُو بَكْرٍ الباقِلاَّنِيُّ: أَنَّهُ لاَ يُكَفَّرُ أَحَدٌ بِقَوْلٍ ولاَ رَأْيٍ إِلاَّ أَنْ يَكُونَ هُوَ الجَهْلُ باللهِ (أَيْ: إِنْكارُ وُجُودِهِ)، فَإِنْ عَصَى بِقَوْلٍ أَوْ فِعْلٍ نَصَّ اللهُ ورَسُولُهُ عَلَيْهِ أَوْ أَجْمَعَ المُسْلِمُونَ أَنَّهُ لاَ يُوجَدُ إِلاَّ مِنْ كافِرٍ، أَوْ يَقُومَ دَلِيلٌ على ذلكَ فَقَدْ كَفَرَ. فَأَمَّا مَنْ جَهِلَ (أَيْ: أَنْكَرَ) صِفَةً مِنْ صِفاتِ اللهِ، فَقَدِ اخْتَلَفَ العُلَماءُ في تَكْفِيرِهِ، وذَهَبَتْ طائِفَةٌ مِنْهُمْ أَبُو الحَسَنِ الأَشْعَرِيُّ الّذي قالَ بِأَنَّهُ لاَ يُكَفَّرُ إِذا لَمْ يَعْتَقِدْ إِنْكارَ الصِّفَةِ الإِلَهِيَّةِ اعْتِقاداً جازِماً، وإِنَّما نُكَفِّرُ مَنِ اعْتَقَدَ أَنَّ مَقالَهُ حَقٌّ؛ واحْتَجَّ هَؤُلاَءِ بِالحُدِيثِ الّذي رُوِيَ عَنِ الصَّحابِيِّ شَرِيدِ بْنِ سُوَيْدٍ الّذي قالَ: قُلْتُ يا رَسُولَ اللهِ، إِنَّ أُمِّي أَوْصَتْ أَنْ أُعْتِقَ عَنْها رَقَبَةً مُؤْمِنَةً، وعِنْدِي جارِيَةٌ سَوْداءُ نُوبِيَّةٌ، أَفَأُعْتِقُها؟ قالَ: «ادْعُها»، فَدَعَوْتُها فَجاءَتْ، فَقالَ: «مَنْ رَبُّكِ؟» قالَتْ: الله، قالَ: «فَمَنْ أَنا؟» قالَتْ رَسُولُ اللهِ؛ قالَ: «أَعْتِقْها فَإِنَّها مُؤْمِنَةٌ». فَأَمّا مَنْ أَثْبتَ الوَصْفَ الإِلَهِيَّ ونَفى الصِّفَةَ، فَقالَ: أَقُولُ: اللهُ عالِمٌ ولَكِنْ لاَ عِلْمَ لَهُ، ومُتَكَلِّمٌ ولَكِنْ لاَ كَلامَ لَهُ، وهَكَذا في سائِرِ الصِّفاتِ، وَهُوَ مَذْهَبُ المُعْتَزِلَةِ؛ فَمَنْ أَخَذَهُمْ بما يُؤَدِّي إِلَيْهِ كَلامُهُمْ كَفَّرَهُمْ، لأَنَّهُ إذا نَفَيْنا العِلْمَ انْتَفَى وَصْفُ عالِمٍ، إِذْ لاَ يُوصَفُ بِعالِمٍ مَنْ لاَ عِلْمَ لَهُ. ومَنْ لَمْ يَأْخُذْهُمْ بِمَآلِ قَوْلِهِمْ لَمْ يَرَ تَكْفِيرَهُمْ. والصَّوابُ عَدَمُ تَكْفِيرِهِمْ، ومُعامَلَتُهُمْ بِجَمِيعِ أَحْكامِ

الإِسْلامِ، لَكِنْ يُشَدَّدُ عليْهِمْ بِالعِقابِ كالضّرْبِ والحَبْسِ والزَّجْرِ، على حَسَبِ أَحْوالِهِمْ، حَتَّى يَرْجِعُوا عَنْ بِدْعَتِهِمْ؛ وهَذِهِ سِيرَةُ السَّلَفِ الأَوَّلِ مَعَ أَهْلِ البِدَعِ كالخَوارِجِ والمُعْتَزِلَةِ وغَيْرِهِمْ.

3- حُكْمُ الذِّمِّيِّ الّذِي سَبَّ اللهَ تَعالَى

رُوِيَ أَنَّ ذِمِّيّاً تجَرَّأَ على حُرْمَةِ اللهِ تَعالَى بِقَوْلٍ مُخالِفٍ لِمَا هُوَ في دِينِهِ، وحاجَّ فيه، فَخَرَجَ عَلَيْهِ عَبْدُ اللهِ بْنُ عُمَرَ رَضِيَ اللهُ عَنهُما بِالسَّيْفِ يَبْحَثُ عَنْهُ فَهَرَبَ. وقالَ الإِمامُ مالِكٌ وغَيْرُهُ مِنْ عُلَماءِ السَّلَفِ: مَنْ شَتَمَ اللهَ تَعالَى مِنَ اليَهُودِ والنَّصارَى بِغَيْرِ المُعْتَقَداتِ الّتِي بِها كانَ كافِراً قُتِلَ ولَمْ يُسْتَتَبْ، إلاَّ إِذَا أَسْلَمَ؛ ذلكَ لأَنَّهُمْ عُوهِدُوا (أَيْ: أُعْطُوا الأَمانَ) على ما يَعْتَقِدُونَ في دِينِهِمْ مِن ادِّعاءِ الشَّرِيك والوَلَدِ للهِ سُبْحانَهُ، وأَمّا غَيْرُ ذلكَ مِنَ الكَذِبِ على اللهِ والشَّتْمِ فَلَمْ يُعاهَدُوا عليه، فَهُوَ نَقْضٌ لِلْعَهْدِ. وكَذلكَ الحُكْمُ نَفْسُهُ في أَهْلِ المِلَلِ الأُخْرَى.

4- حُكْمُ المُدَّعِي لِلأُلُوهِيَّةِ أَوِ النُّبُوَّةِ أَوِ النّافِي لَهُما

لاَ خِلاَفَ في كُفرِ مَنِ ادَّعَى أَنَّهُ إِلَهٌ أَوْ رَسُولٌ، أَوْ نَفَى أَنْ يَكُونَ اللهُ عَزَّ وجَلَّ خالِقَهُ، أَوْ قالَ: لَيْسَ لِي رَبٌّ؛ لَكِنْ تُقْبَلُ تَوْبَتُهُ، فَلاَ يُقْتَلُ، إِنَّما يُشَدَّدُ عِقابُهُ والتَّنْكِيلُ بِهِ، حَتَّى لاَ يَعُودَ لِمِثْلِ ذلكَ ويَكُونَ زَجْراً لِغَيْرِهِ؛ وحُكْمُ السَّكْرانِ كَحُكْمِ الصّاحِي؛ أَمّا المَجْنُونُ أَوِ المَعْتُوهُ، فَإِنَّهُ إِنْ قالَ شَيْئاً مِنْ ذلكَ في إِغْمائِهِ فَلاَ شَيْءَ عَلَيْهِ، وإِنْ قالَهُ في حالِ تَمْيِيزِهِ يُؤَدَّبُ كُلَّما حَصَلَ مِنْهُ ذلكَ حَتَّى يَكُفَّ عَنْه. وقَدْ حَكَمَ الصَّحابَةُ والخُلَفاءُ بَعْدَهُمْ بِقَتْلِ المُدَّعِينَ لِلأُلُوهِيَّةِ أَوِ الرِّسالَةِ، وأَجْمَعَ العُلَماءُ على صَوابِ فِعْلِهِمْ؛

غَيْرَ أَنَّ مِنْهُمْ مَنْ يَرَى أَنَّهُ كَالمُرْتَدِّ تُقْبَلُ تَوْبَتُهُ مَعَ العِقَابِ، ومِنْهُمْ مَنْ يَرَى قَتْلَهُ دُونَ قَبُولٍ لِلتَّوْبَةِ.

5- حُكْمُ النَّاطِقِ بِالكَلَامِ السَّخِيفِ فِي حَقِّ اللهِ سُبْحَانَهُ

مَنْ تَكَلَّمَ بِلَفْظٍ رَدِيءٍ فِيهِ اسْتِهَانَةٌ بِعَظَمَةِ اللهِ تَعَالَى وجَلَالِهِ أَوْ تَشْبِيهٌ لِمَخْلُوقٍ بِمَا يَخْتَصُّ بِهِ سُبْحَانَهُ، ولَوْ أَنَّهُ غَيْرُ قَاصِدٍ لِلْكُفْرِ والاسْتِخْفَافِ، فَإِنْ تَكَرَّرَ هَذَا مِنْهُ دَلَّ عَلَى تَلَاعُبِهِ بِدِينِهِ واسْتِهَانَتِهِ بِحُرْمَةِ رَبِّهِ وعَظِيمِ عِزَّتِهِ، وكَذَلِكَ إِنْ كَانَ كَلَامُهُ يُوجِبُ الاسْتِخْفَافَ والتَّنَقُّصَ لِرَبِّهِ، فَهُوَ كُفْرٌ لَاشَكَّ فِيهِ؛ إِلَّا أَنْ يَكُونَ جَاهِلاً، كَمَنْ أَجَابَ مَنْ نَادَاهُ: لَبَّيْكَ اللَّهُمَّ لَبَّيْكَ، غَيْرَ قَاصِدٍ لِتَأْلِيهِ المُنَادِي، فَهُوَ مُتَهَوِّرٌ طَائِشٌ يَجِبُ زَجْرُهُ وتَعْلِيمُهُ إِنْ كَانَ جَاهِلاً. وقَدْ بَالَغَ كَثِيرٌ مِنْ سُفَهَاءِ الشُّعَرَاءِ فِي تَعْظِيمِ مَمْدُوحِيهِمْ خَاصَّةً فَتَهَاوَنُوا بِحُرْمَةِ الحَقِّ عَزَّ وجَلَّ واسْتَبَاحُوا لِأَنْفُسِهِمْ مِنَ القَوْلِ مَا نُنَزِّهُ هَذَا المَقَامَ عَنْ ذِكْرِهِ. وقَدْ رَوَيْنَا عَنْ بَعْضِ مَشَايِخِنَا قَوْلَهُ: لِيُعَظِّمْ أَحَدُكُمْ رَبَّهُ أَنْ يَذْكُرَ اسْمَهُ فِي كُلِّ شَيْءٍ، حَتَّى يَقُولَ: أَخْزَى اللهُ الكَلْبَ....، وكَانَ بَعْضُهُمْ قَلَّمَا يَذْكُرُ اسْمَ اللهِ تَعَالَى إِلَّا فِي مَا يَتَّصِلُ بِطَاعَتِهِ.

6- حُكْمُ مَنْ سَبَّ أَنْبِيَاءَ اللهِ تَعَالَى ومَلَائِكَتَهُ أَوْ كَذَّبَهُمْ أَوِ اسْتَخَفَّ بِهِمْ

قَالَ اللهُ تَعَالَى: ﴿إِنَّ الَّذِينَ يَكْفُرُونَ بِاللهِ ورُسُلِهِ ويُرِيدُونَ أَنْ يُفَرِّقُوا بَيْنَ اللهِ ورُسُلِهِ، ويَقُولُونَ نُؤْمِنُ بِبَعْضٍ ونَكْفُرُ بِبَعْضٍ ويُرِيدُونَ أَنْ يَتَّخِذُوا بَيْنَ ذَلِكَ سَبِيلاً، أُولَئِكَ هُمُ الكَافِرُونَ حَقّاً، وأَعْتَدْنَا لِلْكَافِرِينَ عَذَاباً مُهِيناً﴾ (النساء، 150-151). فَحُكْمُ مَنْ سَبَّ أَيَّ نَبِيٍّ مِنَ الأَنْبِيَاءِ أَوْ مَلَكٍ

مِنَ المَلائِكَةِ صَلَواتُ اللهِ وسَلامُهُ عَلَيْهِمْ أَوِ اسْتَخَفَّ بِهِمْ أَوْ كَذَّبَهُمْ في ما أَتَوا بِهِ أَوْ أَنْكَرَ وُجُودَهُمْ أَوْ نُزُولَ المَلائِكَةِ إلى الرُّسُلِ، هُوَ حُكْمُ نَبِيِّنا صلّى اللهُ عليه وسلّمَ، وهُوَ أَنَّهُ إِنْ تابَ يُقْتَلُ عُقُوبَةً، وإِنْ لَمْ يَتُبْ يُقْتَلُ لِلْكُفْرِ؛ وقالَ مالِكٌ وأَصْحابُهُ: مَنْ شَتَمَ الأَنْبِياءَ أَوْ أَحَداً مِنْهُمْ أَوْ تَنَقَّصَهُ قُتِلَ ولَمْ يُسْتَتَبْ؛ وإذا كانَ مِنْ أَهْلِ الذِّمَّةِ قُتِلَ إلاَّ أَنْ يُسْلِمَ، وكَذلِكَ مَنْ شَتَمَ أَحَداً مِنَ المَلائِكَةِ، ومَنْ قالَ: إِنَّ جِبْرِيلَ أَخْطَأَ بِالوَحْيِ، طُلِبَتْ مِنْهُ التَّوْبَةُ، فَإِنْ تابَ فَذاكَ وإلاَّ قُتِلَ. وهَذا كُلُّهُ في مَنْ تَكَلَّمَ بالسُّوءِ على عُمُومِ الأَنْبياءِ والمَلائِكَةِ، وكَذلِكَ على مَنْ تَحَقَّقْنا مِنْ وُجُودِهِمْ سَواءٌ مِنَ القُرْآنِ، مِثْلِ جِبْرِيلَ ومِيكائِيلَ ومالِكٍ وخَزَنَةِ الجَنَّةِ وجَهَنَّمَ والزَّبانِيَّةِ وحَمَلَةِ العَرْشِ؛ أَوْ مِنَ الخَبَرِ المُتَّفَقِ عليه بالإِجْماعِ، كَعَزْرائِيلَ وإِسْرافِيلَ ورِضْوانَ والحَفَظَةِ ومُنْكَرٍ ونَكِيرٍ. وأَمَّا مَنْ لَمْ تَثْبُتِ الأَخْبارُ بِتَعْيِينِهِ ولاَ وَقَعَ الإِجْماعُ على كَوْنِهِ مِنَ المَلائِكَةِ أَوِ الأَنْبِياءِ، مِثْلِ هارُوتَ ومارُوت في المَلائِكَةِ، والخَضِرَ ولُقْمانَ وذِي القَرْنَيْنِ ومَرْيَمَ وآسِيَةَ؛ فَلَيْسَ الحُكْمُ في مَنْ سَبَّهُمْ أَوْ كَفَرَ بِهِمْ كَالحُكْمِ في مَنْ تَقَدَّمَ، ولَكِنْ يُزْجَرُ مَنْ عَيَّرَهُمْ أَوْ تَنَقَّصَهُمْ ويُعاقَبُ على حَسَبِ قَوْلِهِ. وقَدْ كَرِهَ السَّلَفُ الخَوْضَ في أَخْبارِ هَؤُلاءِ وفي كَونِهِمْ مِنَ الملائكة أَوِ الأنبياءِ، حَتَّى لِلْعُلَماءِ، فَكَيْفَ لِلْعامَّةِ!؟

7- حُكْمُ مَنْ سَبَّ شَيْئاً مِنَ القُرْآنِ أَوِ اسْتَخَفَّ بِهِ أَوْ كَذَّبَ بِحَرْفٍ مِنْه أَوْ شَكَّ فِيه

إِنَّ مَن اسْتَخَفَّ بِالقُرْآنِ أَوِ المُصْحَفِ أَوْ بِشَيْءٍ مِنْهُ أَوْ سَبَّهُما، أَوْ أَنْكَرَ حَرْفاً مِنْهُ أَوْ آيَةً، أَوْ كَذَّبَ بِحُكْمٍ صَرِيحٍ فِيهِ أَوْ خَبَرٍ، أَوْ شَكَّ في شَيْءٍ مِنْ ذلِكَ، دُونَ نِسْيانٍ أَوْ خَطإٍ، فَهُوَ كافِرٌ عِنْدَ أَهْلِ العِلْمِ بِإِجْماعٍ؛ قالَ اللهُ

تَعالى: ﴿وَإِنَّهُ لَكِتابٌ عَزِيزٌ، لاَ يَأْتِيهِ البَاطِلُ مِنْ بَيْنِ يَدَيْهِ ولاَ مِنْ خَلْفِهِ، تَنْزِيلٌ مِنْ حَكِيمٍ حَمِيدٍ﴾ (فُصِّلَتْ، 41-42). وقالَ النَّبِيُّ صلّى اللهُ عليه وسلّمَ: «المِراءُ في القُرْآنِ كُفْرٌ»، ومَعْنَى المِراءِ: الشَّكُّ أَوِ الجِدال؛ وقالَ: «مَنْ جَحَدَ [أَيْ: أَنْكَرَ] مِنْ كِتابِ اللهِ، مِنَ المُسْلِمِينَ، فَقَدْ حَلَّ ضَرْبُ عُنُقِهِ»؛ وكَذلكَ إِنْ جَحَدَ أَحَدَ كُتُبِ اللهِ الّتِي أَنْزَلَها على أَنْبيائِهِ أَوْ لَعَنَها أَوِ اسْتَخَفَّ بِها، فَهُوَ كافِرٌ.

وَقَدْ أَجْمَعَ المُسْلِمُونَ أَنَّ القُرْآنَ الّذي يُتْلَى فِي جَمِيعِ أَقْطارِ الأَرْضِ، والمَكْتُوبَ في الصُّحُفِ مِنْ أَوَّلِ سُورَةِ الفاتِحَةِ إلى آخِرِ سُورَةِ النّاسِ، هُوَ كَلاَمُ اللهِ وَوَحْيُهُ المُنَزَّلُ على نَبِيِّهِ مُحَمَّدٍ صلّى اللهُ عليه وسلّم، وأَنَّ جَمِيعَ ما فِيهِ حَقٌّ، وأَنَّ مَنْ نَقَصَ مِنْهُ حَرْفاً أَوْ بَدَّلَهُ بِحَرْفٍ آخَرَ أَوْ زادَه حَرْفاً لَيْسَ في المُصْحَفِ الّذي وَقَعَ عليْهِ الإِجْماعُ، وهُوَ قاصِدٌ ومُتَعَمِّدٌ لِشَيْءٍ مِنْ ذلكَ، فَهُوَ كافِرٌ. ولِهَذا رَأَى مالِكٌ قَتْلَ مَنْ سَبَّ عائِشَةَ رَضِيَ اللهُ عنها بِالإِفْكِ، لأَنَّهُ كَذَّبَ بِما في القُرْآنِ؛ وقالَ ابْنُ القاسِمِ بِأَنَّ مَنْ قالَ مَثَلاً: إِنَّ اللهَ تَعالى لَمْ يُكَلِّمْ مُوسَى تَكْلِيماً، يُقْتَلُ؛ وقالَ أَبُو مُحَمَّدٍ بْنُ أَبِي زَيْدٍ القَيْرَوانِيُّ: وأَمّا مَنْ لَعَنَ المُصْحَفَ فَإِنَّهُ يُقْتَلُ.

8- حُكْمُ مَنْ سَبَّ آلَ بَيْتِ النَّبِيِّ وأَزْواجَهُ وأَصْحابَهُ صلّى اللهُ عليه وسلّم

قالَ النَّبِيُّ صلّى اللهُ عليه وسلّمَ: «لاَ تَسُبُّوا أَصْحابِي، فَمَنْ سَبَّهُمْ فَعَلَيْهِ لَعْنَةُ اللهِ والمَلائِكَةِ والنّاسِ أَجْمَعِينَ، لاَ يَقْبَلُ اللهُ مِنْهُ صَرْفاً ولاَ عَدْلاً»، (الصَّرْفُ: التَّوْبَةُ أَوِ النّافِلَةُ؛ العَدْلُ: الفِدْيَةُ أَوِ الفَرِيضَةُ)؛ وقَدْ أَعْلَمَ عليه السّلامُ أَنَّ سَبَّهُمْ وأَذاهُمْ يُؤْذِيهِ، وأَذَى النَّبِيِّ صلّى اللهُ عليه وسلّمَ حَرامٌ، فقالَ: «لاَ تُؤْذُونِي في أَصْحابِي، ومَنْ آذاهُمْ فَقَدْ آذانِي»؛ وقالَ في

فاطِمَةَ رَضِيَ اللهُ عَنها: «بِضْعَةٌ مِنِّي، يُؤْذِينِي ما آذاها، ومَنْ أَغْضَبَها فَقَدْ أَغْضَبَنِي».

وقَدِ اخْتَلَفَ العُلَماءُ في هَذا، ومَذْهَبُ مالِكٍ في ذلِكَ أنْ يُعاقَبَ مَنْ شَتَمَ أَحَداً مِنَ الصَّحابَةِ عِقاباً شَديداً، وقالَ أَيْضاً: مَنْ شَتَمَ أَحَداً مِنْ أَصْحابِ النَّبِيِّ صلّى اللهُ عليه وسلّمَ: أَبا بَكْرٍ أَوْ عُمَرَ أَوْ عُثْمانَ أَوْ مُعاوِيَةَ أَوْ عَمْرو بْنَ العاصِ، فَإِنْ قالَ: كانُوا على ضَلالٍ وكُفْرٍ قُتِلَ، وإِنْ شَتَمَهُمْ بِغَيْرِ هَذا مِنْ مُشاتَمَةِ النّاسِ نُكِّلَ نكالاً شَديداً. ورُوِيَ عَنْ مالِكٍ أَيْضاً: مَنْ سَبَّ أَبا بَكْرٍ جُلِدَ، ومَنِ سَبَّ عائِشَةَ قُتِلَ، قِيلَ لَهُ: لِماذا؟ قالَ: مَنْ رَماها (أَيْ: قَذَفَها، اِتَّهَمَها) فَقَدْ خالَفَ القُرْآنَ؛ وقالَ ابْنُ شَعْبانَ عَنْ هَذا: لأَنَّ اللهَ تَعالى قالَ: ﴿يَعِظُكُمُ اللهُ أَنْ تَعُودُوا لِمِثْلِهِ أَبَداً إِنْ كُنْتُمْ مُؤْمِنِينَ﴾ (النور، 17)، فَمَنْ عادَ لِمِثْلِهِ (أَيْ: الإِفْك) فَقَدْ كَفَرَ؛ وقالَ: ومَنْ سَبَّ غَيْرَ عائِشَةَ مِنْ أَزْواجِ النَّبِيِّ صلّى اللهُ عليه وسلّم، فَفِيها قَوْلانِ: أَحَدُهُما: يُقْتَلُ، لأَنَّهُ سَبَّ النَّبِيَّ صلّى اللهُ عليه وسلّمَ بِسَبِّ زَوْجَتِهِ؛ والآخَرُ: أَنَّها كَسائِرِ الصَّحابَةِ، يُجْلَدُ، وهُوَ حَدُّ المُفْتَرِي؛ قال: وبالأَوَّلِ أَقُولُ. ومَنْ قالَ في واحِدٍ مِنَ الصَّحابَةِ أَنَّهُ ابْنُ زانِيَةٍ، وأُمُّهُ مُسْلِمَةٌ، حُدَّ حَدَّيْنِ: حَدّاً لَهُ وحَدّاً لأُمِّهِ، لِقَوْلِهِ عَلَيْهِ السَّلامُ: «مَنْ سَبَّ أَصْحابِي فاجْلِدُوهُ»، ومَنْ قَذَفَ أُمَّ أَحَدِهِمْ وهِيَ كافِرَةٌ، حُدَّ حَدَّ القَذْفِ، لأَنَّهُ سَبٌّ لِلصَّحابِيِّ. ورُوِيَ عَنْ عُمَرَ بْنِ الخَطّابِ أَنَّهُ عَزَمَ على قَطْعِ لِسانِ رَجُلٍ لأَنَّهُ شَتَمَ الصَّحابِيَّ المِقْدادَ بْنَ الأَسْوَدِ، فَتَشَفَّعَ النّاسُ لِذلِكَ الرَّجُلِ، فقالَ عُمَرُ: دَعُونِي أَقْطَعْ لِسانَهُ حَتَّى لا يَشْتُمَ أَحَدٌ بَعْدُ أَصْحابَ مُحَمَّدٍ صلّى اللهُ عليه وسلّم. ورُوِيَ عَنْ مالِكٍ قَوْلُهُ: مَنِ انْتَسَبَ إلى بَيْتِ النَّبِيِّ صلّى اللهُ عليه وسلّمَ يُضْرَبُ ضَرْباً مُوجِعاً ويُشْهَرُ ويُحْبَسُ حَتَّى تَظْهَرَ تَوْبَتُهُ، لأَنَّهُ اسْتَخَفَّ بِحَقِّ رَسُولِ اللهِ صلّى اللهُ عليه وسلّم.

الخاتِمة

قالَ القاضِي أَبُو الفَضْلِ عِياضُ رَحِمَهُ اللهُ: هُنا انْتَهى القَوْلُ بِنا فِيما حَرَّرْناه، وانْتَجزَ الغَرَضُ الّذي انْتَحَيْناه، واسْتُوفِيَ الشَّرْطُ الّذي شَرَطْناه، مِمّا أَرْجُو أَنْ يَكُونَ في كَلِّ قِسْمٍ مِنْهُ لِلْمُرِيدِ مَقْنَعٌ، وفي كُلِّ بابٍ مَنْهَجٌ إلى بُغْيَتِهِ ومَنْزَعٌ. وقَدْ سَفَرْتُ فِيهِ عَنْ نُكَتٍ تُسْتَغْرَبُ وتُسْتَبْدَعُ، وكَرَعْتُ في مَشارِبَ مِنَ التَّحْقِيقِ لَمْ يُورَدْ لَها قَبْلُ في أَكْثَرِ التَّصانِيفِ مَشْرَعٌ، وأَوْدَعْتُهُ غَيْرَ ما فَصْلٍ، وَدِدْتُ لَوْ وَجَدْتُ مَنْ بَسَطَ قَبْلِي الكَلامَ فِيه، أَوْ مُقْتَدىً يُفِيدُنِيهِ عَنْ كِتابِهِ أَوْ فِيه، لأَكْتَفِيَ بِما أَرْوِيهِ أَوْ أُرَوِّيه.

وإلى اللهِ جَزِيلُ الضَّراعَةِ في المِنَّةِ بِقَبُولِ ما مِنْهُ لِوَجْهِه، والعَفْوِ عَمّا تَخَلَّلَهُ مِنْ تَزَيُّنٍ وتَصَنُّعٍ لِغَيْرِه، وأَنْ يَهَبَ لَنا ذلكَ بِجَمِيلِ كَرَمِهِ وعَفْوِه، لِما أَوْدَعْناهُ مِنْ شَرَفِ مُصْطَفاهُ وأَمِينِ وَحْيِه، وأَسْهَرْنا بِهِ جُفُونَنا لِتَتَبُّعِ فَضائِلِه، وأَعْمَلْنا فِيهِ خَواطِرَنا مِنْ إبْرازِ خَصائِصِهِ ووَسائِلِه، ويَحْمِيَ أَعْراضَنا عَنْ نارِهِ المُوقَدَةِ لِحِمايَتِنا كَرِيمَ عِرْضِه، ويَجْعَلَنا مِمَّنْ لا يُذادُ إذا ذِيدَ المُبَدِّلُ عَنْ حَوْضِه، ويَجْعَلَهُ لَنا ولِمَنْ تَهَمَّمَ باكْتِتابِه واكْتِسابِه، سَبَباً يَصِلُنا بِأَسْبابِه، وذَخِيرَةً نَجِدُها ﴿يَوْمَ تَجِدُ كُلُّ نَفْسٍ ما عَمِلَتْ مِنْ خَيْرٍ مُحْضَراً﴾ (آل عمران، 30)، نَحُوزُ بِها رِضاهُ وَجَزِيلَ ثَوابِه، ويَخُصَّنا بِخِصِّيصَى زُمْرَةِ نَبِيِّنا عليه السَّلامُ وجَماعَتِه، ويَحْشُرَنا في الرَّعِيلِ الأَوَّلِ وأَهْلِ البابِ الأَيْمَنِ مِنْ أَهْلِ شَفاعَتِه.

ونَحْمَدُهُ تَعَالَى عَلَى ما هَدَى إِلَيْهِ مِنْ جَمْعِهِ وَأَلْهَم، وفَتَحَ البَصِيرَةَ لِدَرْكِ حَقَائِقِ ما أَوْدَعْنَاهُ وفَهَّم، ونَسْتَعِيذُهُ – جَلَّ اسْمُهُ – مِنْ دُعَاءٍ لاَ يُسْمَع، وعَمَلٍ لاَ يُرْفَع، فَهُوَ الجَوَادُ الّذِي لاَ يَخِيبُ مَنْ أَمَّلَه، ولاَ يَنْتَصِرُ مَنْ خَذَلَه، ولاَ يَرُدُّ دَعْوَةَ القَاصِدِين، ولاَ يُصْلِحُ عَمَلَ المُفْسِدِين، وحَسْبُنا اللهُ ونِعْمَ الوَكِيل، وصَلَّى اللهُ عَلَى سَيِّدِنا مُحَمَّدٍ وآلِهِ وصَحْبِهِ وسَلَّمَ تَسْلِيماً كَثِيراً.

المحتويات

مركز محمد بن حمد آل ثاني لإسهامات المسلمين في الحضارة 5

تقديم 9

مقدمة المُخْتَصِر 13

موجز ترجمة للقاضي عياض 17

كتاب الشفا بتعريف حقوق المصطفى صلّى الله عليه وسلم........ 18

أقوال بعض العلماء في كتاب «الشفا» 19

الدافع إلى تأليف «الشفا» والغرض منه 24

عملي في تلخيص كتاب «الشفا» 24

القسم الأول: تعظيمُ العَليِّ الأعلَى لِقدْر هذا النبيِّ قَولاً وفِعْلا 29

الباب الأول: ثَناءُ اللهِ تَعالَى عَلَيْهِ وإظْهارُ عَظِيمِ قَدْرِهِ لَدَيْه........ 31

1- اِصْطِفاؤُهُ وشَرَفُ نَسَبِهِ 31

2- ما سمّاه اللهِ به مِنْ أسمائه الحُسنَى 31

3- أَسماءُ النَّبِيِّ وفَضائِلُها............................ 35

4- عَظيمُ قَدرِهِ عند الله............................ 36

5- شَهادَتُهُ على أُمّتِه 38

6- مُخاطَبَةُ اللهِ إِيَّاهُ بالمُلاطَفَة............................ 38

7- قَسَمُ اللهِ بِهِ 39
8- قَسَمُ اللهِ لَهُ 40
9- شَفَقَةُ الله عليه 42
10- تَشْرِيفُ مَنْزِلَتِهِ عَلَى الأَنْبِيَاء 42
11- تفضيلُهُ بالمَحَبَّةِ والخُلَّة 44
12- رَفْعُ العذابِ بِسَبَبِهِ وصَلاةُ اللهِ وملائكتُه عليه 45
13- مكانتُه عند الله في آياتٍ مِنَ القُرآن 46
14- تَفْضِيلُهُ يَومَ القيامة 47
15- تَفضيلُه في الجَنَّة 49

الباب الثاني: إكمالُ اللهِ تعالى خَلْقَهُ وخُلُقَه 51
1- جَمالُه ونَظافتُه وطِيبُه 51
2- عَقلُهُ ومَعارِفُهُ وفَصاحَتُه 53
3- قُوَّتُهُ وشَجاعَتُه 54
4- فُحُولَتُهُ وهَيْبَتُهُ 55
5- قِلَّةُ أَكلِهِ ونَوْمِهِ 56
6- أَخْلاقُهُ العَظيمَةُ 57
7- كَرَمُهُ وزُهدُهُ وإيثارُهُ 58
8- صَبرُهُ وحِلمُهُ وعَفوُه 59
9- حَياؤُهُ وتَغافُلُهُ وحُسْنُ عِشْرَتِهِ 60
10- شَفَقَتُهُ ورحْمَتُهُ 61
11- وَفاؤُهُ وحُسْنُ عَهدِهِ 62

12- تَوَاضُعُهُ	63
13- أَمَانَتُهُ وصِدقُهُ وعَدلُهُ	63
14- خَوفُهُ وطَاعَتُهُ لِرَبِّهِ	64

الباب الثالث: معجزاته صلى الله عليه وسلم 67

1- التَّبشِيرُ بِبعْثَتِهِ وظَواهِرُ وِلادَتِهِ ونَشأَتِهِ	68
2- إِعجَازُ القُرآنِ	69
3- مُعجِزة الإِسراءِ والمِعراج	72
4- انشِقاقُ القَمَرِ وحَبسُ الشمسِ	74
5- نَبعُ المَاءِ مِن بَينِ أَصابِعِهِ وتَكثِيرُه	75
6- تَكثِيرُ الطَّعامِ بِبَرَكَتِهِ	76
7- استجابة الشَّجَرِ وشَهادَتُه لَه بالنُّبوَّة	77
8- حَنِينُ الجِذعِ إِلَيه	79
9- تَسبِيحُ الجَمادَاتِ والأَشجارِ وسُجودُها لَه وتَسلِيمُها عليه	79
10- شَهادَةُ الحيوانات وطاعتُها له وسُجودُها	80
11- إِحياءُ المَوتى وكلامُهم وشَهادَةُ الرُّضَّع لَه بالنُّبوَّة	82
12- إِبراءُ المَرضَى وذَوِي العاهاتِ والمُصابِين	82
13- إِجابَةُ دُعائِه	83
14- تَأثِيرُ بَرَكَتِهِ	84
15- مَا أَطلَعَهُ اللهُ عَلَيهِ مِنَ الغُيُوبِ	85
16- عِصمَةُ اللهِ تعالى لَه	87
17- عَونُ المَلائِكةِ وإِسلامُ الجِنِّ	88

القسم الثاني: ما يَجبُ على الأنامِ مِنْ حُقُوقِهِ صلّى الله عليه وسلّم 91

الباب الأول: فَرْضُ الإيمانِ بِهِ وَوُجُوبُ طاعَتِهِ ولُزُومُ مَحَبَّتِهِ 93

1- فَرْضُ الإيمانِ بِه 93
2- وُجُوبُ طاعَتِه 93
3- وُجُوبُ اتِّباعِه 94
4- ضَلالُ مَنْ خالَفَه 95

الباب الثاني: لُزُومُ مَحَبَّتِهِ وثَوابُها 97

1- عَلامَةُ مَحَبَّتِه 99
2- مَعْنَى مَحَبَّتِهِ وحَقِيقَتُها 100
3- وُجُوبُ مُناصَحَتِه 101

الباب الثالث: وُجُوبُ تَعْظِيمِهِ وتَوْقِيرِه 103

1- تَعْظِيمُهُ في حَياتِه 103
2- تَعْظِيمُهُ بَعْدَ وَفاتِه 104
3- تَعْظِيمُ حَدِيثِهِ وسُنَّتِه 105
4- بِرُّ آلِهِ وذُرِّيَّتِه 106
5- تَوْقِيرُ أَصْحابِه 108
6- إعْظامُ كُلِّ ما لَهُ صِلَةٌ بِه 109

الباب الرابع: فَرِيضَةُ الصَّلاةِ عَلَى النَّبِيِّ صلّى الله عليه وسلّم وفَضِيلَتُها ... 111

1- فَرْضُ الصَّلاةِ والسَّلامِ، ومَتَى وأَيْنَ تُسْتَحَبّ 111
2- كَيْفِيَّةُ الصَّلاةِ والتَّسْلِيمِ 112

3- فَضِيلَةُ الصَّلاةِ والتَّسْلِيمِ 113

4- إِثْمُ مَنْ لَمْ يُصَلِّ عَلَى النَّبِيِّ صلى الله عليه وسلم 114

5- الصَّلاةُ على غَيْرِ النَّبِيِّ صلى الله عليه وسلم 115

6- زِيارَةُ قَبْرِهِ صلى الله عليه وسلم 116

7- الأَدَبُ في مَسْجِدِهِ صلى الله عليه وسلم وفَضْلُ الصَّلاةِ فيهِ 117

القسم الثالث: مَا يَسْتَحِيلُ في حَقِّهِ صلى الله عليه وسلم 119

البابُ الأولُ: عِصْمَتُهُ صلى الله عليه وسلم وسائِرِ الأَنْبِياء والمَلائِكَة 121

1- العِصْمَةُ في وَقْتِ النُّبُوَّة 121

2- العِصْمَةُ قَبْلَ النُّبُوَّة 123

3- عِلْمُ الأَنْبِياء بأُمُورِ الدُّنْيا 124

4- عِصْمَتُهُ صلى الله عليه وسلم مِنَ الشَّيْطانِ 125

5- عِصْمَتُهُ صلى الله عليه وسلم في أَقْوالِهِ 126

6- مَا لاَ يَتَعَلَّقُ بِالتَّبْلِيغِ مِنْ أَقْوالِهِ صلى الله عليه وسلم 128

7- حُكْمُ السَّهْوِ مِنْهُ صلى الله عليه وسلم 129

8- عِصْمَةُ الأَنْبِياء مِنَ الكَبائِرِ والتَّقْصِيرِ في التَّبْلِيغِ 131

9- الرَّدُّ على مَنْ أجازَ المَعاصِيَ الصَّغائِرَ على الأَنْبِياء 132

10- عِصْمَةُ المَلائِكَة 137

البابُ الثاني: أَحْوالُ الأَنْبِياء الدُّنْيَوِيَّةُ وما يَطْرَأُ عَلَيْهِمْ مِنَ الأَعْراضِ البَشَرِيَّة 139

1- أَحْوالُهُ صلى الله عليه وسلم في أُمُورِ الدُّنْيا 139

2- قَضاؤُهُ صلّى الله عليه وسلّم وحَديثُ: «اسْقِ يَا زُبَيْرُ حَتَّى يَبْلُغَ الجَدْرِ» .. 140

3- أَمْرُهُ صلّى الله عليه وسلّم مَعَ زَيد 141

4- حَديثُ بَريرَةَ 142

5- حَديثُ: «بِئْسَ ابْنُ العَشيرَة» 143

6- أحاديثُ مَنْ لَعَنَهُمُ النَّبيُّ صلّى الله عليه وسلّم أَوْ جَلَدَهُمْ 144

7- حَديثُ وَصِيَّتِهِ صلّى الله عليه وسلّم 145

8- الحِكْمَةُ في شِدَّةِ ابْتِلائِهِ صلّى الله عليه وسلّم وسائِرَ الأَنْبياء ... 146

القسم الرابع: حُكْمُ مَنِ انْتَقَصَ مِنْ قَدْرِهِ أَوْ سَبَّهُ صلّى الله عليه وسلّم. 149

الباب الأول: مَا هُوَ في حَقِّهِ، عَلَيْهِ السَّلامُ، سَبٌّ أَوْ تَنْقيصٌ تَلْويحاً أَوْ تَصْريحاً 151

1- الحُجَّةُ في وُجُوبِ قَتْلِ مَنْ سَبَّهُ صلّى الله عليه وسلّم أَوْ عابَهُ 151

2- عَفْوُهُ صلّى الله عليه وسلّم عَنْ بَعْضِ مَنْ آذاه 154

3- حُكْمُ القاصِدِ لِذَمِّ النَّبيِّ صلّى الله عليه وسلّم وحُكْمُ غَيْرِ القاصِدِ ... 156

4- حُكْمُ القائِلِ لِمَا يَحْتَمِلُ السَّبَّ وغَيْرَهُ 157

5- حُكْمُ مَنْ لَحِقَهُ نَقْصٌ فَتَمَثَّلَ بالنَّبيِّ صلّى الله عليه وسلّم أَوْ نَبيٍّ آخَر ... 159

6- حُكْمُ الحاكي لِمِثْلِ ذلكَ الكَلامِ عَنْ غَيْرِه 160

7- حِكايَةُ ما يَجُوزُ على النَّبيِّ صلّى الله عليه وسلّم مِنَ الأَعْراضِ البَشَريَّةِ .. 161

8- الأَدَبُ اللازِمُ عِنْدَ ذِكْرِ أَخْبارِهِ صلّى الله عليه وسلّم 163

الباب الثاني: عُقُوبَةُ مَنْ سَبَّ النَّبيَّ صلّى الله عليه وسلّم أَوْ آذاهُ 165

1- تَوْبَةُ المُرْتَدّ 166

2- الذِّمِّيُّ الَّذِي يَسُبُّ النَّبِيَّ صلّى الله عليه وسلّم أَوْ يَسْتَهْزِئُ بِهِ......166

3- مِيرَاثُ مَنْ قُتِلَ بِسَبِّ النَّبِيِّ صلّى الله عليه وسلّم وغَسْلُهُ والصَّلاةُ عليه...167

الباب الثالث: حُكْمُ مَنْ سَبَّ اللهَ تَعَالَى أَوْ مَلائِكَتَهُ أَوْ أَنْبِيَاءَهُ أَوْ كُتُبَهُ أَوْ آلَ النَّبِيِّ صلّى الله عليه وسلّم أَوْ أَزْوَاجَهُ أَوْ صَحْبَهُ................169

1- حُكْمُ مَنْ أَضَافَ إلى اللهِ تَعَالَى ما لا يَلِيقُ بِهِ عَنْ طَرِيقِ الاجْتِهَادِ والتَّأْوِيلِ................169

2- بَيَانُ ما هُوَ كُفْرٌ مِنَ الأَقْوالِ وما لَيْسَ كُفْراً وما يُخْتَلَفُ فيه........171

3- حُكْمُ الذِّمِّيِّ الَّذِي سَبَّ اللهَ تَعَالَى................175

4- حُكْمُ المُدَّعِي لِلْأُلُوهِيَّةِ أَوِ النُّبُوَّةِ أَوِ النَّافِي لَهُمَا................175

5- حُكْمُ النَّاطِقِ بِالكَلامِ السَّخِيفِ فِي حَقِّ اللهِ سُبْحَانَهُ................176

6- حُكْمُ مَنْ سَبَّ أَنْبِيَاءَ اللهِ تَعَالَى ومَلائِكَتَهُ أَوْ كَذَّبَهُمْ أَوِ اسْتَخَفَّ بِهِم...176

7- حُكْمُ مَنْ سَبَّ شَيْئاً مِنَ القُرْآنِ أَوِ اسْتَخَفَّ بِهِ أَوْ كَذَّبَ بِحَرْفٍ مِنْهُ أَوْ شَكَّ فيه................177

8- حُكْمُ مَنْ سَبَّ آلَ بَيْتِ النَّبِيِّ وأَزْوَاجَهُ وأَصْحَابَهُ صلّى الله عليه وسلّم................178

الخاتمة................181